Irene Nowell
Evas starke Töchter

Irene Nowell

Evas starke Töchter

Frauen im Alten Testament

Aus dem Englischen übersetzt von
Hans-Werner Schmidt

PRIMUS
VERLAG

Lizenzausgabe der englischen Originalausgabe:
Irene Nowell, Women in the Old Testament
© 1997 by The Order of Saint Benedict, The Liturgical
Press, Collegeville, Minnesota 56321, USA
Alle Rechte vorbehalten

Einbandgestaltung: Jutta Schneider, Frankfurt a. M.
Einbandabbildung: Eva, Lucas Cranach d. Ä.
Foto: akg-images

Die Deutsche Bibliothek verzeichnet diese Publikation
in der Deutschen Nationalbibliografie;
detaillierte bibliografische Daten sind im Internet über
http://dnb.ddb.de abrufbar.

© 2003 by Wissenschaftliche Buchgesellschaft, Darmstadt
Gedruckt auf säurefreiem und alterungsbeständigem Papier
Printed in Germany

www.primusverlag.de

ISBN 3-89678-479-X

Inhalt

Einführung

Geschichten sind eine Gabe für die Vorstellungskraft. Sie helfen uns, uns Menschen, Orte und Erfahrungen vorzustellen, die von den unseren unterschiedlich sind. Sie helfen uns, uns die Realitäten unseres eigenen Lebens in anderen Begriffen vorzustellen. Biblische Geschichten helfen uns auch, uns die Beziehung Gottes zu den Menschen vorzustellen. Sie lassen uns Worte dafür finden, um unsere eigene Beziehung zu Gott zu beschreiben.

Erst in jüngster Vergangenheit wurde den Geschichten biblischer Frauen Aufmerksamkeit geschenkt. Das wachsende Bewusstsein für Frauengeschichten hat eine reiche Vielfalt offenbart. Es gibt Geschichten von Königinnen und Sklavinnen, von Mörderinnen wie von Frauen, die missbraucht wurden, von Müttern und Ehefrauen, von Schwestern und verschwägerten Frauen. Jede dieser Frauen hat einzigartige Eigenschaften. Jede dieser Geschichten ist Nahrung für unsere Vorstellungen.

Die Bibel hat uns auch mit Geschichten darüber beschenkt, was es bedeutet, eine Frau nach Gottes Plan zu sein, wie auch mit Geschichten über Gott in den Augen einer Frau.

Dieses Buch erzählt die Geschichten von nur einigen Frauen des Alten Testaments. Es bleibt zu hoffen, dass Leser und Leserinnen durch die Einführung in deren Lebensgeschichten ermutigt werden, nach weiteren Frauen der Bibel zu forschen und die Glaubensgeschichte zu entdecken, die sich in den Geschichten ihres eigenen Lebens widerspiegelt.

1. Frauen zur Zeit der „Erzväter"

Vorschlag zur Lektüre: Genesis 12; 15–17; 18,1–15; 21–23

Sara

Sara ist die Ehefrau Abrahams, Gottes ersten Bündnispartners[1]. Sie tritt zum ersten Mal in der Ahnenliste Terachs, Abrahams Vater, in Erscheinung (Genesis 11,27–32). Dort erfahren wir, dass sie die Ehefrau Abrahams ist, dass sie unfruchtbar ist und dass sie mit Terach und dessen Familie von Ur nach Haran gezogen ist. Diese drei Elemente – ihr Ehemann, ihre Unfruchtbarkeit und ihr Reisen – wird ihre gesamte Geschichte bestimmen.

Die Reise

Genesis 12,4–5
Da zog Abram fort, wie der Herr ihm gesagt hatte, und mit ihm ging auch Lot. Abram war fünfundsiebzig Jahre alt, als er aus Haran wegzog. Abram nahm seine Frau Sarai mit, seinen Neffen Lot und all ihre Habe, und die Knechte und Mägde, die sie in Haran erworben hatten. Sie wanderten nach Kanaan aus und kamen dort an.

Abraham wird von Gott berufen, sein Haus und seine Familie zu verlassen und in ein neues Land zu ziehen. Gott verspricht ihm, dass er gesegnet sein wird und dass alle Völker durch ihn Segen erlangen werden (Gen 12,1–3). Abraham gehorcht ohne ein Wort zu sagen, er nimmt all seinen Besitz mit. Sara wird nur als Begleiterin Abrahams erwähnt. Alles Weitere über sie gehört in den Bereich der Spekulation.

Abraham ist 75 Jahre alt. Durch Ableitung – Sara ist zehn Jahre jünger als Abraham, vgl. Gen 17,17 – können wir davon ausgehen, dass sie 65 Jahre alt ist, als sie Haran verlässt. Zwei der drei Fäden, die sich durch ihre Geschichte ziehen, treten schon in diesen beiden Versen zutage. Sie ist die gläubige Ehefrau Abrahams, und sie ist wieder auf der Reise. Auch sie verlässt ihre Heimat und ihre Familie auf

---

[1] Es ist zu beachten, dass Abraham und Sara unter unterschiedlichen Namen auftauchen: Abram und Sarai.

Geheiß Gottes, der zu Abraham spricht. Sie glaubt an Abraham, der wiederum an Gott glaubt. Sie wird eine wichtige Rolle spielen bei Gottes Erfüllung der Versprechen an Abraham, und durch Abraham an alle Völker.

Die rabbinische Lehrtradition sinnt darüber nach, wofür Sara während der neunzig Jahre ihrer Unfruchtbarkeit wohl bestimmt war. Es steht geschrieben, dass sie den anderen Frauen von dem einen Gott erzählte. Wegen der Bedeutung ihrer geistlichen Führerschaft stellte Abraham ihr Zelt immer als erstes auf.[2] In einer patriarchalischen Gesellschaft findet man selten eine solch bevorzugte Behandlung, die einer Frau zuteil wird. Die Tradition stellt die einzigartige Bedeutung Saras heraus, der sogar der große Vater Abraham Respekt zollt.

Ehefrau-Schwester-Geschichten

Genesis 12,10–20
Als über das Land eine Hungersnot hereinbrach, zog Abram nach Ägypten hinab, um dort zu bleiben; denn die Hungersnot bedrückte das Land schwer. Als er sich Ägypten näherte, sagte er zu seiner Frau Sarai: Ich weiß, du bist eine schöne Frau. Wenn dich die Ägypter sehen, werden sie sagen: Das ist seine Frau!, und sie werden mich erschlagen, dich aber am Leben lassen. Sag doch, du seiest meine Schwester, damit es mir deinetwegen gut geht und ich um deinetwillen am Leben bleibe. Als Abram nach Ägypten kam, sahen die Ägypter, dass die Frau sehr schön war. Die Beamten des Pharao sahen sie und rühmten sie vor dem Pharao. Da holte man die Frau in den Palast des Pharao. Er behandelte Abram ihretwegen gut: Abram bekam Schafe und Ziegen, Rinder und Esel, Knechte und Mägde, Eselinnen und Kamele. Als aber der Herr wegen Sarai, der Frau Abrams, den Pharao und sein Haus mit schweren Plagen heimsuchte, ließ der Pharao Abram rufen und sagte: Was hast du mir da angetan? Warum hast du mir nicht gesagt, dass sie deine Frau ist? Warum hast du sie als deine Schwester ausgegeben, so dass ich sie mir zur Frau nahm? Nun, da hast du deine Frau wieder, nimm sie, und geh! Dann ordnete der Pharao seinetwegen Leute ab, die ihn, seine Frau und alles, was ihm gehörte, fortgeleiten sollten.

Abraham bleibt nicht lange in Kanaan. Wegen einer Hungersnot im Land zieht er nach Ägypten. Dort gerät Sara, und mit ihr das Versprechen, Nachkommen zu haben, in Gefahr, in den Harem des Pharao aufgenommen zu werden. Der Grund für diese Gefahr scheint Abrahams Behauptung zu sein, Sara sei seine Schwester.

Die Grundstruktur dieser Ehefrau-Schwester-Geschichte wird drei-

---

[2] Dirk Rotzoll, Rabbinischer Kommentar zum Buch Genesis, Berlin 1994.

mal erwähnt (Gen 12,10–20; 20,1–18; 26,6–11). Jedes Mal befürchtet der Patriarch, jemand könnte ihn töten, um danach seine wunderschöne Frau zu heiraten. Deshalb erzählt er dem Herrscher des Landes, seine Frau sei seine Schwester.

Zwei dieser drei Geschichten handeln von Abraham und Sara. In Genesis 12 erfahren wir zuallererst, dass Sara schön ist. Es ist wichtig festzuhalten, dass fast niemand in der Bibel als schön beschrieben ist, der nicht auch heilig ist.[3] Daraus folgt implizit, dass Sara nicht nur schön ist; sie ist auch heilig. Sie ist nicht nur schön; sie ist *sehr* schön. Die Art, wie Abraham sie sieht, wird von den Ägyptern bestätigt. Pharaos Höflinge sind von Sara gegenüber ihrem Herrn des Lobes voll. Ist diese Frau, die sehr schön ist, auch sehr heilig?

Sara verbindet Leben und Tod. Abraham fürchtet, dass er wegen ihr getötet wird. Daher möchte er, dass sie behauptet, sie sei seine Schwester, damit „es [ihm] durch sie gut gehe und [sein] Leben um ihretwillen verschont werde". Abraham hat Recht. Nicht nur sein Leben wird verschont; ihm ergeht es gut und er wird wegen ihr reich gemacht. Ebenso liegt das Leben des Pharao in Saras Händen. Weil sie gefährdet ist, sind alle Lebewesen im Haus des Pharao bedroht. Er und sein ganzes Haus werden mit ernsten Plagen geschlagen. Nachdem Sara zu Abraham zurückgekehrt ist, lassen die Plagen von Pharaos Haus ab. Sein schlimmer Zustand lässt bereits das Schicksal eines späteren Pharaos vorausahnen, der ebenfalls mit Plagen geschlagen werden wird, damit die Nachkommen Saras aus der Sklaverei befreit werden (Exodus 7,14–12,30).

Die andere Ehefrau-Schwester-Geschichte (Gen 20,1–18) ist ähnlich. Bei dem König handelt es sich um Abimelech von Gerar. Er entdeckt durch einen Traum, dass Sara Abrahams Frau ist. In diesem Traum erscheint ihm Gott und sagt: „Du musst sterben wegen der Frau, die du dir genommen hast; sie ist verheiratet" (20,3). Wiederum liegen Tod und Leben in ihrer Hand. Abimelech ist vom Tod bedroht, und ihm wird geboten, „des Mannes Ehefrau zurückzugeben", sodass sein Leben verschont werde. Als Abimelech Abraham zu sich bestellt, verteidigt sich dieser damit, dass er sagt, er dachte, er würde wegen Sara getötet werden.

In dieser zweiten Geschichte verteidigt Gott Sara, wo selbst Abraham es nicht tut. „Denn der Herr hatte im Haus Abimelech jeden

---

[3] Siehe Josef (Genesis 39,6), David (1 Sam. 16,12), Tamar (2 Sam. 13,1), Abishag (1 Könige 1,3–4)

Mutterschoß verschlossen wegen Sara, der Frau Abrahams" (20,18).
Sara, die unfruchtbare Frau, bringt Unfruchtbarkeit in das Haus Abimelechs. Sobald sie ihrem Ehemann zurückgegeben wurde, heilte
Gott Abimelechs „Frau und seine Dienerinnen, sodass sie wieder gebären konnten".

Nicht nur Gott sorgt sich um die Ehre Saras. Auch Abimelech sorgt
sich darum. Nachdem er Abraham Geschenke überreicht hat, sagt er
zu Sara: „Da, ich gebe deinem Bruder tausend Silberstücke. Das soll
allen Leuten in deiner Umgebung die Augen zudecken, und vor allen
erfährst du Genugtuung" (20,16).

Im Gegensatz zu dem scheinbaren Verstoßen durch Abraham wird
Sara in beiden Geschichten als seine Ehefrau bezeichnet. Sechsmal
wird sie in jeder der beiden Geschichten Abrahams Frau genannt
(12,11. 12. 17. 18. 19. 20; 20,2. 7. 11. 12. 14. 18). Sie bleibt unfruchtbar.
Gott hat sie vor anderen Männern bewahrt, doch sie wartet immer
noch darauf, das Kind ihres Ehemannes auszutragen. Die beiden Abschnitte führen die Geschichte ihrer Reisen weiter. Sie geht mit Abraham nach Ägypten und nach Gerar.

Nachkommen

Genesis 17,15–22
Dann sprach Gott zu Abraham: Deine Frau Sarai sollst du nicht mehr Sarai nennen, sondern Sara soll sie heißen. Ich will sie segnen und dir auch von ihr einen
Sohn geben. Ich segne sie, so dass Völker aus ihr hervorgehen; Könige über
Völker sollen ihr entstammen. Da warf sich Abraham auf sein Gesicht nieder
und lachte. Er dachte: Können einem Hundertjährigen noch Kinder geboren
werden, und kann Sara als Neunzigjährige noch gebären? Dann sagte Abraham
zu Gott: Wenn nur Ismael vor dir am Leben bleibt. Gott entgegnete: Nein, deine Frau Sara wird dir einen Sohn gebären, und du sollst ihn Isaak nennen. Ich
werde meinen Bund mit ihm schließen als einen ewigen Bund für seine Nachkommen. Auch was Ismael angeht, erhöre ich dich. Ja, ich segne ihn, ich lasse
ihn fruchtbar und sehr zahlreich werden. Zwölf Fürsten wird er zeugen, und ich
mache ihn zu einem großen Volk. Meinen Bund aber schließe ich mit Isaak, den
dir Sara im nächsten Jahr um diese Zeit gebären wird. Als Gott das Gespräch
beendet hatte, verließ er Abraham und fuhr zur Höhe auf.

Die Geschichten in Genesis 15–17 kreisen um die beiden Pole:
Gottes Bündnisversprechen an Abraham, wonach dieser Nachkommen haben soll, und Saras fortwährende Kinderlosigkeit. In Genesis
15 verspricht Gott Abraham Nachkommen, so zahlreich wie die Sterne. Abraham hatte sich beklagt, dass sein Knecht Eliezer sein Erbe

sein werde, da er selber ja keine Kinder habe. Gott aber versichert ihm, „dein leiblicher Sohn wird dein Erbe sein" (15,4).

Sara jedoch ist immer noch unfruchtbar, und so entschließt sie sich, ihrem Ehemann Abraham ihre Magd Hagar zu überlassen, damit sie ihm auf diese Weise Söhne geben könne (16,1–6). Damit folgt sie dem mesopotamischen Brauch für eine unfruchtbare Frau. Diese Praxis, die im Gesetzeskodex des Nuzi beschrieben ist, war eine alte Form von Ersatz-Mutterschaft. Das der Magd geborene Kind wurde als das Kind der Ehefrau angesehen. Doch im Fall von Sara und Hagar funktioniert das nicht. Sara beansprucht Hagars Kind niemals für sich. Vielmehr verstößt sie am Ende sowohl die Mutter als auch das Kind.

Dieser Vorfall mit Hagar spiegelt die dunkle Seite Saras wider. Nachdem Hagar schwanger geworden ist, beschuldigt Sara Abraham, diesen Konflikt im Haus hervorgerufen zu haben. Abraham wiederum macht Sara dafür verantwortlich, die wiederum Hagar so sehr beschimpft, dass diese wegläuft. Auf Befehl von Gottes Engel kehrt Hagar zurück, um jedoch erneut von ihrer eifersüchtigen Herrin nach der Geburt von Saras Kind weggejagt zu werden. In ihrer Beziehung zu Hagar erscheint Sara grausam und unbarmherzig.

In Genesis 17 erneuert Gott den Bund mit Abraham und verspricht erneut, dass Abraham „Stammvater einer Menge von Völkern" sein wird (17,4). Da denkt Abraham, dass diese Verheißung durch Ismael, Hagars Sohn, erfüllt werden wird (s. 17,18). Doch Gott sagt ihm, dass Sara die Mutter des verheißenen Kindes sein soll (17,16). Abrahams Antwort ist ein Lachen. Er kann es nicht glauben, dass er mit 100 Jahren noch ein Kind zeugen kann oder dass Sara mit 90 Jahren noch ein Kind gebären kann (17,17). Gott wird jedoch nicht aufzuhalten sein. Gott hat Sara während all der Ehefrau-Schwester-Episoden bewahrt und versichert Abraham nun aufs Neue, dass die Verheißung durch Sara geschehen wird. Nicht nur auf Abraham ruht in diesem Kapitel der Segen; nicht nur Abraham erlebt eine förmliche Namensgebung, ein Segenszeichen (17,5–6). Sara wird gesegnet; Sara empfängt einen neuen Namen (17,15–16). Gott verspricht: „Ich segne sie, so dass Völker aus ihr hervorgehen; Könige über Völker sollen ihr entstammen" (17,16).[4] Sara wird als die Mutter des Bundes herausgestellt und Empfängerin der Bundesversprechen gemeinsam mit ihrem Mann Abraham genannt.

---

[4] Viele Übersetzungen folgen der griechischen Übersetzung (Septuaginta), die sagt, dass Ismael gesegnet wird und der Vater von Völkern und Königen sein wird. Der hebräische Text schreibt diese Verheißungen Sara zu.

Die Ankündigung der Geburt

Genesis 18,1–15

Der Herr erschien Abraham bei den Eichen von Mamre. Abraham saß zur Zeit der Mittagshitze am Zelteingang. Er blickte auf und sah vor sich drei Männer stehen. Als er sie sah, lief er ihnen vom Zelteingang aus entgegen, warf sich zu Boden und sagte: Mein Herr, wenn ich dein Wohlwollen gefunden habe, geh doch an deinem Knecht nicht vorbei! Man wird etwas Wasser holen; dann könnt ihr euch die Füße waschen und euch unter dem Baum ausruhen. Ich will etwas Brot holen, und ihr könnt dann nach einer kleinen Stärkung weitergehen; denn deshalb seid ihr doch bei eurem Knecht vorbeigekommen. Sie erwiderten: Tu, wie du gesagt hast. Da lief Abraham eiligst ins Zelt zu Sara und rief: Schnell drei Sea feines Mehl! Mach einen Teig und backe Brotfladen! Er lief weiter zum Vieh, nahm ein zartes, prächtiges Kalb und übergab es dem Jungknecht, der es schnell zubereitete. Dann nahm Abraham Butter, Milch und das Kalb, das er hatte zubereiten lassen, und servierte es ihnen. Er wartete ihnen unter dem Baum auf, während sie aßen. Sie fragten ihn: Wo ist deine Frau Sara? Dort im Zelt, sagte er. Da sprach der Herr: In einem Jahr komme ich wieder zu dir, dann wird deine Frau Sara einen Sohn haben. Sara hörte am Zelteingang hinter seinem Rücken zu. Abraham und Sara waren schon alt; sie waren in die Jahre gekommen. Sara erging es längst nicht mehr nach Frauenart. Sara lachte daher still in sich hinein und dachte: Ich bin doch schon alt und verbraucht und soll noch das Glück der Liebe erfahren? Auch ist mein Herr doch schon ein alter Mann! Da sprach der Herr zu Abraham: Warum lacht Sara und sagt: Soll ich wirklich noch Kinder bekommen, obwohl ich so alt bin? Ist beim Herrn etwas unmöglich? Nächstes Jahr um diese Zeit werde ich wieder zu dir kommen; dann wird Sara einen Sohn haben. Sara leugnete: Ich habe nicht gelacht. Sie hatte nämlich Angst. Er aber sagte: Doch, du hast gelacht.

Drei Besucher kommen zu Abraham und Sara. Nachdem Abraham sich um sie kümmert, wie es die Gastfreundschaft vorsieht, und nachdem sie mit Saras Hilfe Speise zu sich genommen haben, fragt einer von ihnen: „Wo ist deine Frau Sara?" „Dort im Zelt", erwidert Abraham. Es scheint so, dass es sich für die weiblichen Familienmitglieder gehörte, sich außer Sichtweite zu halten, wenn die männlichen Gäste unterhalten wurden. Sara jedoch hält sich nicht außerhalb der Hörweite auf. Sie steht am Zelteingang und lauscht der Unterhaltung.

Der Gast fährt fort: „Ich werde zu etwa derselben Zeit im nächsten Jahr zu euch zurückkommen, und dann wird Sara einen Sohn haben." In dieser Fassung der Geschichte ist es Sara, die lacht, wohl wissend, dass sie das Alter der Empfängnis überschritten hat. Der Besucher scheint jedoch auch in der Lage zu sein, die Unterhaltung auf beiden Seiten der Zeltwand zu hören und zu verfolgen. Er fragt: „Warum hat Sara gelacht? Ist beim Herrn etwas unmöglich?" Und das Versprechen wird noch einmal erneuert: Sara wird einen Sohn gebären. Sara fürchtet sich vor diesem Fremdling, der so viel weiß. Sie lügt, indem sie sagt: „Ich habe nicht gelacht." Jedoch lässt sich der Fremde nicht täuschen. „Doch, du hast es getan!"

Zu diesem Zeitpunkt im Ablauf der Handlung dieser Geschichte ist die Aufmerksamkeit von den drei Besuchern auf nur einen der Besucher gewechselt, und dieser eine Besucher ist Gott. Diese Geschichte ist nunmehr eine weitere Bekräftigung des Bündnisversprechens Gottes, dass Abraham Nachkommen haben werde, dass es seine eigenen Kinder sein werden und dass es die Kinder Saras sein werden. Die Ankündigung der Geburt, wie wir sie in Genesis 17 und 18 finden, folgt einem Schema, wie es häufig in biblischen Texten gefunden wird.[5]

Die wichtigsten Teile dieses Schemas sind:

1. Die Erscheinung Gottes oder eines Engels Gottes
   (vgl. 17,1; 18,1)
2. Der Ausdruck von Furcht oder Ehrerbietung durch den Menschen
   (vgl. 17,3; 18,2)
3. Die Botschaft (vgl. 17,16; 18,10):
   a. Eine Frau ist schwanger und wird einen Sohn gebären.
   b. Der Name des Sohnes soll ... sein
   c. Das Kind wird ...
4. Einwände durch den Menschen (vgl. 17,17–18; 18,12)
5. Bekräftigung durch Gott oder den Engel
   (vgl. 17,19–21; 18,13–14)
6. Das Geschenk eines Zeichens.

In den beiden Geschichten, in Genesis 17 und 18, sind zwei bedeutende Abweichungen von der üblichen Form festzustellen. Zunächst wird der Name des Kindes nur in der Bekräftigung erwähnt. Sein Name soll Isaak *(yishaq)* heißen, was bedeutet „er lacht". Dieser Name wird in beiden Geschichten über die Ankündigung der Geburt vorgeschlagen. Der Einwand bei beiden Geschichten besteht aus Lachen: Abraham lacht in Kapitel 17,17, Sara lacht in Kapitel 18,12. Des Weiteren wird in keiner der beiden Geschichten ein Zeichen erwähnt. In Genesis 17 wird die Beschneidung als ein Zeichen des Bundes gegeben; in Genesis 18 kann die außergewöhnliche Kenntnis des Besu-

---

[5] Dieses Schema erscheint mehrmals: Ankündigung der Geburt Ismaels, Isaaks, Simsons. Die den Christen bekannteste Stelle ist die Ankündigung der Geburt Jesu; siehe auch die Geburt Johannes' des Täufers.

chers als ein Zeichen gedeutet werden. Oder vielleicht muss das Kind selbst als ein Zeichen angesehen werden, nicht nur als ein Zeichen der Wahrheit für die Tatsache der Ankündigung selbst, sondern auch als ein Zeichen der Treue Gottes zum Bündnisversprechen.

Es gibt zwei Geschichten bezüglich der Ankündigung der Geburt Isaaks, denn die Geschichte wurde in zwei unterschiedlichen Traditionen aufbewahrt. Die Schlussherausgeber des Pentateuch (das sind die fünf Bücher Moses: Genesis, Exodus, Levitikus, Numeri, Deuteronomium) bewahrt so viel an Überlieferung, wie es ihnen möglich war, selbst wenn sich Geschichten wiederholten oder einander widersprachen. Die Geschichte in Genesis 18 entstammt einer Tradition aus dem 10. Jahrhundert, der so genannten Jahwe-Quelle, weil darin der Name „Jahwe" (Herr) für Gott bevorzugt verwendet wird. Die Geschichte in Genesis 17 stammt aus einer Überlieferung aus dem 6. Jahrhundert, der so genannten „Priesterschrift", denn es wird allgemein davon ausgegangen, dass die Priester während des babylonischen Exils diese Erzählungen sammelten und niederschrieben.

Die beiden Geschichten über die Ankündigung der Geburt Isaaks stellen klar, dass sowohl Sara als auch Abraham von Gott erwählt sind. Sie ist die Mutter der Verheißung. Sara ist tüchtig und arbeitet immer noch eifrig in allen die Gastfreundschaft betreffenden Belangen, obwohl sie neunzig Jahre alt ist. Sara hat einen wachen Sinn für Humor und ein starkes Maß an Realitätssinn. Sie kennt auch die Angst und sie erliegt der Täuschung, als der Fremde sie wegen ihres Lachens ausfragt. Sie ist eine starke Frau, ein vielschichtiger Charakter.

Sara und ihr Sohn

Genesis 21,1–8
Der Herr nahm sich Saras an, wie er versprochen hatte, und er tat Sara so, wie er gesagt hatte. Sara wurde schwanger und schenkte dem Abraham noch in seinem Alter einen Sohn zu der Zeit, die Gott angegeben hatte. Abraham nannte den Sohn, den Sara ihm gebar, Isaak. Als sein Sohn Isaak acht Tage alt war, beschnitt ihn Abraham, wie Gott ihm befohlen hatte. Abraham war hundert Jahre alt, als sein Sohn Isaak geboren wurde. Sara aber sagte: Gott machte mich lachen; jeder, der davon hört, wird mit mir lachen. Wer, sagte sie, hätte Abraham zu sagen gewagt, Sara werde noch Kinder stillen? Und nun habe ich ihm noch in seinem Alter einen Sohn geschenkt. Das Kind wuchs heran und wurde entwöhnt. Als Isaak entwöhnt wurde, gab Abraham ein großes Festmahl.

„Der Herr nahm sich Saras an, wie er versprochen hatte ... Sara wurde schwanger und gebar dem Abraham einen Sohn" (21,1–2). Sara wird ausdrücklich genannt als diejenige, an der das Versprechen erfüllt wird. Sara, die sich darüber beklagte, dass Gott es ihr nicht erlaubte, Kinder zu haben (Genesis 16,2), erkennt nun, dass ihr Kind durch Gott geboren wurde. Ihre Antwort zeugt wiederum von ihrem Sinn für Humor und ihrer Fähigkeit, über sich selbst zu lachen. Jetzt sagt sie: „Gott hat mir Grund zum Lachen gegeben." Sara kennt also ihren eigenen Anteil an diesem glücklichen Ereignis. „Ich habe [Abraham] in seinem hohen Alter einen Sohn geboren." Gott und Sara haben Abraham einen Sohn gegeben, das Kind der Verheißung.

Saras Kämpfe sind jedoch noch nicht vorbei. Sara sieht, wie Ismael, Hagars Sohn, mit Isaak spielt, und fordert von Abraham: „Verstoß diese Magd und ihren Sohn" (Genesis 21,10). Überraschenderweise sagt Gott einem betrübten Abraham: „Hör auf alles, was dir Sara sagt! Denn nach Isaak sollen deine Nachkommen benannt werden" (Genesis 21,12). Gott nimmt sich immer noch Saras an, obwohl es scheint, dass ihre Bedeutung von der ihres Sohnes in den Schatten gestellt wird. Abraham, der Vater von Gottes auserwähltem Volk, erhält die Anweisung, seiner Ehefrau Sara zu gehorchen.

Sara, die in der Geschichte mit Ismael als übermäßig fürsorglich für Isaak erscheint, taucht in der Geschichte, als Abraham seinen Sohn beinahe opfert, nicht auf (Genesis 22,1–19). Wir sind wiederum nur auf Spekulationen angewiesen. Ist es Sara, die ihren Sohn, den sie so sehr voller Stolz an sich bindet, loslassen muss? Hat Abraham Sara den Grund genannt, warum die beiden zum Berg Morija aufbrachen? Was sagte Isaak zu seiner Mutter, als sie zurückkamen?

Es ist ziemlich verwunderlich, dass die folgende Erwähnung von Sara, die uns überliefert ist, der Bericht über ihren Tod ist (Genesis 23,1–2). Ihr Leben währte 127 Jahre, nach der Priesterschrift lebt sie nach der Geburt Isaaks noch fast 40 Jahre. Abraham trauert um sie, wie es die Bräuche fordern, und sucht danach nach einem Platz für ihr Begräbnis. Er kauft die Grotte von Machpela bei Hebron von den Hetitern und beerdigt sie dort. Nach seinem Tod wird er dort zusammen mit ihr beerdigt (Genesis 25,9), und schließlich werden Isaak und Rebekka, Jakob und Lea dort auch beerdigt werden. Die Grabesgruft ist das einzige Stück Land, das Abraham je besessen hat, Abraham, dem Land versprochen war, Land, Nachkommen und eine besondere Beziehung zu Gott. Sara spielt eine wichtige Rolle in der Erfüllung aller Verheißungen Gottes für Abraham.

Die abschließende Erwähnung Saras unterstreicht die wichtige Beziehung zwischen Mutter und Sohn. Isaak führte Rebekka in das Zelt seiner Mutter Sara. Er nahm sie zu sich, und sie wurde seine Frau. Isaak gewann sie lieb und tröstete sich so über den Verlust seiner Mutter (Genesis 24,67).

Wer ist Sara?

Sara ist Abrahams Ehefrau, die mit ihm seine Reisen, seine Versuchungen wie auch Gottes Verheißungen des Bundes mit ihm teilt. Nach neunzig Jahren Unfruchtbarkeit wird sie die Mutter Isaaks, des Kindes des Bundes. Sie steht am Anfang einer langen Reihe von unfruchtbaren Frauen, die Kinder der Verheißung zur Welt bringen: Rebekka, Rahel, Hanna, die Mutter Samuels; Elisabet, die Mutter Johannes' des Täufers. Diese Reihe erhält ihre letzte Erfüllung in einer Frau, die, obwohl Jungfrau, Mutter wird. Durch die Macht des Geistes Gottes gebärt Maria ein Kind, das die Hoffnung für uns alle ist. Gibt es irgendetwas, das für Gott unmöglich ist? Wie Maria ist auch Sara ein Beispiel für die Kirche, die für das Volk Gottes sorgt. Paulus schreibt den Christen: „Ihr ... seid Kinder der Verheißung ... nicht Kinder der Sklavin [Hagar], sondern Kinder der Freien [Sara]" (Galater 4,28. 31).

Hagar

Die Magd Saras

Genesis 16,1–6
Sarai, Abrams Frau, hatte keine Kinder zur Welt gebracht. Sie hatte aber eine ägyptische Magd namens Hagar. Sarai sagte zu Abram: Der Herr hat mir Kinder versagt. Geh zu meiner Magd! Vielleicht komme ich durch sie zu einem Sohn. Abram hörte auf sie. Sarai, Abrams Frau, nahm also die Ägypterin Hagar, ihre Magd – zehn Jahre, nachdem sich Abram in Kanaan niedergelassen hatte –, und gab sie ihrem Mann Abram zur Frau. Er schlief mit Hagar, und sie wurde schwanger. Als sie merkte, dass sie schwanger war, verlor die Herrin bei ihr an Achtung. Da sagte Sarai zu Abram: Das Unrecht, das ich erfahre, komme auf dich. Ich habe dir meine Magd überlassen. Kaum merkt sie, dass sie schwanger ist, so verliere ich schon an Achtung bei ihr. Der Herr entscheide zwischen mir und dir. Abram entgegnete Sarai: Hier ist deine Magd; sie ist in deiner Hand. Tu mit ihr, was du willst. Da behandelte Sara sie so hart, dass ihr Hagar davonlief.

Hagar ist die „Magd Sarais" (Genesis 16,8), eine Ägypterin (16,1). Ist sie eine „dieser Personen", die Abraham in Haran erworben hatte (Genesis 12,5)? Sie wird erstmals in Genesis 16 mit Namen erwähnt, als Sara entscheidet, sie als eine Art Ersatzmutter zu gebrauchen, um Abraham Söhne zu schenken. Sara sagt: „Vielleicht komme ich durch sie zu einem Sohn." Durch die ersten drei Verse dieses Kapitels wird Hagar das Objekt der Handlungen anderer: Sara hatte eine Magd; Sara übergab Hagar an Abraham; er hatte Geschlechtsverkehr mit ihr. Einen flüchtigen Augenblick lang wird sie das Subjekt: Sie wurde schwanger; sie erkannte, dass sie schwanger war; sie betrachtete ihre Herrin mit Missachtung. Doch Sara erlaubt Hagar nicht, ihren eigenen Platz für lange Zeit einzunehmen. Sie beschwert sich bei Abraham, der ihr erwidert: „Deine Magd ist in deiner Hand." Daraufhin behandelt Sara Hagar so hart, dass sie davonläuft.

Der Vorfall hat Hagar jedoch einen gewissen Status verliehen. Obwohl sie in manchen Übersetzungen als „Konkubine" bezeichnet wird (16,3), wird sie Abraham dem Wortsinn nach gegeben, „dass sie seine Ehefrau sei"[6], Als eine Nebenfrau hat sie gewisse Rechte, insbesondere als Folge ihrer Schwangerschaft.

Die alte Gesetzessammlung des Hammurabi (18. Jahrhundert v. Chr.) liefert den Hintergrund, vor dem man Saras Akt der Übergabe ihrer Magd an ihren Ehemann verstehen kann. Es gibt einen Präzedenzfall, wo eine unfruchtbare Frau eine Sklavin als eine Ersatzmutter benutzt. Saras Beschwerde wird also durch diesen Gesetzestext klargestellt. Die Sklavin, die die Kinder ihres Herrn austrägt, darf für sich nicht die gleichen Rechte beanspruchen wie die Ehefrau.[7] Allerdings darf die Ehefrau die Sklavin nicht verkaufen. Aber darf sie sie verjagen? Ist Hagar immer noch eine Sklavin, oder ist sie eine Ehefrau?

Vision in der Wüste

Genesis 16,7–16
Der Engel des Herrn fand Hagar an einer Quelle in der Wüste, auf dem Weg nach Schur. Er sprach: Hagar, Magd Sarais, woher kommst du, und wohin gehst du? Sie antwortete: Ich bin meiner Herrin Sarai davongelaufen. Da sprach der Engel des Herrn zu ihr: Geh zurück zu deiner Herrin, und ertrage ihre harte Behandlung! Der Engel des Herrn sprach zu ihr: Deine Nachkommen will ich so zahlreich machen, dass man sie nicht zählen kann. Weiter sprach der Engel des Herrn zu ihr:

Du bist schwanger, du wirst einen Sohn zur Welt bringen
und ihn Ismael (Gott hört) nennen;

---

[6] Sie wird im Hebräischen „Frau" genannt, nicht „Konkubine".
[7] Hammurabi, § 144–§ 146.

denn der Herr hat auf dich gehört
in deinem Leid.

Er wird ein Mann sein wie ein Wildesel,
seine Hand gegen alle,
die Hände aller gegen ihn!
Allen seinen Brüdern
Setzt er sich vors Gesicht.

Da nannte sie den Herrn, der zu ihr gesprochen hatte: El-Roï (Gott, der nach mir schaut). Sie sagte nämlich: Habe ich hier nicht nach dem geschaut, der nach mir schaut? Darum nannte sie den Brunnen Beer-Lahai-Roï (Brunnen des Lebendigen, der nach mir schaut). Er liegt zwischen Kadesch und Bered.
Hagar schenkte dem Abram einen Sohn, und Abram nannte den Sohn, den ihm Hagar gebar, Ismael. Abram war sechsundachtzig Jahre alt, als Hagar ihm Ismael gebar.

Die fliehende Hagar trifft einen Boten Gottes, einen Engel des Herrn. Zunächst stellt der Bote ihr eine wichtige Frage: „Hagar, Magd Sarais, woher kommst du und wohin gehst du?" (16,8). Sie antwortet wahrheitsgemäß: „Ich bin meiner Herrin Sarai davongelaufen" (16,8). Allerdings hat sie keine Antwort auf die Frage, wohin sie gehe. Der Bote gibt ihr die schwerwiegende Antwort auf diese Frage: „Geh zurück zu deiner Herrin."

Der Bote hat jedoch eine weitere Botschaft für Hagar bereit. Die zentralen Elemente des Schemas der Ankündigung der Geburt (s. S. 15) können leicht identifiziert werden:

1. Die Erscheinung eines Engels Gottes (16,7)
3. Die Botschaft (16,11–12)
   a. Hagar ist schwanger und wird einen Sohn gebären (16,11)
   b. Der Name des Sohnes soll Ismael (Gott hört) sein (16,11)
   c. Die Zukunft des Kindes wird Streit und Zwist sein (16,12).

Das Schema ist verkürzt. Es gibt keinen Ausdruck der Furcht oder Ehrerbietung (2), noch ist ein Einwand festzustellen (4). Daher bedarf es auch weder einer erneuten Bekräftigung (5) noch eines Zeichens (6). Es muss jedoch festgehalten werden, dass es sich hier um das erstmalige Erscheinen dieses Schemas in der Bibel handelt.

Sara ist die erste Person, die von einem Engel besucht wird. Sie ist die erste, die die Ankündigung einer Geburt erfährt. Sie ist die erste Frau in der Geschichte der Stammväter (Genesis 12–50), die ein Kind gebiert. Ihr werden Nachkommen in der gleichen Wortwahl wie den männlichen Vorfahren versprochen (Genesis 16,10; siehe auch Genesis 15,5; 17,5–6; 22,16; 26,4; 28,14).

Hagar ist die einzige Person in der Bibel, die Gott einen Namen verleiht: „Da nannte sie den Herrn, der zu ihr gesprochen hatte: El-Roï (Gott, der nach mir schaut)" (Genesis 16,13). In allen Geschichten über Hagar ist es nur Gott, der zu ihr spricht, sei es als Person oder durch einen Boten. Nur Gott nennt sie bei ihrem Namen. (Sara und Abraham nennen sie durchweg „Magd" oder „Sklavin".) Gott sieht Hagar als Person an, hört sie, sendet ihr einen Boten, beruft sie, macht sie zur Mutter eines Volkes. Hagar sieht im Gegenzug Gott als eine Person an und gibt Gott einen Namen: *el-roï*, „der Gott, der nach mir schaut".

Hagar kehrt in Abrahams Haus zurück und gebiert ihm einen Sohn, wie es der Engel verheißen hatte. Abraham (und nicht Hagar) gibt seinem Erstgeborenen den Namen, den der Engel ihm gegeben hatte, Ismael, was so viel heißt wie „Gott hört". Abraham ist bei Ismaels Geburt sechsundachtzig Jahre alt. Wie alt ist Hagar?

Die Vertreibung

Genesis 21,9–13
Eines Tages beobachtete Sara, wie der Sohn, den die Ägypterin Hagar Abraham geboren hatte, spielte. Da sagte sie zu Abraham: Verstoß diese Magd und ihren Sohn! Denn der Sohn dieser Magd soll nicht zusammen mit meinem Sohn Isaak Erbe sein. Dieses Wort verdross Abraham sehr, denn es ging doch um seinen Sohn. Gott sprach aber zu Abraham: Sei wegen des Knaben und deiner Magd nicht verdrossen! Hör auf alles, was dir Sara sagt! Denn nach Isaak sollen deine Nachkommen benannt werden. Aber auch den Sohn der Magd will ich zu einem großen Volk machen, weil auch er dein Nachkomme ist.

Nach Isaaks Geburt (Genesis 21,1–8) ist Sara eifrig bedacht, dass alles – Reichtum, Achtung, Segen – ihrem Sohn zuteil wird. „Der Sohn *dieser Magd* soll nicht zusammen mit meinem Sohn Isaak Erbe sein" (21,10, die Betonung liegt auf „mein"). Der Anblick Ismaels, wie er mit Isaak spielt, ist für sie Grund genug, von Abraham erneut zu verlangen, dass er Hagar und ihren Sohn verstoßen möge.[8]

Sara verlangt, dass Abraham Hagar und Ismael verstoße. Abraham ist anfangs nicht dazu bereit, „denn es ging doch um seinen Sohn". Hagars Wertschätzung ist nun, da sie Abraham einen Sohn geboren hat, geringer geworden. Gott hat sie jedoch nicht vergessen. „Sei

---

[8] Der hebräische Text sagt einfach, dass sie Ismael „beim Spielen" sah. Der Satz „mit ihrem Sohn Isaak" fehlt im Hebräischen, findet sich jedoch im Griechischen und Lateinischen.

wegen des Knaben *und deiner Magd* nicht verdrossen" (21,12). Doch selbst die Aufmerksamkeit Gottes hat eine Veränderung erfahren. Gott erinnert Abraham daran, dass Sara diejenige ist, die das Kind der Verheißung gebären wird. Als eine Art nachträglichen Einfalls verspricht Gott dem Ismael reiche Nachkommenschaft, weil er ein Nachkomme *Abrahams* ist. Hagar ist im Grunde genommen verschwunden.

Dieser Vorgang hat einige rechtliche Folgerungen. Der Gesetzeskodex des Deuteronomium (7. Jahrhundert vor Christus) stellt fest:

Wenn ein Mann zwei Frauen hat, eine, die er liebt, und eine, die er nicht liebt, und wenn beide ihm Söhne gebären, die geliebte wie die ungeliebte, und der erstgeborene Sohn von der ungeliebten stammt, dann darf er, wenn er sein Erbe unter seinen Söhnen aufteilt, den Sohn der geliebten Frau nicht als Erstgeborenen behandeln und damit gegen das Recht des wirklichen Erstgeborenen, des Sohnes der ungeliebten Frau, verstoßen. Vielmehr soll er den Erstgeborenen, den Sohn der Ungeliebten, anerkennen, indem er ihm von allem, was er besitzt, den doppelten Anteil gibt. Ihn hat er zuerst gezeugt, er besitzt das Recht des Erstgeborenen (Deuteronomium 21,15–17).

Die Rechte bezüglich der Erbschaft eines Kindes einer Magd sind im Gesetzeskodex des Hammurabi wie folgt beschrieben:

Wenn ein Bürger Kinder sowohl von seiner Ehefrau wie auch von seiner Magd hat und die Kinder von seiner Magd adoptiert, soll sein Vermögen gleichmäßig zwischen den Kindern beider aufgeteilt werden, wobei der erstgeborene Sohn seiner Ehefrau den vorrangigen Anteil erhält (vgl. Genesis 21,9–21).[9]

Bezüglich der Stellung Hagars und ihres Sohnes Ismael ergibt sich eine Reihe von Fragen. Ist Hagar Abrahams zweite Frau gemäß der Angaben aus Genesis 16,3? Wenn dem so ist, schützt der später erwähnte Gesetzestext des Deuteronomium gegen Missbrauch wie der des Abraham gegenüber Hagar und Ismael. Ist aber Hagar lediglich die Magd, die als Ersatzmutter dient? Das Gesetz des Hammurabi hätte in diesem Fall gefordert, dass Abraham Ismael einen Teil des Erbes gewährt, da er diesen ja sicherlich adoptiert hat. Abraham gibt ihm einen Namen (Genesis 16,15), er nimmt Rechte für ihn in Anspruch (17,18), er sorgt sich um ihn (21,11). Selbst gemäß der Maßstäbe der damaligen Zeit widerspricht die Behandlung Hagars sowohl dem geltenden Recht als auch menschlichem Mitleid.

---

[9] Hammurabi § 170.

Erneut in der Wüste

Genesis 21,14–21

In der Frühe stand Abraham auf, nahm Brot und einen Schlauch mit Wasser, gab beides Hagar, legte es ihr auf die Schulter, reichte ihr das Kind und entließ sie. Sie zog fort und irrte in der Wüste bei Beerscheba umher. Als das Wasser im Schlauch zu Ende war, legte sie das Kind unter einen Strauch, ging weg und setzte sich in der Nähe hin, etwa einen Bogenschuss weit entfernt; denn sie sagte: Ich kann nicht mit ansehen, wie das Kind stirbt. Sie saß in der Nähe und weinte laut. Gott hörte den Knaben schreien; da rief der Engel Gottes vom Himmel her Hagar zu und sprach: Was hast du, Hagar? Fürchte dich nicht, Gott hat den Knaben dort schreien gehört, wo er liegt. Steh auf, nimm den Knaben, und halt ihn fest an deiner Hand; denn zu einem großen Volk will ich ihn machen. Gott öffnete ihr die Augen, und sie sah einen Brunnen. Sie ging hin, füllte den Schlauch mit Wasser und gab dem Knaben zu trinken.

Gott war mit dem Knaben. Er wuchs heran, ließ sich in der Wüste nieder und wurde ein Bogenschütze. Er ließ sich in der Wüste Paran nieder, und seine Mutter vermählte ihn mit einer Frau aus Ägypten.

Hagar zieht wiederum in die Wüste. Die Vorräte, die sie von Abraham zur Verfügung gestellt bekommen hat, gehen zu Ende, und sowohl Hagar als auch ihr Sohn sehen dem Tod ins Auge. Sie legt das Kind in einiger Entfernung ab, um es nicht sterben zu sehen. Dann fängt sie an zu weinen.[10] Doch es ist die Stimme des Jungen, die Gott hört. Der Engel Gottes kehrt zurück und erneuert die Verheißung, dass aus Ismael ein großes Volk hervorgehen wird. Dann sieht diese Frau der Visionen erneut: „Gott öffnete ihre Augen, und sie sah eine Wasserquelle" (21,19).

Hagar und ihr Sohn bleiben in der Wüste. Die Geschichte konzentriert sich dann auf Ismael. Gott ist mit ihm. Seine Mutter findet eine Ehefrau für ihn aus Ägypten, ihrer Heimat. Ismael lebt bis in ein hohes Alter und wird der Stammvater von zwölf Stämmen (Genesis 25,12–18).

Sie werden als Feinde der zwölf Stämme Israels aufgeführt.: „Die Zelte von Ismael und Edom, die Stämme von Moab und Hagar" (Psalm 83,7). Sie besitzen nicht die Weisheit, die Israel sein Eigen nennt: „Die Söhne Hagars, die Wissen auf Erden suchen, die Kaufleute von Midian und Teman, die Sprüchemacher, die Wissen suchen, sie haben den Weg zur Weisheit nicht erfahren, noch haben sie deren Wege in ihrem Kopf" (Baruch 3,23).

---

[10] Der hebräische Text sagt, „sie" schrie. Die Septuaginta, evtl. in Einklang mit V. 17, sagt: „er" schrie.

Wer ist Hagar?

Zu Beginn der Geschichte wird Hagar *shiphah*, „Magd", genannt (Genesis 16,1. 2. 3. 5. 6. 8; s. 25,12). Sara gibt sie Abraham als Ehefrau, *ishshah* (Genesis 16,3). Als Sara sie mit Ismael verstößt, spricht sie von Hagar als „Sklavin", *amah* (Genesis 21,10. 12. 13).

Die Spannung in dieser Geschichte dreht sich um den Zwiespalt zwischen den unterschiedlichen Rollen Hagars. Ist Hagar die Ersatzmutter und muss ihr Sohn folglich als Saras Sohn angesehen werden? Oder ist Hagar die Ehefrau, die Abrahams Erstgeborenen austrägt? Muss Ismael als Abrahams erstgeborener Sohn betrachtet werden und damit auch als mit den Rechten des Erstgeborenen ausgestattet? Ist er der Sohn einer Sklavin, der damit keine Rechte als Erstgeborener hat, wohl aber das Erbrecht? Diese Spannung kann Hagars geringschätzige Haltung Sara gegenüber sowie Saras Missbrauch Hagars erklären (Genesis 16,6). Es mag auch erklären, warum Sara fürchtet, dass Ismael und Isaak zu gleichen Teilen erben könnten (Genesis 21,10). Hagars Status mag sich mit ihrer Schwangerschaft und Niederkunft gebessert haben, ihre Situation jedoch sicher nicht.

Dennoch ist Hagar eine bedeutende Persönlichkeit in der Geschichte der Stammväter. Sie ist auf intime Weise mit dem Bundesversprechen an Abraham bezüglich Nachkommen verbunden. Sie ist eine Frau mit Visionen. Sie sieht Gott und gibt ihm einen Namen; sie sieht Gottes Gaben und Vorsehung. Obwohl sie kein Teil der Geschichte Gottes mit seinem auserwählten Volk sein wird, scheinen die Geschichten, die sie betreffen, aus ihrem Blickwinkel erzählt zu sein. Obwohl sie als Frau, Sklavin und Ausländerin ohne Macht und Einfluss ist, wird sie die Mutter eines Volkes.

Doch Hagar bleibt die Ausgestoßene. In der christlichen Überlieferung wird sie (die ausländische Frau) ironischerweise das Symbol des Judentums, des Alten Bundes, und Sara (die Mutter des jüdischen Volkes) wird das Symbol der Christenheit: „Darin liegt ein tieferer Sinn: Diese Frauen bedeuten die beiden Testamente. Das eine Testament stammt vom Berg Sinai und bringt Sklaven zur Welt; das ist Hagar – denn Hagar ist die Bezeichnung für den Berg Sinai in Arabien –, und ihr entspricht das gegenwärtige Jerusalem, das mit seinen Kindern in der Knechtschaft lebt" (Galater 4,24–25). In dieser Symbolik benutzt Paulus harte Worte für den Gegensatz zwischen Judentum und Christentum. Er beschreibt das Judentum als einer übertrieben buchstabengetreuen Interpretation des Gesetzes unterworfen, wohingegen das Christentum als frei durch Christus beschrieben wird. Sein Standpunkt ist der, dass das wahre Gesetz für beide, Juden wie Christen, das Gesetz der Liebe ist: „Denn in Christus Jesus kommt es nicht darauf an, beschnitten oder unbeschnitten zu sein, sondern darauf, den Glauben zu haben, der in der Liebe wirksam ist" (Galater 5,6). Hagar leidet allerdings erneut im Vergleich zu Sara. Sie ist das Symbol der Sklaverei; Sara hingegen das Symbol der Freiheit. Doch nur in der Aussöhnung ihrer Kinder werden alle Nachkommen Abrahams in der Lage sein, sich an Gottes Reich zu erfreuen.

2. Weitere Frauen zur Zeit der Anfänge Israels

Vorschlag zur Lektüre: Genesis 24; 25,19–34; 26,6–11; 27,1–46; 28,1–5; 29,1–35; 30,1–43; 31,14–35; 34; 35,16–20; 38

Rebekka

Die Verlobung

Rebekka ist die Tochter Betuels und die Enkelin von Abrahams Bruder Nahor und dessen Ehefrau Milka (Genesis 22,23). Sie wird die Ehefrau Isaaks, des Sohnes von Abraham und Sara, Kind der Verheißung.

Die Geschichte von Rebekkas Verlobung mit Isaak (Genesis 24) ist eines der längsten Kapitel in der Schrift. Die Erzählung ist eine Musterszene, eine typische literarische Form, wobei vom Erzähler erwartet wird, eine spezifische Anzahl von Elementen im Lauf der Erzählung einfließen zu lassen. Diese Anzahl von erwarteten Elementen für die typische Verlobungsszene umfassen: einen Fremden, einen Brunnen, eine junge Frau, Eile, Wasser schöpfen, eine Mahlzeit teilen. Alle diese erwarteten Elemente finden sich in Genesis 24.

Abraham, der daran interessiert ist, dass sich Gottes Verheißung nach Nachkommen erfüllt, sendet seinen Diener zurück nach Mesopotamien, damit dieser eine Frau für Isaak finde (24,1–9). Als der Diener einige Befürchtungen äußert, versichert Abraham ihm: „Gott wird seinen Engel vor dir hersenden, und so wirst du von dort eine Frau für meinen Sohn mitbringen."

Genesis 24,10–14
Der Knecht nahm zehn von den Kamelen seines Herrn und machte sich mit allerlei kostbaren Sachen aus dem Besitz seines Herrn auf den Weg. Er brach auf und zog nach Mesopotamien in die Stadt Nahors. Vor der Stadt ließ er die Kamele am Brunnen lagern. Es war gegen Abend um die Zeit, da die Frauen herauskommen, um Wasser zu schöpfen. Er sagte: Herr, Gott meines Herrn Abraham, lass mich heute Glück haben, und erweise meinem Herrn Abraham deine Huld! Da stehe ich an der Quelle, und die Töchter der Stadt werden heraus-

kommen, um Wasser zu schöpfen. Das Mädchen, zu dem ich dann sage: Reich mir doch deinen Krug zum Trinken!, und das antwortet: Trink nur, auch deine Kamele will ich tränken!, sie soll es sein, die du für deinen Knecht Isaak bestimmt hast. Daran will ich erkennen, dass du meinem Herrn Huld schenkst.

Als der Knecht in Mesopotamien ankommt, beschließt er, Gott einer Prüfung zu unterziehen. Wenn die junge Frau großzügig, stark und vertrauenswürdig ist, dann wird sie die Richtige für Isaak sein. Auf diese Weise wird dies eine Hochzeit sein, die im Himmel geschlossen wird. Gott entscheidet, wer die Braut sein wird. Gottes Wahl dieser Frau ist ein Zeichen der Bündnisliebe Gottes (im Hebräischen *hesed*) gegenüber Isaak (24,14). Heirat ist eines der in der Bibel am häufigsten benutzten Bilder für den Bund zwischen Gott und den Menschen. So wie Isaak ein Zeichen für Gottes Bund mit Abraham, so soll die Frau des Isaak ein Zeichen sein für Gottes vertrauensvolle Bündnisliebe.

Genesis 24,15–33
Kaum hatte er aufgehört zu sprechen, da kam auch schon aus der Stadt Rebekka mit dem Krug auf der Schulter. Sie war die Tochter Betuels, des Sohnes der Milka, die die Frau Nahors, des Bruders Abrahams, war. Das Mädchen war sehr schön, und sie war unverheiratet; noch kein Mann hatte sie erkannt. Sie stieg zur Quelle hinab, füllte ihren Krug und kam wieder herauf. Da ging der Knecht schnell auf sie zu und sagte: Lass mich ein wenig Wasser aus deinem Krug trinken! Trink nur, mein Herr!, antwortete sie, ließ geschwind den Krug auf ihre Hand herab und gab ihm zu trinken. Nachdem sie ihm zu trinken gegeben hatte, sagte sie: Auch für deine Kamele will ich schöpfen, bis sie sich satt getrunken haben. Flink leerte sie ihren Krug an der Tränke und lief noch einmal an den Brunnen zum Schöpfen. So schöpfte sie für alle Kamele. Der Knecht Abrahams schaute ihr schweigend zu; er wollte sehen, ob der Herr seine Reise gelingen ließe oder nicht.
Als die Kamele mit dem Trinken fertig waren, nahm der Mann einen goldenen Nasenreif, einen halben Schekel schwer, und zwei goldene Spangen für ihre Arme, zehn Goldschekel schwer, und fragte: Wessen Tochter bist du? Sag mir doch, ob im Haus deines Vaters für uns Platz zum Übernachten ist! Sie antwortete ihm: Ich bin die Tochter Betuels, des Sohnes der Milka und des Nahor. Weiter sagte sie zu ihm: Stroh und Futter haben wir genug, auch Platz zum Übernachten. Da verneigte sich der Mann, warf sich vor dem Herrn nieder und sagte: Gepriesen sei der Herr, der Gott meines Herrn Abraham, der es meinem Herrn nicht an Huld und Treue fehlen ließ. Der Herr hat mich geradewegs zum Haus des Bruders meines Herrn geführt.
Das Mädchen lief weg und erzählte im Haus seiner Mutter alles, was geschehen war. Rebekka hatte einen Bruder namens Laban. Laban eilte zu dem Mann hinaus an die Quelle. Er hatte den Nasenreif und an den Händen seiner Schwester die Spangen gesehen und hatte gehört, wie seine Schwester Rebekka berichtete: So und so hat der Mann zu mir gesagt. Er kam zu dem Mann, der bei den

Kamelen an der Quelle stand. Laban sagte: Komm, du Gesegneter des Herrn! Warum stehst du hier draußen? Ich habe das Haus aufgeräumt und für die Kamele Platz gemacht. Da ging der Mann mit ins Haus. Man schirrte die Kamele ab und gab ihnen Stroh und Futter. Für ihn und die Männer in seiner Begleitung brachte man Wasser zum Füße waschen.

Als man ihm zu essen gab, sagte der Knecht Abrahams: Ich esse nicht, bevor ich nicht mein Anliegen vorgebracht habe. Sie antworteten: Rede!

Diese Verse sind durch Eile gekennzeichnet. Der Knecht hat kaum mit Reden aufgehört, als Rebekka auftaucht. Sie bietet dem Knecht zu Trinken an und setzt umgehend ihren Krug ab, um ihm Wasser zu geben. Sie gibt den Kamelen Wasser, leert schnell den Krug, rennt zum Brunnen zurück und wieder hin zu den Kamelen, bis sie genügend zu saufen hatten. Während all dieser Zeit beobachtet der Diener ihre Arbeit und wartet, um zu sehen, ob sie die Prüfung besteht.

Nachdem die Kamele getränkt worden sind, überreicht der Knecht ihr goldene Juwelen und fragt sie nach ihrem Namen. Er ist erstaunt, dass Gott diese energische und großzügige junge Frau nicht nur auserwählt hat, sondern dass sie sogar eine Verwandte Abrahams ist. In diesen Geschichten der Anfänge ist es ein Vorzug für die Braut, zur selben Familie oder zum selben Stamm wie der Bräutigam zu gehören.

Rebekka bietet dem Knecht Gastfreiheit an: „Stroh und Futter haben wir reichlich; auch Platz zum Übernachten ist da." Dann läuft sie zu ihrer Familie, um zu berichten. Ihr Bruder Laban läuft los, um den Fremdling zu treffen, nachdem er das Gold gesehen hat. Der Knecht ist jedoch ebenfalls in Eile. Er will nichts essen, bevor er nicht seinen Auftrag ausgeführt hat.

Der Knecht erzählt seine Geschichte (Genesis 24,34–48), wiederholt dabei die meisten Einzelheiten (ein Grund, warum dieses Kapitel so lang ist) und stellt zum Schluss fest: „Jetzt aber sagt mir, ob ihr geneigt seid, meinem Herrn Wohlwollen und Vertrauen zu schenken. Wenn nicht, so gebt mir ebenfalls Bescheid, damit ich mich dann anderswohin wende" (24,49). Laban antwortet ihm: „Die Sache ist vom Herrn ausgegangen. Wir können dir weder ja noch nein sagen. Da, Rebekka steht vor dir. Nimm sie und geh! Sie soll die Frau des Sohnes deines Herrn werden, wie der Herr es gefügt hat" (24,50–51). Der Knecht ist bemüht, schnell aufzubrechen, doch die Familie drängt ihn noch zu bleiben und während 10 Tagen zu feiern, ganz wie es nahöstlicher Brauch war (24,52–54). Wer wird die Entscheidung treffen? Ihr Bruder und ihre Mutter rufen Rebekka und fragen sie: „Willst du mit diesem Mann reisen?", und sie antwortet mit „Ja" (24,58). Anscheinend sind sie sich bewusst, dass Rebekka eigenständig entscheidet. Über die Heirat wird, wie es der Brauch will, von den Männern entschieden. Der Zeitpunkt der Abreise jedoch wird von der Braut festgelegt.

Genesis 24,59–67
Da ließen sie ihre Schwester Rebekka und ihre Amme mit dem Knecht Abrahams und seinen Leuten ziehen. Sie segneten Rebekka und sagten zu ihr:
„Du, unsere Schwester,
werde Mutter von tausendmal Zehntausend!
Deine Nachkommen sollen besetzen
das Tor ihrer Feinde!
Rebekka brach mit ihren Mägden auf. Sie bestiegen ihre Kamele und folgten dem Mann. Der Knecht nahm Rebekka mit und trat die Rückreise an.
Isaak war in die Gegend des Brunnens von Lahai-Roï gekommen und hatte sich im Negeb niedergelassen. Eines Tages ging Isaak gegen Abend hinaus, um sich auf dem Feld zu beschäftigen. Als er aufblickte, sah er Kamele kommen. Auch Rebekka blickte auf und sah Isaak. Sie ließ sich vom Kamel herunter und fragte den Knecht: Wer ist der Mann dort, der uns auf dem Feld entgegenkommt? Der Knecht erwiderte: Das ist mein Herr. Da nahm sie den Schleier und verhüllte sich.
Der Knecht erzählte Isaak alles, was er ausgerichtet hatte. Isaak führte Rebekka in das Zelt seiner Mutter Sara. Er nahm sie zu sich, und sie wurde seine Frau. Isaak gewann sie lieb und tröstete sich so über den Verlust seiner Mutter.

Die Familie erbittet Segen für Rebekka. Dies ist das erste Mal im Buch Genesis, dass davon berichtet wird, wie ein Mensch einen anderen Menschen segnet. Es ist passend, dass diejenige, die gesegnet wird, Rebekka ist. Sie wird an der nächsten Segnung mitwirken.

Das Kapitel wird von einer rührenden Geschichte beschlossen. Als die Reisenden an ihren Bestimmungsort kommen, erblickt Rebekka Isaak, wie er auf sie zukommt. Sie vergewissert sich, wer es ist, und nimmt ihren Schleier als Zeichen des Anstands. Isaak nimmt sie in das Zelt seiner Mutter, und in seiner Liebe zu ihr findet Isaak Trost über den Tod seiner Mutter.

Rebekka ist Sara eine würdige Schwiegertochter. Sie ist eine wunderschöne Frau, stark, großzügig und arbeitswillig. Sie ist eine Frau voller Entscheidungskraft, in der Lage, eine Entscheidung augenblicklich zu treffen. So wie Abraham und Sara ist sie bereit, Heimat und Familie zu verlassen. Sie verlässt beide, nicht nur wegen eines Landes, das sie nie gesehen hat, sondern sogar für einen Ehemann, dem sie nie vorher begegnet ist. Sie ist eine tapfere Frau. Gott hat einen Ehemann für sie ausgesucht, und sie beeilt sich, ihren Teil dazu beizutragen. Gott hat eine gute Ehefrau für Isaak, das Kind der Verheißung, ausgesucht.

Nachkommen

Genesis 25,19–26
Und dies ist die Geschlechterfolge nach Isaak, dem Sohn Abrahams: Abraham zeugte Isaak. Isaak war vierzig Jahre alt, als er Rebekka zur Frau nahm. Sie war die Tochter des Aramäers Betuel aus Paddan-Aram, eine Schwester des Aramäers Laban. Isaak betete zum Herrn für seine Frau, denn sie war kinderlos geblieben, und der Herr erhörte ihn. Als seine Frau Rebekka schwanger war, stießen die Söhne einander im Mutterleib. Da sagte sie: Wenn das so ist, was soll dann aus mir werden? Sie ging, um den Herrn zu befragen. Der Herr gab diese Antwort:

> Zwei Völker sind in deinem Leib,
> zwei Stämme trennen sich schon in deinem Schoß.
> Ein Stamm ist dem andern überlegen,
> der ältere muss dem jüngeren dienen.

Als die Zeit ihrer Niederkunft gekommen war, stellte sich heraus, dass sie Zwillinge in ihrem Leib trug. Der erste, der kam, war rötlich, über und über mit Haaren bedeckt wie mit einem Fell. Man nannte ihn Esau. Darauf kam sein Bruder; seine Hand hielt die Ferse Esaus fest. Man nannte ihn Jakob. Isaak war sechzig Jahre alt, als sie geboren wurden.

Wiederum haben wir die Geschichte einer unfruchtbaren Ehefrau, deren Kind das Kind der Verheißung sein soll. Rebekka empfängt jedoch Zwillinge: Esau, den älteren, behaart, und Jakob, den jüngeren, listig und verschlagen. Der Kampf zwischen den beiden beginnt schon im Mutterleib. Rebekka ist in ihrer Beziehung zu Gott genauso entschlossen wie auch in ihren menschlichen Beziehungen. Sie selbst macht sich auf und bittet Gott um Rat. Sie beklagt sich: „Wenn das so ist, was soll dann aus mir werden!" Gott erhört ihre Klage und antwortet ihr. Die Antwort erleichtert nicht ihre physische Not, erklärt jedoch ihren Grund.

Die beiden Kinder sind wirklich zwei Völker, das Volk Edom und das Volk Israel (vgl. Genesis 25,30; 32,29). Der Kampf zwischen den beiden Zwillingen versinnbildlicht den Kampf zwischen Völkern. Ein Hinweis zum Schluss gibt an, dass Isaak Esau lieber mag, während Rebekka Jakob bevorzugt (25,28). Die Vorlieben der Eltern erscheinen unbedeutend, jedoch wird die Segnung das Gegenteil beweisen.

Ehefrau-Schwester-Geschichte

Genesis 26,6–11
Isaak blieb also in Gerar. Als die Männer des Ortes nach seiner Frau fragten, sagte er: Sie ist meine Schwester. Er fürchtete sich nämlich zu sagen: Sie ist meine Frau. Er dachte: Die Männer des Ortes könnten mich sonst wegen Re-

bekka töten. Sie war nämlich schön. Nachdem er längere Zeit dort zugebracht hatte, schaute einmal Abimelech, der König der Philister, durch das Fenster und sah gerade, wie Isaak seine Frau Rebekka liebkoste. Da rief Abimelech Isaak und sagte: Sie ist ja deine Frau. Wie konntest du behaupten, sie sei deine Schwester? Da antwortete ihm Isaak: Ich sagte mir: Ich möchte nicht ihretwegen sterben. Abimelech entgegnete: Was hast du uns da angetan? Beinahe hätte einer der Leute mit deiner Frau geschlafen; dann hättest du über uns Schuld gebracht. Abimelech ordnete für das ganze Volk an: Wer diesen Mann oder seine Frau anrührt, wird mit dem Tod bestraft.

Dies ist die dritte Ehefrau-Schwester-Geschichte. Die beiden vorherigen Geschichten (Genesis 12,10–20; 20,1–18) betreffen Sara und Abraham. Die Handlung ist in allen drei Geschichten ähnlich. Doch in dieser dritten Geschichte lassen sich einige bedeutende Varianten finden. Zunächst ist Rebekka in der Geschichte jünger als Sara es war, was die Gefahr für ihren Ehemann erhöht. Zweitens entdeckt Abimelech die Täuschung in einer eher natürlichen Art (vgl. Genesis 20,1–18). Er sieht, wie der Ehemann seine Ehefrau liebkost. Drittens ist das hebräische Wort für „Liebkosen" *mesaheq*, ein Wort, das die gleiche Wurzel hat wie der Name Isaaks *(yishaq)*, eine Wurzel, die so viel bedeutet wie „Lachen, Spiel".[11] Es gibt also ein Wortspiel in der Geschichte: Abimelech sieht Isaak beim „Isaaken".

Wenn wir die drei Ehefrau-Schwester-Geschichten im Buch Genesis betrachten, dann sehen wir, wie Rebekka unter der gleichen Demütigung leidet wie Sara. Beide Frauen werden von ihren Ehemännern verleugnet. Rebekka wird erneut als sehr schön beschrieben (siehe Genesis 24,16). Sie verkörpert, wie Sara, sowohl Leben als auch Tod.

Der Segen

Genesis 27,5–13
Rebekka hatte das Gespräch zwischen Isaak und seinem Sohn Esau mit angehört. Als Esau zur Jagd aufs Feld gegangen war, um ein Wild zu erlegen, sagte Rebekka zu ihrem Sohn Jakob: Ich habe gehört, wie dein Vater zu deinem Bruder Esau gesagt hat: Hol mir ein Wild, und bereite mir ein schmackhaftes Mahl zum Essen; dann will ich dich vor dem Herrn segnen, bevor ich sterbe. Nun hör genau zu, mein Sohn, was ich dir auftrage: Geh zur Herde, und bring mir von dort zwei schöne Ziegenböckchen! Ich will damit ein schmackhaftes Mahl für deinen Vater zubereiten, wie er es gern mag. Du bringst es dann deinem Vater zum Essen, damit er dich vor seinem Tod segnet. Jakob antwortete seiner Mutter Rebekka: Mein Bruder Esau ist aber behaart, und ich habe eine glatte Haut.

---

[11] Vgl. Genesis 21,9, wo Ismael „spielt" (mesaheq).

Vielleicht betastet mich mein Vater; dann könnte er meinen, ich hielte ihn zum Besten, und ich brächte Fluch über mich statt Segen. Seine Mutter entgegnete: Dein Fluch komme auf mich, mein Sohn. Hör auf mich, geh und hol mir die Böckchen!

So wie die Geschichte von Isaaks *Geburt* am wichtigsten für Sara ist, so ist die Geschichte von der *Segnung* Jakobs die bedeutendste Passage, was Rebekka angeht. In diesem Textabschnitt trifft sie und nicht Isaak die Entscheidung, welcher ihrer Söhne in Zukunft Gottes Bundespartner sein wird. Rebekka selbst wurde von ihrer Mutter und ihrem Bruder gesegnet (s. Genesis 24,60). Bei ihrem ersten Auftritt in der biblischen Erzählung stellt sie sich als von schneller Auffassungsgabe und mit klarem Verstand vor (24,18–20, 58). Sie zieht Jakob Esau gegenüber vor (25,28). Sie hat Gottes Wort gehört, wonach der Ältere dem jüngeren Bruder dienen wird (25,23). Ihre Handlung wird die Wahl bestätigen.

Rebekka, die Isaaks Plan, Esau zu segnen, zufällig mitgehört hat (Genesis 27,1–4), heckt einen Plan aus, um Jakob an die Stelle des bevorzugten Sohnes zu setzen. Sie, die ihren Ehemann am besten kennen sollte, wird ein Gericht zubereiten, welches Isaak mag. (Das verlockende Mahl wird dreimal erwähnt: 27,9. 14. 17!) Sie, die ihre Söhne kennt, wird Jakob als Esau verkleiden (s. 27,15–16). Als Jakob befürchtet, dass sein Vater ihn womöglich erkennt und ihm einen Fluch anstatt eines Segens erteilt, sagt seine Mutter Rebekka: „Dein Fluch komme auf mich, mein Sohn!" Sie will alles für ihren geliebten Sohn opfern.

Rebekkas Plan gelingt. Isaak, obwohl anfangs misstrauisch, ist beruhigt und segnet Jakob mit einem wunderbaren Segensspruch. Als Esau mit seinem verlockenden Mahl kommt, ist er zu spät dran. Alles, was er noch bekommen kann, ist ein halbherziger Segen, der auf einen Fluch hinausläuft.

Die Mutter und ihre Söhne

Genesis 27,41–46

Esau zürnte Jakob wegen des Segens, mit dem ihn sein Vater gesegnet hatte, und Esau sagte: Es nähern sich die Tage der Trauer um meinen Vater; dann werde ich meinen Bruder Jakob töten. Als man Rebekka hinterbrachte, was ihr ältester Sohn Esau gesagt hatte, ließ sie Jakob, ihren jüngeren Sohn, rufen und sagte zu ihm: Dein Bruder Esau will sich an dir rächen und dich töten. Nun aber, mein Sohn, hör auf mich! Mach dich auf und flieh zu meinem Bruder Laban nach Haran! Bleib einige Zeit bei ihm, bis sich der Zorn deines Bruders gelegt hat. Wenn der Zorn deines Bruders von dir abgelassen und er vergessen hat, was

du ihm angetan hast, werde ich dich von dort holen lassen. Warum soll ich euch beide an einem Tag verlieren?
Zu Isaak sagte Rebekka: Mein Leben ekelt mich wegen der Hetiterinnen. Wenn Jakob so eine Hetiterin, eine Einheimische, zur Frau nimmt, was liegt mir dann noch am Leben?

In Rebekkas letztem Auftritt schützt sie ihren jüngeren Sohn vor ihrem älteren Sohn. Esau ist bereit, Jakob wegen des Segens zu töten, was nicht verwunderlich ist. Wie gleichfalls vorhersehbar war, löst Rebekka das Problem auf indirekte Art und Weise. Sie schlägt Isaak vor, Jakob solle nach Haran gehen, um eine Ehefrau zu finden. Jakob hingegen erklärt sie die geplante Reise frei heraus als Flucht vor dem mordlustigen Esau. Isaak folgt Rebekkas Vorschlag und sendet Jakob zum Hause Betuel. Bevor Jakob abreist, segnet ihn Isaak erneut, diesmal in vollem Bewusstsein (Genesis 28,1–5).

Rebekka sieht ihren bevorzugten Sohn nicht wieder. Über ihren Tod wird nichts berichtet, aber sie wird nicht erwähnt, als Jakob am Ende ins Haus Isaaks zurückkehrt (Genesis 35,27). Sie und Isaak sind in Hebron beerdigt (im Grab in Machpela) zusammen mit Abraham und Sara (Genesis 49,31). Von Abraham war verlangt worden, dass er seinen Sohn opfere; auch von Rebekka war verlangt worden, dass sie ihren geliebten Sohn aufgebe. Rebekka heiratete das Kind der Verheißung; sie hat das Kind der Segnung bemuttert und ausgewählt.

Lea und Rahel

Die Verlobung

Genesis 29,9–14
Während er (Jakob) noch mit ihnen (den Hirten) redete, war Rahel mit der Herde, die ihrem Vater gehörte, eingetroffen; denn sie war Hirtin. Als Jakob Rahel, die Tochter Labans, des Bruders seiner Mutter, und dessen Herde sah, ging er hin, schob den Stein von der Brunnenöffnung und tränkte das Vieh Labans, des Bruders seiner Mutter. Dann küsste er Rahel und begann laut zu weinen. Jakob sagte zu Rahel, dass er ein Verwandter ihres Vaters und der Sohn Rebekkas sei. Da lief sie weg und erzählte es ihrem Vater. Als Laban von Jakob, dem Sohn seiner Schwester, hörte, lief er ihm entgegen; er umarmte und küsste ihn und führte ihn in sein Haus. Jakob erzählte Laban die ganze Geschichte. Da erwiderte ihm Laban: Du bist wirklich mein Bein und mein Fleisch.

Die Geschichte darüber, wie Jakob Rahel trifft, ist eine weitere typische Szene einer Verlobung (vgl. weiter oben zu Genesis 24). Die meisten der bekannten Elemente sind vorhanden: ein Fremdling, eine junge Frau, ein Brunnen, das Heraufziehen von Wasser, ein Gefühl für Eile. Die Abweichungen in der Geschichte lassen Jakobs leidenschaftlichen Charakter hervortreten. Beim Anblick Rahels rollt er allein den massiven Stein von der Brunnenöffnung weg. Danach küsst er seine Cousine und bricht in Tränen aus. Es ist in der Tat eine Geschichte von Liebe auf den ersten Blick!

Zwei Schwestern

Genesis 29,14–20

Als Jakob etwa einen Monat bei ihm war, sagte Laban zu ihm: Sollst du mir umsonst dienen, weil du mein Verwandter bist? Sag mir, welchen Lohn du haben willst. Laban hatte zwei Töchter; die ältere hieß Lea, die jüngere Rahel. Die Augen Leas waren matt, Rahel aber war schön von Gestalt und hatte ein schönes Gesicht. Jakob hatte Rahel lieb, und so sagte er: Ich will dir um die jüngere Tochter Rahel sieben Jahre dienen. Laban entgegnete: Es ist besser, ich gebe sie dir als einem anderen. Bleib bei mir! Jakob diente also um Rahel sieben Jahre. Weil er sie liebte, kamen sie ihm wie wenige Tage vor.

Jakobs Liebe zu Rahel lässt ihn Laban sieben Jahre bereitwillig dienen, ein stolzer Brautpreis. Doch die sieben Jahre vergehen wie nichts aufgrund seiner starken Liebe zu ihr.

Die Beschreibung der beiden Töchter Labans erinnert an die Beschreibung der beiden Söhne Rebekkas (Genesis 25,27–28). Die Namen der beiden sind: Lea, was so viel wie „müde" bedeutet, und Rahel, was „Mutterschaf" bedeutet. Sie werden als die ältere und die jüngere Tochter bezeichnet.

Wiederum erhalten wir mehr an Information als notwendig. Das Mehr an Information ist jedoch von entscheidender Bedeutung für die Handlung der Geschichte. Wir erfahren, dass Rahel „wohl geformt und hübsch" ist, was den Grund für Jakobs Liebe bestätigt. Jedoch gibt es ein bemerkenswertes Detail über Leas Augen. Das Wort, das sie beschreibt, *rakkoth*, bedeutet so viel wie „zart", „sanft", „schwach", „delikat", „weich"[12]. Es ist manchmal im Sinne von schwache oder wässrige Augen gedeutet worden; manchmal ist es als „wunderbar" übersetzt worden. Es ist vorgeschlagen worden, dass Lea möglicherweise blaue Augen hatte, was eine seltene Erscheinung im Nahen Osten ist. Wie allgemein bekannt ist, sind blaue Augen Licht gegenüber sensibler, gewissermaßen wässriger,

---

[12] Vgl. z.B. das Kalb in Genesis 18,7; die Kinder in Gen 33,13; den Mann und die Frau in Deuteronomium 28,54. 56; Worte in Sprichwörter 15,1 und 25,15.

und sehr oft kurzsichtig. Sie können sicherlich jedoch auch hübsch
sein!

Heirat

Genesis 29,21–30
Dann aber sagte er (Jakob) zu Laban: Gib mir jetzt meine Frau; denn meine Zeit
ist um, und ich will nun zu ihr gehen. Da rief Laban alle Männer des Ortes zusammen und veranstaltete ein Festmahl. Am Abend nahm er aber seine Tochter
Lea, führte sie zu ihm, und Jakob schlief mit ihr. Laban gab seine Magd Silpa
seiner Tochter Lea zur Magd. Am Morgen stellte sich heraus: Es war Lea. Da
sagte Jakob zu Laban: Was hast du mir angetan? Habe ich dir denn nicht um Rahel gedient? Warum hast du mich betrogen? Laban erwiderte: Es ist hierzulan-
de nicht üblich, die Jüngere vor der Älteren zu verheiraten. Verbring mit dieser
noch die Brautwoche, dann soll dir auch die andere gehören um weitere sieben
Jahre Dienst.
Jakob ging darauf ein. Er verbrachte mit Lea die Brautwoche, dann gab ihm Jakob seine Tochter Rahel zur Frau. Laban gab seine Magd Bilha seiner Tochter
Rahel zur Magd. Jakob wohnte Rahel ebenfalls bei, und er liebte Rahel mehr als
Lea. Er blieb noch weitere sieben Jahre bei Laban im Dienst.

Die Geschichte von Jakobs Heirat mit Rahel und mit Lea ist eine
Geschichte darüber, wie der Betrüger betrogen wird. Jakob, der jüngere Bruder, hatte einen Plan entworfen, den Segen für Esau, den älteren Bruder, zu stehlen. Jakob dient Laban sieben Jahre lang, um Rahel, die jüngere Schwester, zu heiraten, und stattdessen wird ihm Lea,
die ältere, gegeben. Rahel kostet ihn weitere sieben Jahre Dienst.
   Die Geschichte mag eine Art dichterische Gerechtigkeit für Jakob
sein. Man kann sich kaum vorstellen, welche Art von Sorgen und
Schmerz es für die beiden Schwestern bedeutet. Lea kann keinen
Zweifel daran haben, dass ihr Ehemann ihre Schwester Rahel mehr
liebt. Rahel leidet unter der Schmach, zu sehen, wie ihre Schwester
das zelebriert und auskostet, was sie sich als ihre eigene Hochzeit
vorgestellt hat, und zwar mit einem Mann, der sie leidenschaftlich
liebt. Die Saaten des Streits und der Zwietracht sind zwischen den
beiden Schwestern gesät, und sie scheinen machtlos zu sein, den Lauf
der Geschicke zu ändern.

Nachkommen

Genesis 29,31–30,13
Als der Herr sah, dass Lea zurückgesetzt wurde, öffnete er ihren Mutterschoß,
Rahel aber blieb unfruchtbar. Lea wurde schwanger und gebar einen Sohn. Sie
nannte ihn Ruben (Seht, ein Sohn!); denn sie sagte: Der Herr hat mein Elend ge-

sehen. Jetzt wird mein Mann mich lieben. Sie wurde abermals schwanger und
gebar einen Sohn. Da sagte sie: Der Herr hat gehört, dass ich zurückgesetzt bin,
und hat mir auch noch diesen geschenkt. Sie nannte ihn Simeon (Hörer). Sie
wurde noch einmal schwanger und gebar einen Sohn. Da sagte sie: Jetzt endlich
wird mein Mann an mir hängen, denn ich habe ihm drei Söhne geboren. Darum
nannte sie ihn Levi (Anhang). Wieder wurde sie schwanger und gebar einen
Sohn. Da sagte sie: Diesmal will ich dem Herrn danken. Darum nannte sie ihn
Juda (Dank). Dann bekam sie keine Kinder mehr.
Als Rahel sah, dass sie Jakob keine Kinder schenkte, wurde sie eifersüchtig auf
ihre Schwester. Sie sagte zu Jakob: Verschaff mir Söhne: Wenn nicht, sterbe ich.
Da wurde Jakob zornig auf Rahel und sagte: Nehme ich etwa die Stelle Gottes
ein, der dir die Leibesfrucht versagt? Sie antwortete: Da ist meine Magd Bilha.
Geh zu ihr! Sie soll auf meine Knie gebären, dann komme auch ich durch sie zu
Kindern. Sie gab ihm also ihre Magd Bilha zur Frau, und Jakob ging zu ihr. Bilha wurde schwanger und gebar Jakob einen Sohn. Rahel sagte: Gott hat mir
Recht verschafft; er hat auch meine Stimme gehört und mir einen Sohn geschenkt. Deshalb nannte sie ihn Dan (Richter). Bilha, Rahels Magd, wurde wieder schwanger und gebar Jakob einen zweiten Sohn. Da sagte Rahel: Gottes-
kämpfe habe ich ausgestanden mit meiner Schwester, und ich habe mich durchgesetzt. So nannte sie ihn Naftali (Kämpfer).
Als Lea sah, dass sie keine Kinder mehr bekam, nahm sie ihre Magd Silpa und
gab sie Jakob zur Frau. Leas Magd Silpa gebar Jakob einen Sohn. Da sprach
Lea: Glück auf! So nannte sie ihn Gad (Glück). Als Leas Magd Silpa Jakob einen zweiten Sohn gebar, sagte Lea: Mir zum Glück! Denn die Frauen werden
mich beglückwünschen. So nannte sie ihn Ascher (Glückskind).

Genesis 29,31 bis 30,24 dokumentiert den Streit der beiden Schwestern Lea und Rahel darüber, wer die Kinder Jakobs gebären soll. Lea
ist fruchtbar, wird aber nicht geliebt; Rahel wird geliebt, ist aber unfruchtbar. Lea gebiert vier Söhne: Ruben, Simeon, Levi und Juda.
Voller Verzweiflung verlangt Rahel von Jakob: „Verschaff mir Söhne; wenn nicht, sterbe ich!" Jakob antwortet voller Zorn: „Nehme ich
etwa die Stelle Gottes ein?" So greift Rahel auf die gleiche Lösung
zurück, die auch Sara versuchte, nämlich die stellvertretende Mutter-
schaft durch ihre Magd Bilha. Nachdem Bilha für Rahel zwei Söhnen
das Leben schenkt, Dan und Naftali, gibt Leah Jakob ihre Magd Silpa ebenfalls zur Frau. Und Silpa schenkt auch für Lea zwei Söhnen
das Leben: Gad und Ascher.
Die Namen, die die Mütter ihren Söhnen geben und deren Bedeu-
tungen geben den Fortschritt des Streits der beiden Schwestern wieder. Leas erste vier Söhne heißen Ruben (der Herr hat mein Elend
gesehen), Simeon (der Herr hat gehört, dass ich zurückgesetzt bin),
Levi (jetzt endlich wird mein Mann an mir hängen) und Juda (ich
will dem Herrn danken). Rahels Söhne von Bilha heißen Dan (Gott

hat mir Recht verschafft) und Naftali (Kämpfe habe ich ausgestanden mit meiner Schwester, und ich habe mich durchgesetzt). Lea erwidert daraufhin mit den Namen ihrer Söhne, die sie durch Silpa hat: Gad (Glück auf!) und Ascher (Frauen werden mich beglückwünschen).

Genesis 30,14–24
Einmal ging Ruben zur Zeit der Weizenernte hinaus und fand auf dem Feld Alraunen. Er brachte sie seiner Mutter Lea mit. Da sagte Rahel zu Lea: Gib mir doch ein paar von den Alraunen deines Sohnes! Sie aber erwiderte ihr: Genügt es dir nicht, mir meinen Mann wegzunehmen? Nun willst du mir auch noch die Alraunen meines Sohnes nehmen? Da entgegnete Rahel: Gut, dann soll Jakob für die Alraunen deines Sohnes heute nacht bei dir schlafen. Als Jakob am Abend vom Feld kam, ging ihm Lea entgegen und sagte: Zu mir musst du kommen! Ich habe dich nämlich erworben um den Preis der Alraunen meines Sohnes. So schlief er in jener Nacht bei ihr. Gott erhörte Lea. Sie wurde schwanger und gebar Jakob einen fünften Sohn. Da sagte Lea: Gott hat mich dafür belohnt, dass ich meine Magd meinem Mann gegeben habe. Sie nannte ihn Issachar (Lohn). Noch einmal wurde Lea schwanger und gebar Jakob einen sechsten Sohn. Da sagte Lea: Gott hat mich mit einem schönen Geschenk bedacht. Jetzt endlich wird mein Mann bei mir bleiben, da ich ihm doch sechs Söhne geboren habe. Sie nannte ihn also Sebulon (Bleibe). Schließlich gebar sie eine Tochter und nannte sie Dina.
Nun erinnerte sich Gott an Rahel. Gott erhörte sie und öffnete ihren Mutterschoß. Sie wurde schwanger und gebar einen Sohn. Da sagte sie: Gott hat die Schande von mir genommen. Sie nannte ihn Josef (Zufüger) und sagte: Der Herr gebe mir noch einen anderen Sohn hinzu.

Der Wettbewerb geht noch weiter. Rahel hat Zugang zu Jakob, denn dieser liebt sie; Lea führt immer noch nach der Anzahl der Söhne. So gehen die Schwestern einen Handel ein. Rahel gewährt eine Nacht mit Jakob für Alraunen, die Leas Sohn gepflückt hat. Alraunen wurden in der alten Welt für ein Fruchtbarkeitsmittel gehalten. Der Handel schließt eine Form von Zusammenarbeit der beiden Schwestern ein, obwohl die scharfen Worte die Spannung zwischen ihnen deutlich werden lassen.

Die Vereinbarung scheint sich für beide der Schwestern auszuzahlen. Lea gebiert Issachar (Gott hat mich belohnt) und danach Sebulon (mein Mann wird bei mir bleiben). Lea hat nun sechs eigene Söhne sowie zwei Söhne durch Silpa. Schließlich erinnert sich Gott an Rahel. Auch sie gebiert einen Sohn, ihren ersten, den sie Josef (der Herr gebe mir noch einen anderen Sohn hinzu) nennt. Rahel hat nun einen eigenen Sohn sowie zwei Söhne von Bilha. Ihre Schwester ist aus diesem Streit als Siegerin hervorgegangen. Acht der elf Söhne Jakobs sind Leas Söhne; nur drei sind Rahels Söhne. Leas Anteil an den zwölf zukünftigen Stämmen ist größer, als ihr zugestanden hätte.

Abschied von Haran

In der Zwischenzeit, in der die beiden Schwestern miteinander streiten, streitet Jakob mit Laban um seinen Besitz. Egal welche Bedingungen Laban auch stellt, Jakob erfüllt sie und gewinnt. „So wurde der Mann überaus reich; er besaß eine Menge Schafe und Ziegen, Mägde und Knechte, Kamele und Esel" (Genesis 30,43). Labans Söhne sind nicht froh über Jakobs wachsenden Reichtum. Die vierzehn Jahre Dienst sind lange vorüber. Daher bittet Jakob Rahel und Lea zu sich und berichtet ihnen von der Spannung, die zwischen ihm und Laban und dessen Söhnen besteht. Er berichtet ihnen auch von einem Traum, den er gehabt hat und in dem ihm Gott befiehlt, in das Land seiner Herkunft zurückzukehren.

Genesis 31,14–35
Rahel und Lea antworteten ihm: Haben wir noch Anteil oder Erbe im Haus unseres Vaters? Sind wir ihm nicht wie Fremde? Er hat uns ja verkauft und sogar unser Geld aufgezehrt. Ja, der ganze Reichtum, den Gott unserem Vater weggenommen hat, uns gehört er und unseren Söhnen. Nun also, tu jetzt alles, was Gott dir gesagt hat. Da machte sich Jakob auf, hob seine Söhne und Frauen auf die Kamele und führte sein ganzes Vieh fort, seinen ganzen Bestand an Vieh, den er in Paddan-Aram erworben hatte, um zu seinem Vater Isaak nach Kanaan zurückzukehren.
Laban war weggegangen, um seine Schafe zu scheren; da stahl Rahel die Götterbilder ihres Vaters, und Jakob überlistete den Aramäer Laban: Er verriet ihm nicht, dass er sich davonmachen wollte. Mit allem, was ihm gehörte, machte er sich auf und davon. Er überquerte den Strom (den Eufrat) und schlug die Richtung zum Gebirge von Gilead ein. Am dritten Tag meldete man Laban, Jakob sei auf und davon. Da nahm Laban seine Brüder mit und jagte ihm sieben Tage lang nach. Im Gebirge von Gilead war er ihm schon ganz nahe. Gott aber erschien in einem nächtlichen Traum dem Aramäer Laban und sprach zu ihm: Hüte dich, Jakob auch nur das Geringste vorzuwerfen.
Laban holte Jakob ein, als dieser gerade im Gebirge die Zelte aufgeschlagen hatte. Da schlug auch Laban mit seinen Brüdern im Gebirge von Gilead die Zelte auf. Laban sagte nun zu Jakob: Was hast du getan? Du hast mich überlistet und meine Töchter wie Kriegsgefangene verschleppt. Warum hast du mir verheimlicht, dass du dich davonmachen wolltest, und warum hast du mich überlistet und mir nichts gesagt? Ich hätte dir gern das Geleit gegeben mit Gesang, Pauken und Harfen. Du hast mir aber nicht einmal gestattet, meine Söhne und Töchter zu küssen. Da hast du töricht gehandelt. Es stünde in meiner Macht, euch Schlimmes anzutun; aber der Gott eures Vaters hat mir gestern Nacht ge-

sagt: Hüte dich, Jakob auch nur das Geringste vorzuwerfen. Nun bist du also weggezogen, weil du Heimweh hattest nach deinem Vaterhaus. Aber warum hast du meine Götter gestohlen? Jakob erwiderte Laban: Ich fürchtete mich und meinte, du könntest mir deine Töchter wegnehmen. Bei wem du aber deine Götter findest, der soll nicht am Leben bleiben. In Gegenwart unserer Brüder durchsuche, was ich habe, und nimm, was dein ist. Jakob wusste nicht, dass Rahel die Götter gestohlen hatte.

Laban betrat das Zelt Jakobs, das Zelt der Lea und das der beiden Mägde, fand aber nichts. Vom Zelt der Lea ging er in das Zelt Rahels. Rahel hatte die Götterbilder genommen, sie in die Satteltasche des Kamels gelegt und sich daraufgesetzt. Laban durchstöberte das ganze Zelt, fand aber nichts. Rahel aber sagte zu ihrem Vater: Sei nicht böse, mein Herr! Ich kann vor dir nicht aufstehen, es ergeht mir gerade nach Frauenart. Er suchte weiter, die Götterbilder aber fand er nicht.

Rahel und Lea sind ebenso bereit, Familie und Heimat zu verlassen, wie es Sara und Rebekka auch gewesen waren. So brechen sie also mit Jakob und ihren Kindern und Mägden auf, um nach Kanaan zurückzukehren. Rahel hat jedoch die Götzenbilder ihres Vaters gestohlen und damit die Symbole von Labans Autorität entfernt. Labans Verfolgungsjagd Jakob hinterher scheint vorrangig von dem Verlust seiner Götzenbilder motiviert zu sein. Jakob, der von dem Diebstahl nichts weiß, verpflichtet sich, dass der Schuldige sterbe soll, und Laban durchsucht die Zelte der Frauen. Rahel hat die Götzenbilder jedoch in einer Kameldecke versteckt und sitzt darauf. Sie entschuldigt sich dafür, dass sie beim Eintreten ihres Vaters nicht aufsteht; ihre Entschuldigung besteht darin, dass sie sagt, sie habe ihre Periode. Daher findet Laban die Götzenbilder nicht und versöhnt sich wieder mit dem sich auf der Rückkehr befindlichen Jakob.

Rahels Gründe, warum sie die Hausgötzen gestohlen hat, werden nirgends erklärt. Ist es ihre Art, mit ihrem Vater abzurechnen, der ihr so lange ihre Hochzeitsnacht versagte? Ist es ihr Anspruch auf den Besitz Labans? Jedenfalls erweist sie sich als ebenso geschickt im Täuschen ihrer männlichen Verwandten wie ihre Tante Rebekka. Die Behauptung, sie habe Menstruationsbeschwerden, sei sie nun wahr oder nur vorgetäuscht, beschreibt die Götzenbilder auf subtile Art und Weise als unrein. Jeglicher Gegenstand, auf dem eine Frau während der Menstruation sitzt, wird unrein, und jeder, der etwas berührt, worauf sie sitzt, wird ebenfalls unrein (Levitikus 15,19–24). Götzenbilder sind per Definition unrein. Diese Tatsache wird von Rahels Tun unterstrichen.

Geburt und Tod

Genesis 35,16–20

Sie brachen von Bet-El auf. Nur ein kleines Stück war es noch bis Efrata, als Rahel niederkam. Sie hatte eine schwere Geburt. Als sie bei der Geburt schwer litt, redete ihr die Amme zu: Fürchte dich nicht, auch diesmal hast du einen Sohn. Während ihr das Leben entwich – sie musste nämlich sterben –, gab sie ihm den Namen Ben-Oni (Unheilskind); sein Vater aber nannte ihn Benjamin (Erfolgskind). Als Rahel gestorben war, begrub man sie an der Straße nach Efrata, das jetzt Betlehem heißt. Jakob errichtete ein Steinmal über ihrem Grab. Das ist das Grabmal Rahels bis auf den heutigen Tag.

Jakob setzt seine Heimreise fort. Als er Esau trifft, fürchtet er sich vor dessen Zorn. Esau ist jedoch friedfertig: Die gesamte Familie überlebt.

Während sie noch auf dem Rückweg sind, setzen bei Rahel die Wehen ein. Sie gebiert einen zweiten Sohn, doch die Anstrengungen der Geburt sind zuviel für sie. Sie stirbt und wird an der Straße nach Efrata beigesetzt, dem heutigen Betlehem (siehe auch Genesis 48,7). Es gibt zwei traditionelle Plätze für das Grab Rahels, einen nur wenig außerhalb Betlehems, wie der Text ihn angibt, den anderen in Rama, acht oder neun Kilometer nördlich von Jerusalem (siehe auch 1 Samuel 10,2; Jeremia 31,15). Ein Grab der Rahel in der Nähe von Betlehem existiert immer noch.

Rahel nennt ihren Sohn Ben-Oni. Jakob nennt ihn Benjamin. Was bedeuten diese beiden Namen? Das hebräische Wort *ôn* bedeutet „Stärke", oftmals auch die Kraft der Fruchtbarkeit (s. Genesis 49,3; Deuteronomium 21,17; Ijob 40,16; Psalm 78,51 und Psalm 105,36).[13] Rahel hatte früher um einen zweiten Sohn gebeten (Genesis 30,24). Sie nennt diesen zweiten Sohn „den Sohn meiner Fruchtbarkeit". Jakob bestätigt den Namen, indem er das Kind *ben-yamin* nennt, „Sohn zu meiner rechten Hand". Oder sollte man die Namensgebung seitens Jakobs so interpretieren, dass er Rahel als seine rechte Hand bezeichnet?

Das Andenken an Lea und Rahel

Es gibt einige wenige andere bedeutsame Textstellen, in denen Rahel und/oder Lea erwähnt werden. In seiner Abschiedsrede sagt Jakob, dass er Lea in Hebron zu Grabe gelegt hat, im gleichen Grabmal,

---

[13] Manchmal wird das Wort als ,awen, d.h. Sorgen, Schwierigkeiten' gedeutet (vgl. Psalm 90,10). Die griechische Übersetzung des Alten Testaments, Septuaginta, deutet ben-oni als „Sohn meiner Trauer".

wo Abraham und Sara sowie Isaak und Rebekka begraben sind. Jakob wünscht, dort mit ihr begraben zu werden (Genesis 49,28–32). Die ungeliebte Ehefrau liegt mit ihrem Ehemann im Tod vereint. Auch die Nachkommen der ungeliebten Frau werden mächtiger als die der geliebten Ehefrau. Leas Sohn Juda ist der Stammvater Davids (1 Samuel 17,12; Sirach 45,25) und somit auch von Jesus (Matthäus 1,3–6; Lukas 3,31–33).

Rahels Nachkommen dagegen, die Stämme Benjamin und die der Söhne Josefs, Efraim und Manasse, überleben nicht während der jahrhundertealten Geschichte Israels. Der Stamm Benjamin geht im Stamm Juda auf. Efraim und Manasse werden (zusammen mit den Stämmen Dan und Naftali, Rahels Stämmen durch Bilha) von den Assyrern im 8. Jahrhundert gefangen genommen und kehren nicht zurück. Jeremia, der über die assyrische Gefangenschaft berichtet, beschreibt Rahels Sorgen:

> So spricht der Herr:
> Ein Geschrei ist in Rama zu hören,
> bitteres Wehklagen und Weinen.
> Rahel weint um ihre Kinder
> und will sich nicht trösten lassen,
> um ihre Kinder, denn sie sind dahin (Jeremia 31,15).

Matthäus entlehnt diesen Text, um die Geschichte von Herodes' Versuch, das Jesuskind zu töten, zu erzählen, indem er alle neu geborenen Jungen in Betlehem umbringt (Matthäus 2,18).[14]

Zusammen werden die Schwestern zu einem Segen für zukünftige Mütter in Israel. Als Rut Boas heiratet, sagen die Menschen: „Der Herr mache die Frau, die in dein Haus kommt, wie Rahel und Lea, die zwei, die das Haus Israel aufgebaut haben. Komm zu Reichtum in Efrata und zu Ansehen in Betlehem!" (Ruth 4,11). Rut wird die Mutter Obeds, des Großvaters Davids.

Wer sind Lea und Rahel?

Die beiden Schwestern, Rahel und Lea, die Ehefrauen Jakobs, haben eine komplizierte Geschichte. Ihr Leben ist durch Tragödien gekennzeichnet: Lea ist ungeliebt, Rahel ist zunächst unfruchtbar und

---

[14] Jeremias Text setzt die Tradition voraus, dass Rahel in Rama begraben wurde, während das Matthäusevangelium von der Begräbnisstätte in der Nähe von Betlehem ausgeht.

stirbt später im Kindbett. Sie stehen im Gegensatz zueinander, und doch gibt es Anzeichen von Zusammenarbeit zwischen den beiden. Sie sind die Mütter Israels, die biologischen Mütter von acht der Stammväter und die Adoptivmütter der restlichen vier. Jakob bevorzugt die beide Kinder Rahels, Josef und Benjamin, doch in der langen Sicht der Geschichte wird Juda, Leas Sohn, die Oberhand gewinnen. Zwei Schwestern – beide notwendig für die Geschichte, beide mit bedeutendem Einfluss auf die Geschichte Israels.

Die Mägde

Debora, die Amme Rebekkas

Genesis 24,59; 35,8
Da ließen sie ihre Schwester Rebekka und ihre Amme mit dem Knecht Abrahams und seinen Leuten ziehen.
Debora, die Amme Rebekkas, starb. Man begrub sie unterhalb von Bet-El unter der Eiche. Er gab ihr den Namen Träneneiche.

Rebekkas Amme wird nur zweimal erwähnt. Als Rebekka das Haus ihrer Familie verlässt, begleitet ihre Amme sie. Sie muss beim Verlassen Harans eine junge Frau gewesen sein.[15] Auch sie wird aus dem Ort, wo sie geboren wurde, herausgerissen, ihre einzige Sicherheit bleibt ihre Beziehung zu ihrer Herrin Rebekka.

Der Hinweis auf ihren Tod lässt verschiedene Fragen aufkommen. Warum erscheint es so, dass sie zum Zeitpunkt ihres Todes mit Jakob aus Haran zurückkehrt? Hatte Rebekka Debora zu Jakob gesandt? Sollte sie seinen Ehefrauen bei deren Kindern helfen? Sandte Isaak sie nach Hause, als Rebekka starb? Handelt es sich da um eine andere Frau? Ist der Vers verwechselt worden?

Es ist auch bezeichnend, dass der Baum, unter dem sie beerdigt ist, Allon-bacuth, „Träneneiche" genannt wird. Erinnert der Name dieses Baumes an den Schmerz beim Tod dieser treuen alten Frau? Sagt die Bezeichnung „Tränen" etwas darüber aus, wie sehr sie von den Kindern und Enkelkindern ihrer Herrin geliebt wurde? Gibt sie sowohl ihren Namen und auch ihren Baum an eine andere Debora weiter, Richterin Israels (Richter 4,4–5)?

[15] Rebekka heiratete Isaak zwanzig Jahre vor der Geburt der Zwillinge (Genesis 25,20. 26). Sie wuchsen heran, und Jakob verbrachte zwanzig Jahre mit Laban (Genesis 31,38. 41). Zur Zeit ihres Todes war die Amme mindestens fünfundsechzig bis siebzig Jahre in den Diensten Rebekkas.

Bilha und Silpa

Genesis 29,24. 29
Laban gab seine Magd Silpa seiner Tochter Lea zur Magd. ... Laban gab seine
Magd Bilha seiner Tochter Rahel zur Magd.

Die beiden Mägde Rahels und Leas, Silpa und Bilha, werden ihren
Herrinnen bei ihrer Heirat zur Verfügung gestellt. Die Ankündigung
wird in der jeweils gleichen Wortwahl gemacht. Die beiden Frauen
werden kaum beschrieben; sie sind ohne Persönlichkeit. Bilha und
Silpa werden Jakob von Rahel und Lea als Ersatzmütter gegeben (Genesis 30,3–12), genauso wie Hagar dem Abraham von Sara gegeben
worden war. Diese Übergabe hier scheint jedoch erfolgreicher zu
sein. Die Söhne Bilhas und Silpas werden von Rahel und Lea adoptiert und als Mitglieder der Familie angesehen, im Gegensatz zur Behandlung Ismaels durch Sara. Die beiden Mägde werden in den Ah-
nenregistern regelmäßig mit ihren Söhnen aufgeführt (Genesis
35,25–26; 46,18. 25). Sie sind die biologischen Mütter von vieren der
Stämme Israels: Dan und Naftali, Gad und Ascher.

Jedoch wird der Stand von Bilha und Silpa niemals vergessen. Als
Jakob Esau trifft, platziert er die beiden Mägde und deren Kinder in
der ersten Reihe (Genesis 33,1–2). Im Falle eines Angriffs von Seiten
Esaus würden diese Frauen und deren Kinder, die von Jakob am we-
nigsten geschätzt werden, den Angriff auffangen und möglicherweise
Lea und Rahel schützen.[16] Bilha erleidet eine weitere Tragödie. Als
Jakob nach Kanaan zurückkehrte, „ging Ruben hin und schlief mit
Bilha, der Nebenfrau seines Vaters" (Genesis 35,22). Jakob ist verletzt und verringert den Segen für Ruben (Genesis 49,3–4), jedoch
liest man von keinerlei Anschuldigung gegenüber Bilha, der bedeu-
tungslosen Magd.

Zwei Frauen – Diener und Figuren im Kampf um Söhne, namenlos, machtlos, unbedeutend, doch Mütter eines Drittels der Stämme Israels.

---

[16] Ihre Bedeutungslosigkeit wird noch durch das Faktum unterstrichen, dass
sie nicht mehr beim Namen genannt werden (vgl. Genesis 32,23).

Dina

Vergewaltigung und Massaker

Genesis 34,1–7. 24–31

Dina, die Tochter, die Lea Jakob geschenkt hatte, ging aus, um sich die Töchter des Landes anzusehen. Sichem, der Sohn des Hiwiters Hamor, des Landesfürsten, erblickte sie; er ergriff sie, legte sich zu ihr und vergewaltigte sie. Er fasste Zuneigung zu Dina, der Tochter Jakobs, er liebte das Mädchen und redete ihm gut zu. Zu seinem Vater Hamor sagte Sichem: Nimm mir dieses Mädchen zur Frau!

Jakob hörte, dass man seine Tochter Dina geschändet hatte. Seine Söhne waren gerade auf dem Feld bei seiner Herde, und so behielt Jakob die Sache für sich bis zu ihrer Rückkehr. Inzwischen kam Hamor, der Vater Sichems, zu Jakob hinaus, um mit ihm darüber zu reden. Als Jakobs Söhne vom Feld kamen und davon erfuhren, empfanden sie das als Beleidigung und wurden sehr zornig; eine Schandtat hatte Sichem an Israel begangen, weil er der Tochter Jakobs beiwohnte; so etwas darf man nicht tun.

Alle, die durch das Tor der Stadt ausziehen, hörten auf Hamor und seinen Sohn Sichem; und alle Männer, alle, die durch das Tor seiner Stadt ausziehen, ließen sich beschneiden. Am dritten Tag aber, als sie an Wundfieber litten, griffen zwei Söhne Jakobs, Simeon und Levi, die Brüder Dinas, zum Schwert, überfielen ungefährdet die Stadt und töteten alles Männliche. Hamor und seinen Sohn Sichem machten sie mit dem Schwert nieder, holten Dina aus dem Hause Sichems und gingen davon. Dann machten sich die Söhne Jakobs über die Erschlagenen her und plünderten die Stadt, weil man ihre Schwester entehrt hatte. Ihre Schafe und Rinder, ihre Esel und was es sonst in der Stadt oder auf dem Feld gab, nahmen sie mit. Ihre ganze Habe, all ihre Kinder und Frauen führten sie fort und raubten alles, was sich in den Häusern fand.

Jakob sagte darauf zu Simeon und Levi: Ihr stürzt mich ins Unglück. Ihr habt mich in Verruf gebracht bei den Bewohnern des Landes, den Kanaanitern und Perisitern. Meine Männer kann man an den Fingern abzählen. Jene werden sich gegen mich zusammentun und mich niedermachen. Dann ist es vorbei mit mir und meinem Haus. Die Söhne aber sagten: Durfte er unsere Schwester wie eine Hure behandeln?

Dina ist die Tochter Leas und Jakobs (Genesis 30,21; siehe auch 46,15). Sie ist die einzige Tochter Jakobs, die mit Namen genannt wird. Dies geschieht zweifelsohne aufgrund der Geschichte in Genesis 34.

Dinas Geschichte ist eine Geschichte von Vergewaltigung und Rache. Es ist eine Geschichte von männlicher Macht und Leidenschaft. Die Gefühle Dinas sind niemals beschrieben. Sie leidet unter der Gewalt der Vergewaltigung. Sichem,[17] von dem berichtet wird, er „liebe

---

[17] Der Name von Hamors Sohn Sichem ist zugleich der Name des Ortes.

sie wirklich", möchte sie danach heiraten (34,3. 8,11–12. 19). Ist sie von dem Gedanken aufgebracht, diesen gewalttätigen Mann zu heiraten? Hatte sie ihn vor der Vergewaltigung geliebt? Fühlt sie sich verraten? Warum bleibt sie in Sichems Haus (siehe 34,26)? Wird sie gefangen gehalten, oder ist es ihre Entscheidung? Wir erfahren nichts darüber.

Dinas Brüder, Simeon und Levi, sind außer sich. Zunächst täuschen sie die Männer von Sichem; danach töten sie sie. Sie tun all das, weil ihre Schwester Dina „geschändet" worden ist. Nach dem Massaker holen sie Dina aus Sichems Haus und verlassen den Ort. Anschließend plündern und brandschatzen die übrigen Söhne Jakobs den Ort „als Vergeltungsmaßnahme für die Schändung ihrer Schwester Dina" (34,27). Jakob ist über ihr Handeln nicht erfreut, doch sie antworten: „Sollten wir unsere Schwester wie eine Dirne behandeln lassen?" (34,31).

Dina war freundlich zu den Frauen am Ort gewesen (34,1). Schmerzt sie das Gemetzel der Bewohner und die Gefangennahme der Frauen und Kinder? Ihre Brüder betrachten sie jetzt als „geschändet", und der Vorfall hat sie mit dem Wort „Dirne" behaftet. Wird sie jemals wieder eine ehrenhafte Stellung in der Familie einnehmen können? Wird es ihr jemals erlaubt werden, zu heiraten? Dinas Schicksal steht nicht im Mittelpunkt des Kapitels. Der Erzähler ist mehr daran interessiert, wie Sichem von Simeon und Levi besiegt wird. Dina ist zum Vergessen verurteilt.

Tamar

Eine rechtschaffene Frau

Genesis 38,6–30
Juda wählte für seinen Erstgeborenen Er eine Frau namens Tamar. Aber Er, der Erstgeborene Judas, missfiel dem Herrn, und so ließ ihn der Herr sterben. Da sagte Juda zu Onan: Geh mit der Frau deines Bruders die Schwagerehe ein, und verschaff deinem Bruder Nachkommen! Onan wusste also, dass die Nachkommen nicht ihm gehören würden. Sooft er zur Frau seines Bruders ging, ließ er den Samen zur Erde fallen und verderben, um seinem Bruder Nachkommen vorzuenthalten. Was er tat, missfiel dem Herrn, und so ließ er auch ihn sterben. Nun sagte Juda zu seiner Schwiegertochter Tamar: Bleib als Witwe im Haus deines Vaters, bis mein Sohn Schela groß ist. Denn er dachte: Er soll mir nicht auch noch sterben wie seine Brüder. Tamar ging und blieb im Haus ihres Vaters.
Viele Jahre vergingen. Die Tochter Schuas, die Frau Judas, war gestorben. Als

die Trauerzeit vorbei war, ging Juda mit seinem Freund Hira aus Adullam hinauf nach Timna zur Schafschur. Man berichtete Tamar: Dein Schwiegervater geht gerade nach Timna hinauf zur Schafschur. Da zog sie ihre Witwenkleider aus, legte einen Schleier über und verhüllte sich. Dann setzte sie sich an den Ortseingang von Enajim, der an der Straße nach Timna liegt. Sie hatte nämlich gemerkt, dass Schela groß geworden war, dass man sie ihm aber nicht zur Frau geben wollte.

Juda sah sie und hielt sie für eine Dirne; sie hatte nämlich ihr Gesicht verhüllt. Da bog er vom Weg ab, ging zu ihr hin und sagte: Lass mich zu dir kommen! Er wusste ja nicht, dass es seine Schwiegertochter war. Sie antwortete: Was gibst du mir, wenn du zu mir kommen darfst? Er sagte: Ich werde dir ein Ziegenböckchen von der Herde schicken. Sie entgegnete: Du musst mir aber ein Pfand dalassen, bis du es schickst. Da fragte er: Was für ein Pfand soll ich dir dalassen? Deinen Siegelring mit der Schnur und den Stab in deiner Hand, antwortete sie. Er gab es ihr. Dann ging er zu ihr, und sie wurde von ihm schwanger. Sie stand auf, ging weg, legte ihren Schleier ab und zog wieder ihre Witwenkleider an.

Juda schickte seinen Freund aus Adullam mit dem Ziegenböckchen, um das Pfand aus der Hand der Frau zurückzuerhalten, er fand sie aber nicht. Er fragte die Leute aus dem Ort: Wo ist die Dirne, die in Enajim an der Straße saß? Sie antworteten ihm: Hier gibt es keine Dirne. Darauf kehrte er zu Juda zurück und sagte: Ich habe sie nicht gefunden, und außerdem behaupten die Leute aus dem Ort, es gebe da keine Dirne. Juda antwortete: Soll sie es behalten! Wenn man uns nur nicht auslacht! Ich habe ja dieses Böckchen geschickt, aber du hast sie nicht gefunden.

Nach etwa drei Monaten meldete man Juda: Deine Schwiegertochter Tamar hat Unzucht getrieben und ist davon schwanger. Da sagte Juda: Führt sie hinaus! Sie soll verbrannt werden. Als man sie hinausführte, schickte sie zu ihrem Schwiegervater und ließ ihm sagen: Von dem Mann, dem das gehört, bin ich schwanger. Auch ließ sie sagen: Sieh genau hin: Wem gehören der Siegelring mit der Schnur und dieser Stab? Juda schaute es sich genau an und gab zu: Sie ist mir gegenüber im Recht, weil ich sie meinem Sohn Schela nicht zur Frau gegeben habe. Später verkehrte er mit ihr nicht mehr.

Als sie gebar, waren Zwillinge in ihrem Leib. Bei der Geburt streckte einer die Hand heraus. Die Hebamme griff zu, band einen roten Faden um die Hand und sagte: Er ist zuerst herausgekommen. Er zog aber seine Hand wieder zurück, und heraus kam sein Bruder. Da sagte sie: Warum hast du dir den Durchbruch erzwungen? So nannte man ihn Perez (Durchbruch). Dann erst kam sein Bruder zum Vorschein, an dessen Hand der rote Faden war. Ihn nannte man Serach (Rotglanz).

Die Geschichte von Tamar ist die Geschichte einer weiteren Frau, die unorthodoxe Mittel in Anspruch nimmt, um die Kontinuität ihrer Nachkommen zu sichern. Tamar, wahrscheinlich eine Kanaaniterin, wird mit Judas Sohn Er vermählt. Als Er aufgrund seines sündhaften Lebenswandels stirbt, wird sie seinem Bruder Onan als Frau gegeben.[18] Onan will die Verpflichtungen seinem toten Bruder gegenüber nicht honorieren, und folglich nimmt Gott ihm gleichfalls sein Leben. Tamar ist nun zum zweiten Mal verwitwet. Juda hat noch einen dritten Sohn, doch er fürchtet, dass die Heirat mit Tamar auch diesem das Leben kosten wird. So wird Tamar befohlen, in ihr Elternhaus zurückzukehren und zu warten. Jedoch ist Tamar damit nicht frei. Sie ist dem dritten Sohn, Schela, versprochen und hat entweder diesen zu heiraten oder aber niemanden.

Tamar wartet Jahr um Jahr. Anscheinend hat Juda nicht die Absicht, die Verpflichtung, die er seinem verstorbenen Sohn Er gegenüber hat, zu honorieren. Daher nimmt Tamar die Angelegenheit selbst in die Hand. Sie verkleidet sich und wartet an der Straße nach Timna auf Juda. Juda hält sie fälschlicherweise für eine Dirne, wird mit ihr handelseinig und hat Geschlechtsverkehr mit ihr. Dabei ist jede dieser Tatsachen von Bedeutung.

Juda hält sie für eine Dirne oder für eine Tempelprostituierte. Er will ihr am nächsten Tag den vereinbarten Lohn überbringen lassen, doch die Menschen dort sagen: „Hier gab es niemals eine solche Frau." Später wird Tamar beschuldigt, die „Dirne gespielt zu haben". Der Text sagt an keiner Stelle, dass sie eine Dirne *ist*. Jedoch sehen die Menschen in der Geschichte sie fälschlicherweise als eine solche.

Tamar einigt sich mit Juda: Geschlechtsverkehr gegen einen Lohn. Sie ist jedoch nicht an der Bezahlung interessiert; was für sie von Bedeutung ist, das ist die Kenntlichmachung. Sie bittet um Judas Siegelring, Schnur und Stab. Sie ist nicht da, als die Bezahlung überbracht wird, und somit behält sie die Pfänder. Die sollen ihr das Leben retten, als man sie wegen Ehebruch hinrichten will.

Juda hat Geschlechtsverkehr mit Tamar, und sie wird schwanger. Inmitten von Geschichten über unfruchtbare Frauen wird Tamar sofort schwanger. Sie schenkt Zwillingen das Leben, Perez und Serach.

---

[18] Die Praxis, einer Witwe den Schwager zum Mann zu geben, wird Levirats-ehe genannt, vom lateinischen Wort für Schwager, levir. Dadurch sollen dem Toten Nachkommen gesichert werden. In einer Gesellschaft wie der des alten Israel, in der es keinen Glauben an ein Leben nach dem Tod gab, sind Kinder die einzige Möglichkeit der Fortexistenz einer Person. Dazu kommen noch zwei weitere Gründe: Das Eigentum des Toten verbleibt innerhalb der Sippe oder des Stammes, und für die Witwe wird gesorgt. Gegen diese Praxis gab es Widerstände aus ökonomischen Gründen: Die Kinder des Toten großzuziehen verringert das Erbe für die eigenen Kinder des Schwagers (Bruders). Eine zweite Frau führte wohl auch zu Spannungen im Haus.

Sie selbst hat dafür gesorgt, dass ihr toter Ehemann Nachkommen hat und hat damit das Geschlecht Juda fortgeführt.

Judas Antwort auf die Enthüllung, er sei der Mann, der für Tamars Schwangerschaft verantwortlich sei, eine Tatsache, für die er Tamar hinrichten lassen will, ist der Schlüssel zu der Geschichte. Juda ruft aus: „Sie ist rechtschaffener, als ich es bin" (38,26). Rechtschaffenheit ist in der Bibel immer auf Beziehungen gegründet. Tamar hat die Anforderungen an die Beziehung mit ihrem toten Ehemann ernst genommen, Juda hingegen nicht. Daher ist Tamar rechtschaffener als Juda. Tamar hat die Verantwortung für einen anderen auf sich genommen und ist dafür schuldig gesprochen worden. Sie hat unkonventionelle Risiken auf sich genommen, die überlieferten Verhaltensmuster gebrochen und ist dafür schuldig gesprochen worden. Doch zum Schluss wird sie als die rechtschaffenere der beiden Hauptcharaktere beurteilt, weil sie die Anforderungen, die aus der Beziehung erwuchsen, ernst genommen hat.

Tamars Sohn Perez ist ein Vorfahre Davids. Generationen später wird Boas, der Ehemann Ruts, in Tamars Namen gesegnet werden: „Dein Haus gleiche dem Haus des Perez, den Tamar dem Juda geboren hat, durch die Nachkommenschaft, die der Herr dir aus dieser jungen Frau geben möge" (Rut 4,12). Tamar ist somit eine Vorfahre Jesu, Davids Sohn aus dem Stamme Juda. Sie selbst ist in der Ahnentafel Jesu in Matthäus (Matthäus 1,3) erwähnt. Sie ist eine der Ur-Ur-Großmutter Jesu.

3. Frauen zur Zeit des „Exodus"

Vorschlag zur Lektüre: Exodus 1–2; 4,19–26; 15,1–21; 18,1–7; Numeri 12,1–16; 20,1; 27,1–11; 36,1–13; Josua 17,1–6; Micha 6,4

Der Anfang der Geschichte über Israels Befreiung ist eine Geschichte heldenhafter Frauen: der Hebammen, Moses Mutter und Schwester, der Tochter des Pharao und deren Mägde. Mit Hilfe dieser mutige Frauen wurde die Unterdrückung der Ägypter gebrochen.

Die Hebammen: Schifra und Pua

Exodus 1,15–22
Zu den hebräischen Hebammen – die eine hieß Schifra, die andere Pua – sagte der König von Ägypten: Wenn ihr den Hebräerinnen Geburtshilfe leistet, dann achtet auf das Geschlecht! Ist es ein Mädchen, dann kann es am Leben bleiben. Die Hebammen aber fürchteten Gott und taten nicht, was ihnen der König von Ägypten gesagt hatte, sondern ließen die Kinder am Leben. Da rief der König von Ägypten die Hebammen zu sich und sagte zu ihnen: Warum tut ihr das und lasst die Kinder am Leben? Die Hebammen antworteten dem Pharao: Bei den hebräischen Frauen ist es nicht wie bei den Ägypterinnen, sondern wie bei den Tieren: Wenn die Hebamme zu ihnen kommt, haben sie schon geboren. Gott verhalf den Hebammen zu Glück, das Volk aber vermehrte sich weiter und wurde sehr stark. Weil die Hebammen Gott fürchteten, schenkte er ihnen Kindersegen. Daher gab der Pharao seinem ganzen Volk den Befehl: Alle Knaben, die den Hebräern geboren werden, werft in den Nil! Die Mädchen dürft ihr alle am Leben lassen.

Die Geschichte der Hebammen unterbricht die Geschichte von Israels Zwangsarbeit in Ägypten. Die Unterdrücker ändern ihr Verhalten weg von Sklaverei hin zu Völkermord. Die Handelnden bei dieser Gräueltat sollen die Hebammen sein. Im Augenblick der Geburt sollen sie alle männlichen Babys töten.

Zwei Hebammen werden exemplarisch genannt aus der Menge der Hebammen, die benötigt werden, um Israels wachsender Bevölkerung zu Diensten zu sein. Diese beiden erhalten einen Namen, erstaunlich in dieser Geschichte, wo viele Frauen namenlos bleiben. Die eine heißt Schifra, „die Gerechte", und die andere ist Pua, was wahrscheinlich „Mädchen" bedeutet. Es ist möglich, dass die Frauen Ägypterinnen sind; der Satz in Kapitel 1,15 kann mit „Hebammen für die Hebräerinnen" übersetzt werden. Das verleiht der Erwartung des Pharao größeren Nachdruck, sie würden seiner Anordnung Folge leisten.

Schifra und Pua widersetzen sich jedoch der Anordnung des Pharao. Sie töten die neugeborenen hebräischen Jungen nicht. Als sie vor den Pharao gerufen werden, antworten sie mit einer ausweichenden Entschuldigung: „Bei den hebräischen Frauen ist es nicht wie bei den Ägypterinnen. Wenn die Hebamme zu ihnen kommt, haben sie schon geboren." Auch im weiteren Verlauf geht die Geschichte mit Überraschungen weiter. Sie kommen mit ihrem zivilen Ungehorsam und mit ihrer hinkenden Erklärung davon. Diese Frauen illustrieren das Prinzip, dass die einzige Art und Weise, Unterdrückung zu brechen, darin besteht, sich zu weigern, unterdrückt zu werden. Der Pharao gibt es auf, die Frauen als Mittel zum Völkermord zu benutzen; stattdessen befiehlt er seinem ganzen Volk, hebräische neugeborene Jungen zu töten.

Der hebräische Text stellt heraus, dass die Frauen so tapfer gehandelt hätten, weil sie Gott fürchteten. Furcht vor Gott ist Ehrfurcht und Anerkennung der Macht und Güte Gottes. Es ist wunderbar im Angesicht von Gottes unermesslicher Liebe. Es ist Vertrauen in die Weisheit Gottes, der mehr ist, als wir uns je vorstellen können. Ehrfurcht Gottes ist der Anfang von Weisheit (s. Psalm 111,10; Sprüche 9,11) und das entscheidende Merkmal derer, die an Gottes Bund festhalten und darauf vertrauen (s. Deuteronomium 6,1–3; Psalm 25,14; Psalm 34,10).

Weil die Hebammen in der rechten Verbindung zum lebendigen Gott stehen, haben sie den Mut, Gottes Geboten Folge zu leisten. Ihre Belohnung ist das Geschenk des Lebens. Gott schafft für sie Familien. Die Folge davon ist, dass sie ein Teil des Bündnisvolkes Israel werden. Sie werden wie Lebensadern für das Bündnisvolk. Sie sind die Hebammen, die bei der Geburt Israels mitwirken.

Die Mutter Moses

Exodus 2,1–10
Ein Mann aus einer levitischen Familie nahm eine Frau aus dem gleichen Stamm. Sie wurde schwanger und gebar einen Sohn. Weil sie sah, dass es ein schönes Kind war, versteckte sie es drei Monate lang. Als sie es nicht mehr länger verborgen halten konnte, nahm sie ein Binsenkästchen, dichtete es mit Pech und Teer ab, legte den Knaben hinein und setzte ihn am Nilufer im Schilf aus. Seine Schwester blieb in der Nähe, um zu sehen, was mit ihm geschehen würde.

Die Tochter des Pharao kam herab, um im Nil zu baden. Ihre Dienerinnen gingen unterdessen am Nilufer auf und ab. Auf einmal sah sie im Schilf das Kästchen und ließ es durch ihre Magd holen. Als sie es öffnete und hineinsah, lag ein weinendes Kind darin. Sie bekam Mitleid mit ihm, und sie sagte: Das ist ein Hebräerkind. Da sagte seine Schwester zur Tochter des Pharao: Soll ich zu den Hebräerinnen gehen und dir eine Amme rufen, damit sie dir das Kind stillt? Die Tochter des Pharao antwortete ihr: Ja, geh! Das Mädchen ging und rief die Mutter des Knaben herbei. Die Tochter des Pharao sagte zu ihr: Nimm das Kind mit, und still es mir! Ich werde dich dafür entlohnen. Die Frau nahm das Kind zu sich und stillte es. Als der Knabe größer geworden war, brachte sie ihn der Tochter des Pharao. Diese nahm ihn als Sohn an, nannte ihn Mose und sagte: Ich habe ihn aus dem Wasser gezogen.

Moses Mutter schenkt dem Helden der Befreiung Israels das Leben und setzt damit die Geschichte des Widerstands gegen die Unterdrückung fort. Obwohl sie in dieser Erzählung namenlos ist[19], wird sie doch in Worten beschrieben, die auf bedeutende Gestalten in der übrigen Geschichte Israels hinweisen. Nach der Geburt sieht sie das Kind an und sieht *wie gut (kî tôb)* es ist. Ebenso sah Gott die verschiedenen Elemente seiner Schöpfung an und sagte „Es ist gut *(kî tôb)*!" (Genesis 1,4. 10. 12. 18. 21. 25). Sie rettet das Kind aus dem Fluss mit Hilfe eines Bootes (wörtlich, einer „Arche", *tebah*), das mit Pech und Teer abgedichtet ist. Ebenso hat Noach das Leben von Menschen und Tieren vor der Flut unter Zuhilfenahme einer mit Teer abgedichteten Arche *(tebah)* gerettet. Sie bringt das Kind in Gefahr, indem sie es Fremden übergibt, und erhält es anschließend mit Lohn zurück (Exodus 2,9). Ebenso brachte Abraham Sara in Gefahr und erhielt sie mit zusätzlichen Reichtümern zurück (Genesis 20,1–18). Diese Mutter wird als eine Quelle des Lebens für Israel beschrieben, wie Noach und Abraham, ja sogar wie Gott.

Pharaos Tochter

Pharaos Tochter ist eine weitere dieser mutigen Frauen, die am Anfang der Geschichte über den Exodus stehen. Die Geschichte ist einfach; der Fragen sind viele. Diese Tochter des Mannes, der befohlen hat, dass alle neugeborenen hebräischen Jungen in den Fluss gewor-

---

[19] Die Mutter Moses wird in Exodus 6,10–20 und Numeri 26,58–59 Jochebed genannt. Diese Textpassagen stammen aus der späteren priesterschriftlichen Tradition, die gewöhnlich vorher nicht namentlich genannten Personen, die für Israels Geschichte bedeutend waren, Namen gab.

fen werden sollen, sieht einen neugeborenen Jungen im Fluss und begnadigt ihn. Sie weiß, dass es ein hebräisches Kind ist; sie weiß, warum es im Fluss ist. Und doch gibt sie das Kind einer hebräischen Frau, um es aufzuziehen, und adoptiert es anschließend als ihren Sohn. Sie handelt dem Befehl ihres Vaters zuwider, doch auf eine subtile Art und Weise. Sie konfrontiert ihren Vater nicht mit seiner Ungerechtigkeit. Sie kehrt seinen Befehl einfach in das Gegenteil um. Ihr Handeln macht, ebenso wie das der Hebammen, den Pharao machtlos. Die Lösung, wie die Unterdrückung aufgehoben wird, besteht darin, sich zu weigern, unterdrückt zu werden.

Pharaos Tochter gibt dem hebräischen Neugeborenen einen ägyptischen Namen, den Namen Mose.[20] Sie zieht ihn am ägyptischen Hof auf. Sie bereitet ihn für die Aufgabe vor, die Gott mit ihm vorhat. Sie unterweist Mose in den Fähigkeiten, die ihn in die Lage versetzen werden, einem zukünftigen Pharao entgegenzutreten und ihn möglicherweise zu besiegen. Sie ist die Mutter für den Auszug.

Mehr gibt der biblische Text nicht her. Wir erfahren weder ihren Namen noch ihre Beweggründe oder das, was nach dieser Szene mit ihr geschieht.

Mirjam

Moses Schwester

Exodus 2,7–8
Da sagte seine Schwester zur Tochter des Pharao: Soll ich zu den Hebräerinnen gehen und dir eine Amme rufen, damit sie dir das Kind stillt? Die Tochter des Pharao antwortete ihr: Ja, geh! Das Mädchen ging und rief die Mutter des Knaben herbei.

Der Hinweis in Exodus 2,7, wonach das Kind Mose eine ältere Schwester hat, kommt überraschend. Die ersten Verse dieses Kapitels lassen zunächst die Vorstellung aufkommen, Mose sei das erste Kind des levitischen Mannes und seiner Ehefrau. In Exodus 2 wird die Schwester des Babys als zweifach unbedeutend erachtet: Weder wird ihre Geburt erwähnt noch wird ihr ein Name gegeben. Und dennoch spielt sie, zusammen mit den Frauen, über die vorher gesprochen wurde, eine bedeutende Rolle in diesem Szenario der Befreiung. Sie stellt die Verbindung her zwischen Pharaos Tochter und Moses Mut-

---

[20] Der Name „Mose" bedeutet „geboren sein". Er findet sich als Bestandteil in Namen wie Thutmose, Ahmose und Rameses. Die spätere biblische Tradition leitet den Namen etymologisch vom hebräischen Wort für „herausziehen" her.

ter. Dieses junge Mädchen verbindet die Frauen Ägyptens und die Frauen Israels in der gemeinsamen Tat der Rettung des Mose. Sie hatte tapfer abgewartet, das Kind beschützt; nun gibt ihr Handeln der Mutter das Kind zurück.

In der Liste der Vorfahren wird eine Schwester des Mose erwähnt: Mirjam (s. Exodus 6,20; Numeri 26,59; 1 Chronik 5,29). Die Bedeutung ihres Namens ist nicht eindeutig geklärt. Wie auch beim Namen des Mose handelt es sich vermutlich um einen ägyptischen Namen, der „geliebt" bedeutet. Die griechische Form dieses Namens erscheint häufig im Neuen Testament, insbesondere als Maria, die Mutter Jesu, Maria von Betanien und Maria Magdalena. Die Genealogien führen die drei wichtigsten Protagonisten der Auszugs- und Wanderzeit, Aaron, Mose und Mirjam, als Kinder einer Familie auf.

Prophetin des Sieges

Exodus 15,20–21
Die Prophetin Mirjam, die Schwester Aarons, nahm die Pauke in die Hand, und alle Frauen zogen mit Paukenschlag und Tanz hinter ihr her. Mirjam sang ihnen vor:
> Singt dem Herrn ein Lied, denn er ist hoch und erhaben!
> Rosse und Wagen warf er ins Meer.

Der Gesang der Mirjam bei der Überquerung des Meeres ist einer der ältesten Texte der Bibel. Mirjam leitet die Menge in der kultischen Feier des Sieges und setzt damit einen Präzedenzfall für die Tradition des heiligen Krieges. Zwei Jahrhunderte später wird die Tochter des Jiftach mit Tamburinen tanzen und ihren Vater nach der siegreichen Schlacht über die Ammoniter treffen (Richter 11,34). Die Heldin Judit wird die Feierlichkeiten nach der Niederlage der Assyrer anführen: Frauen tanzen, Männer singen Lobgesänge (Judit 15,12–16,2). In der Tradition der heiligen Kriege beruht der Sieg auf einem Geschenk Gottes, nicht auf menschlicher Macht (s. Richter 7,1–7; Psalm 20,8). Die Schlacht wird gesehen als Teil einer liturgischen Feier (so z.B. beim Fall der Stadt Jericho in Josua 6); der Siegesgesang, der von den Frauen intoniert wird, ist der Höhepunkt der Liturgie. Mirjam ist die erste, die solch einen Gesang anstimmt; sie feiert Gottes Sieg über Sklaverei und Tod.

Mirjam wird als eine Prophetin bezeichnet. Aufgabe eines Propheten ist es, Botschafter Gottes zu sein. Der Prophet hat ein Amt der Vorstellungskraft, indem er die Menschen dahin bringt, ihre gegenwärtigen Erfahrungen zu verstehen und sich eine bessere Zukunft vorstellen zu können – und somit auch in die Lage zu versetzen, diese zu erreichen. Mirjams Lied interpretiert die Erfahrungen des Auszugs für das Volk als Gottes Geschenk neuen Lebens. Dieses Geschenk neuen Lebens offenbart Gottes Macht, die für sie eingesetzt wird (Exodus 15,2–10). Mirjams Lied beschreibt gleichfalls ihre ruhmreiche neue Zukunft in dem verheißenen Land (Exodus 15,11 – 18).

Herausforderungen für Mose

Numeri 12,1–16

Als sie in Hazerot waren, redeten Mirjam und Aaron über Mose wegen der kuschitischen Frau, die er sich genommen hatte. Er hatte sich nämlich eine Kuschiterin zur Frau genommen. Sie sagten: Hat etwa der Herr nur zu Mose geredet? Hat er nicht auch mit uns gesprochen? Das hörte der Herr. Mose aber war ein sehr demütiger Mann, demütiger als alle Menschen auf der Erde. Kurz darauf sprach der Herr zu Mose, Aaron und Mirjam: Geht ihr drei hinaus zum Offenbarungszelt! Da gingen die drei hinaus. Der Herr kam in der Wolkensäule herab, blieb am Zelteingang stehen und rief Aaron und Mirjam. Beide traten vor, und der Herr sprach: Hört meine Worte! Wenn es bei euch einen Propheten gibt, so gebe ich mich ihm in Visionen zu erkennen und rede mit ihm im Traum. Anders bei meinem Knecht Mose. Mein ganzes Haus ist ihm anvertraut. Mit ihm rede ich von Mund zu Mund, von Angesicht zu Angesicht, nicht in Rätseln. Er darf die Gestalt des Herrn sehen. Warum habt ihr es gewagt, über meinen Knecht Mose zu reden? Der Herr wurde zornig auf sie und ging weg. Kaum hatte die Wolke das Zelt verlassen, da war Mirjam weiß wie Schnee vor Aussatz. Aaron wandte sich Mirjam zu und sah: Sie war aussätzig. Da sagte Aaron zu Mose: Mein Herr, ich bitte dich, lass uns nicht die Folgen der Sünde tragen, die wir leichtfertig begangen haben. Mirjam soll nicht wie eine Totgeburt sein, die schon halb verwest ist, wenn sie den Schoß der Mutter verlässt. Da schrie Mose zum Herrn: Ach, heile sie doch! Der Herr antwortete Mose: Wenn ihr Vater ihr ins Gesicht gespuckt hätte, müsste sie sich dann nicht sieben Tage lang schämen? Sie soll sieben Tage lang aus dem Lager ausgesperrt sein; erst dann soll man sie wieder hereinlassen. So wurde Mirjam sieben Tage aus dem Lager ausgesperrt. Das Volk brach nicht auf, bis man Mirjam wieder hereinließ. Erst nachher brach das Volk von Hazerot auf und schlug dann sein Lager in der Wüste Paran auf.

Die Frage nach Mirjams Rolle stellt sich in Numeri 12. Sie fordert die religiöse Führerschaft Moses heraus. Mirjam, Aaron und Mose sind sicherlich die bedeutendsten Führer der Zeit, die durch den Auszug und die Wüstenwanderung geprägt ist. Gibt es unter ihnen einen, der der bedeutendste ist? „Hat der Herr etwa nur zu Moses gesprochen?" (12,2). Die prophetische Autorität ist die wirkliche Frage. Moses ausländische Frau ist von zweitrangiger Bedeutung.

Gottes Antwort auf die Frage kommt klar und schnell. Gott mag durch Aaron und Mirjam wie durch andere Propheten sprechen, jedoch ist Mose sein vorrangiger Zeuge. Gott spricht zu ihm von Angesicht zu Angesicht. Jegliches In-Frage-Stellen seiner Führerrolle, sei es nun im religiösen oder im zivilen Bereich, wird furchtbar bestraft (s. Numeri 16,1–17,15). Mirjam wird sofort von einer Hautkrankheit befallen. Ihr Zustand ringt Aaron eine flehentliche Bitte und Mose ein Gebet ab. Jedoch erfordert jegliche Art von Hautkrankheit, wenn sie auch vorübergehend ist, dass der, der darunter leidet, aus dem Lager ausgegrenzt wird (s. Levitikus 13,4–6). Mirjam wird von der Gemeinschaft getrennt, doch die Gemeinschaft will ohne sie nicht weiterziehen. Sie warten auf ihre gesundheitliche Wiederherstellung, bevor sie ihre Reise fortsetzen.

An Mirjams Leiden wird in der Rechtsprechung des Deuteronomium bezüglich Lepra erinnert (Deuteronomium 24,8–9).

Mirjams Tod

Numeri 20,1
Im ersten Monat kam die ganze Gemeinde der Israeliten in die Wüste Zin, und das Volk ließ sich in Kadesch nieder. Dort starb Mirjam und wurde auch dort begraben.

Numeri 20 gibt an, dass die drei Führer der Wüstenwanderung auch in der Wüste sterben. Über den Tod Mirjams wird zu Beginn des Kapitels berichtet, über den Tod Aarons am Ende (20,22–29). In den Versen zwischen beiden Berichten teilt Gott Mose mit, dass er vor dem Einzug ins Gelobte Land sterben werde (20,12). Mirjam, Mose und Aaron haben Israel aus Ägypten heraus und durch die Wüste geführt. Der Einzug in das Land wird die Aufgabe einer neuen Generation sein.

Mirjam ist in Kadesch beigesetzt, einem bedeutenden Heiligtum an Israels Weg durch die Wüste. Der eigentliche Name dieses Ortes bedeutet „geheiligt". Dort lagern die Israeliten während einer langen Zeitspanne (s. Deuteronomium 1,46). Dort geben die Kundschafter ihren Bericht über das Land ab (Numeri 13,25–33); dort murrt das Volk und erhält die Nachricht, dass es vierzig Jahre lang durch die Wüste ziehen wird (Numeri 20,14–22). Die Nachricht über die Beisetzung Mirjams bringt sie klar mit diesem bedeutsamen Heiligtum der Wüstenwanderung in Verbindung.

Eine dauerhafte Erinnerung

Micha 6,3–4
Mein Volk, was habe ich dir getan,
oder womit bin ich dir zur Last gefallen? Antworte mir!
Ich habe dich doch aus Ägypten herausgeführt
und dich freigekauft aus dem Sklavenhaus
Ich habe Mose vor dir hergesandt
und Aaron und Mirjam.

Die Erinnerung an Mirjam wird in der prophetischen Zeit fortgesetzt. Im achten Jahrhundert führt der Prophet Micha sie als eine der großen Führer der Wüstenwanderung auf, zusammen mit Mose und Aaron. Sie ist Teil des Geschenks Gottes an sein Volk in der großen Rettungstat des Auszugs. Micha berichtet von der Klage Gottes, in der Gott sein Volk beschuldigt, diese wunderbaren Taten zu vergessen. Das Volk bekennt sich schuldig und schlägt verschiedene Wege zur Wiedergutmachung vor. Doch Gott ist mit ihren Vorschlägen nicht zufrieden. Gottes Urteilsspruch ist schwieriger. Gott verlangt nicht, dass sie etwas aus ihrem Leben verbannen, sondern dass sie in Fülle leben: „Recht tun, Güte und Treue lieben, in Ehrfurcht den Weg gehen mit deinem Gott" (Micha 6,8).

Wer ist Mirjam? Einige Dinge stehen fest: Sie ist eine der großen Helden in der Wüste, gleichgestellt Mose und Aaron. Sie ist eine Leiterin im Gottesdienst und Prophetin, die den göttlichen Sieg am Meer zelebriert und über Gottes Wort an sein Volk nachdenkt. Sie wird vom Volk geachtet. Sie verweilen in Hazerot während der sieben Tage ihrer Isolation; sie werden ihre Reise nicht eher fortsetzen, bis Mirjam wieder bei ihnen ist. Ihre Geschichte wird dem Heiligtum von Kadesch zugeordnet, einem bedeutenden Ort während Israels Aufenthalt in der Wüste.

Das Bild, das Mirjam zugeordnet ist, ist das Wasser. Als namenlose Schwester in Exodus 2 beobachtet sie das Baby im Fluss. Sie singt das Lied des Sieges nach dem Durchzug durch das Meer. Sie stirbt in Kadesch, wo das Volk murrt, weil es kein Wasser hat (Numeri 20,2–5). Ihre Geschichte ist ebenso gegensätzlich wie das Bild des Wassers, das sowohl Leben als auch Tod symbolisiert.

Die Ehefrau Moses: Zippora

Verlobung und Heirat

Exodus 2,15–22
Mose aber entkam ihm. Er wollte in Midian bleiben und setzte sich an einen Brunnen. Der Priester von Midian hatte sieben Töchter. Sie kamen zum Wasserschöpfen und wollten die Tröge füllen, um die Schafe und Ziegen ihres Vaters zu tränken. Doch die Hirten kamen und wollten sie vertreiben. Da stand Mose auf, kam ihnen zu Hilfe und tränkte ihre Schafe und Ziegen. Als sie zu ihrem Vater Reguël zurückkehrten, fragte er: Warum seid ihr heute so schnell wieder da? Sie erzählten: Ein Ägypter hat uns gegen die Hirten verteidigt; er hat uns sogar Wasser geschöpft und das Vieh getränkt. Da fragte Reguël seine Töchter: Wo ist er? Warum habt ihr ihn dort gelassen? Holt ihn, und ladet ihn zum Essen ein! Mose entschloss sich, bei dem Mann zu bleiben, und dieser gab seine Tochter Zippora Mose zur Frau. Als sie einen Sohn zur Welt brachte, nannte er ihn Gerschom (Ödgast) und sagte: Gast bin ich in fremdem Land.

Die Geschichte von Moses Verlobung mit Zippora ist eine weitere typische Verlobungsszene (s. Genesis 24). Verschiedene Elemente der typischen Szene sind anzutreffen: ein Fremder, ein Brunnen, junge Frauen, das Heraufziehen des Wassers, eine Einladung zu einem Gastmahl. Ein Element der typischen Szene wird in dieser Geschichte hervorgehoben. Anstelle einer jungen Frau sind es hier sieben. Die Zahl sieben steht häufig für Vollkommenheit oder Perfektion. Mose trifft auf eine vollkommene Anzahl junger Frauen. Eine von ihnen wählt er aus dieser Vollkommenheit aus, damit diese seine Frau wird. Der Gebrauch dieser Szene stellt die Heirat Moses und Zipporas in die Tradition der Vorväter.

Zippora, deren Name „Schwalbe" bedeutet, wird als eine Tochter Reguëls, eines midianitischen Priesters, identifiziert. Moses Herkunft hat ihn in die Familie des Levi gestellt, eine Priesterfamilie; seine Frau gehört gleichfalls zu einer Priesterfamilie.

Zippora gehört nicht zu der Tradition unfruchtbarer Frauen. Sie schenkt Mose einen Sohn, dem Mose den Namen Gerschom gibt. Der Name des Sohnes, hergeleitet von dem hebräischen Wort *ger*, was „Gast" bedeutet, erklärt, dass Mose kein dauerhafter Bewohner Midians ist. Zipporas Sohn ist das Zeichen für Moses zukünftige Rückkehr zu seinem Volk.

Retter des Mose

Exodus 4,19–20. 24–26

Der Herr sprach zu Mose in Midian: Brich auf, und kehr nach Ägypten zurück; denn alle, die dir nach dem Leben getrachtet haben, sind tot. Da holte Mose seine Frau und seine Söhne, setzte sie auf einen Esel und trat den Weg nach Ägypten an. Den Gottesstab hielt er in der Hand.

Unterwegs am Rastplatz trat der Herr dem Mose entgegen und wollte ihn töten. Zippora ergriff einen Feuerstein und schnitt ihrem Sohn die Vorhaut ab. Damit berührte sie die Beine des Mose und sagte: Ein Blutbräutigam bist du mir. Da ließ der Herr von ihm ab. „Blutbräutigam" sagte sie damals wegen der Beschneidung.

Die Szene, in der Gott Mose töten wollte, ist verwirrend. Sie ist ähnlich der in Genesis 32,23–31, als Gott mit Jakob ringt. Beide Szenen stellen Gott als gefährlich und Schrecken einflößend dar. Gott ist ein nächtlicher Geist, der den Auserwählten bedroht, als der nach Hause zurückkehrt. In der Geschichte im Buch Genesis hält Jakob Gott stand und erhält somit den Namen Israel, „der mit Gott ringt". Mose auf der anderen Seite wird von seiner Frau Zippora gerettet. Sie ist die sechste Frau in der Geschichte des Mose, die an herausragender Stelle Leben rettet: die Hebammen, die die israelitischen neugeborenen Knaben retten, die Mutter und Schwester des Mose, und Pharaos Tochter, die jeweils das Leben des Mose bewahren.

Die Rettungstat ist eine Beschneidung. Die Geschichte erzählt, wie Zippora ihren Sohn beschneidet und dann Moses Penis mit der blutigen Vorhaut berührt. Es wird jedoch oft vermutet, dass es sich bei dieser Geschichte nur um eine Verschleierung der Tatsache handelt, dass Zippora ihren Ehemann Mose beschneidet. Wie dem auch sei, Zippora rettet das Leben des Mose, indem sie ihn entweder physisch beschneidet oder aber durch den symbolischen Akt des Berührens von seinem Penis mit dem Blut aus der Beschneidung ihres Sohnes.

Es gibt verschiedene Gründe, warum es unabdingbar ist, dass Mose beschnitten ist. Die Beschneidung ist das Zeichen des Bundes Gottes mit Abraham und dessen Nachkommen (Genesis 17,10–14). Wenn Mose nicht beschnitten ist, wird er von Gottes Volk getrennt (s. Genesis 17,14). Mose, der berufen ist, das Volk des Bundes zu retten, muss das Zeichen des Bundes an seinem Körper tragen. Beschneidung ist auch eine Voraussetzung zur Teilnahme an den Paschafeiern, die als Erinnerung an die Befreiung Israels von den Ägyptern stattfinden. Mose, der Gottes Mittler bei dieser Befreiung ist, muss daher selber beschnitten sein. Schließlich scheint es so, dass die Beschneidung ursprünglich im Nahen Osten als ein Initiationsritus praktiziert wurde, entweder für Jungen in den Stand des Mannes (s. die Beschneidung Ismaels im Alter von 13 Jahren, Genesis 17,25) oder als eine Vorbereitung auf den Stand der Ehe, auch wenn Israel die Beschneidung der neugeborenen Jungen am achten Tag nach der Geburt praktizierte (Levitikus 12,3). Als Zippora Mose mit der blutigen Vorhaut berührt, sagt sie: „Du bist mein Blutbräutigam."

Zipporas Handlung ist einzigartig und bewirkt Erlösung. Normale, gewöhnliche Beschneidung wird vom Vater vollzogen; es gibt keine weitere Geschichte in der Bibel, wo eine Frau jemanden beschneidet. Durch ihre Tat rettet Zippora das Leben des Mose. Sie errettet Mose vom Tod, so wie Mose die Israeliten erretten wird. Sie steht zwischen Mose und einem zornigen Gott. Gott schenkt ihr den Augenblick, und wird sie eine Mittlerin, genauso wie Mose es wird, als Gott droht, das Volk wegen des Goldenen Kalbs zu vernichten (Exodus 32,1–14).

Eine würdige Ehefrau

Zippora ist eine wichtige Person im Leben von Mose, Israels großem Helden. Sie wird seine Ehefrau in der Tradition von Sara, Rebekkas und Rahel. Sie rettet sein Leben in einer gefährlichen Begegnung mit Gott und bereitet seine Aufnahme in den Bund Gottes vor. Sie schenkt ihm zwei Söhne, deren Namen Aufschluss geben über den Verlauf seines Lebens: Gerschom, „Ich bin ein Gast in einem fremden Land", und Eliezer, „der Gott meines Vaters ist meine Hilfe; er hat mich vor dem Schwert des Pharaos bewahrt". Zippora ist eine Ehefrau, die des Mose würdig ist.

4. Frauen zur Zeit des Stämmebundes

Vorschlag zur Lektüre: Josua 2,1–24; 6,20–25; Richter 4,1–5,31; 11,1–40; 13,1–16,31

Rahab

Die Dirne

Josua 2,1–21

Josua, der Sohn Nuns, sandte von Schittim heimlich zwei Kundschafter aus und befahl ihnen: Geht, erkundet das Land, besonders die Stadt Jericho! Sie brachen auf und kamen zu dem Haus einer Dirne namens Rahab; dort wollten sie übernachten. Man meldete dem König von Jericho: Heute nacht sind ein paar Männer hierher gekommen, Israeliten, um das Land auszukundschaften. Da sandte der König von Jericho Boten zu Rahab und ließ ihr sagen: Gib die Männer heraus, die bei dir in deinem Haus eingekehrt sind; denn sie sind gekommen, um das ganze Land auszukundschaften. Da nahm die Frau die beiden Männer und versteckte sie. (Zu den Boten aber) sagte sie: Ja, die Männer sind zu mir gekommen; doch ich wusste nicht, woher sie waren. Als das Stadttor bei Einbruch der Dunkelheit geschlossen werden sollte, sind die Männer weggegangen; ich weiß aber nicht, wohin sie gegangen sind. Lauft ihnen schnell hinterher, dann könnt ihr sie noch einholen. Sie hatte aber die Männer auf das flache Dach gebracht und unter den Flachsstengeln versteckt, die auf dem Dach aufgeschichtet waren. Inzwischen hatte man die Verfolgung der Männer aufgenommen, und zwar in Richtung Jordan, zu den Furten hin. Und man hatte das Stadttor geschlossen, nachdem die Verfolger die Stadt verlassen hatten.

Bevor die Männer sich niederlegten, stieg Rahab zu ihnen auf das Dach hinauf und sagte zu ihnen: Ich weiß, dass der Herr euch das Land gegeben hat und dass uns Furcht vor euch erfasst hat und alle Bewohner des Landes aus Angst vor euch vergehen. Denn wir haben gehört, wie der Herr das Wasser des Schilfmeers euretwegen austrocknen ließ, als ihr aus Ägypten ausgezogen seid. Wir haben auch gehört, was ihr mit Sihon und Og, den beiden Königen der Amoriter jenseits des Jordan, gemacht habt: Ihr habt sie dem Untergang geweiht. Als wir das hörten, zerschmolz unser Herz, und jedem stockte euretwegen der Atem; denn der Herr, euer Gott, ist Gott droben im Himmel und hier unten auf der Erde. Nun schwört mir beim Herrn, dass ihr der Familie meines Vaters euer Wohlwollen schenkt, wie ich es euch erwiesen habe, und gebt mir ein sicheres Zeichen dafür, dass ihr meinen Vater und meine Mutter, meine Brüder und meine Schwestern und alles, was ihnen gehört, am Leben lasst und dass ihr uns vor dem Tod bewahrt. Die Männer antworteten ihr: Wir bürgen mit unserem Leben

für euch, wenn ihr nur unsere Sache nicht verratet. Wenn uns der Herr das Land
gibt, werden wir dir unser Wohlwollen und unsere Treue erweisen. Darauf ließ
die Frau sie mit einem Seil durch das Fenster die Stadtmauer hinab; das Haus,
in dem sie wohnte, war nämlich in die Stadtmauer eingebaut. Sie riet ihnen:
Geht ins Gebirge, damit die Verfolger euch nicht finden; dort haltet euch drei
Tage lang verborgen, bis die Verfolger zurückgekehrt sind; dann könnt ihr eures
Weges gehen. Die Männer sagten zu ihr: Wir können uns nur unter folgender
Bedingung an den Eid halten, den du uns hast schwören lassen: Wenn wir in das
Land eindringen, musst du diese geflochtene purpurrote Schnur an das Fenster
binden, durch das du uns herabgelassen hast, und du musst deinen Vater, deine
Mutter, deine Brüder und die ganze Familie deines Vaters bei dir in deinem
Haus versammeln. Jeder aber, der aus der Tür deines Hauses heraustritt, ist
selbst schuld, wenn sein Blut vergossen wird. Wir sind dann ohne Schuld. Doch
bei jedem, der mit dir in deinem Haus bleibt, tragen wir die Schuld, wenn Hand
an ihn gelegt wird. Auch wenn du unsere Sache verrätst, brauchen wir uns nicht
an den Eid zu halten, den du uns hast schwören lassen. Sie antwortete: Es sei,
wie ihr gesagt habt. Dann ließ sie die beiden gehen und band die purpurrote
Schnur an das Fenster.

So, wie Frauen beim Auszug Israels aus Ägypten behilflich waren,
so ist auch eine Frau von Bedeutung, als es um Israels Einzug in das
Gelobte Land geht. Die Kundschafter, die von Josua gesandt worden
waren, um das Land zu erkunden, bleiben im Haus einer Frau namens
Rahab, die als eine Dirne beschrieben wird. Die Möglichkeit, dass ihr
Haus eine Art Bordell war, erhält weitere Nahrung durch die Fest-
stellung, dass die Kundschafter dort „lagen" (2,1), was ein Wort mit
starker sexueller Nebenbedeutung ist. Ihr Haus, oder auch Gasthaus,
ist in die Stadtmauer eingebaut. Ihre Familie lebt auch in der Stadt –
Vater, Mutter, Brüder usw. (6,23). Weder Ehemann noch Kinder werden erwähnt; sie ist eine berufstätige Frau, verantwortlich für ihren
eigenen Unterhalt.

Die spätere Tradition veränderte das Bild der Rahab. Josephus, ein
jüdischer Historiker des 1. Jahrhunderts, nennt sie einfach eine Gastwirtin. Es ist nicht verwunderlich, dass die beiden Berufe, Prostituierte und Gastwirtin, miteinander vermischt sind; Vorurteile gehen oft
davon aus, dass, wenn eine Frau ein Hotel führt, sie entweder eine
Prostituierte sein muss oder eine gnädige Frau.

Neuigkeiten erfährt man in einem Gasthaus; dort fallen Fremde
nicht so auf. Das ist vielleicht der Grund, warum die Kundschafter
sich entschließen, bei Rahab zu bleiben, die selbst schon die Nachricht erhalten hat, dass die Israeliten am anderen Ufer des Jordan ihr
Lager aufgeschlagen haben. Sie weiß nicht nur Bescheid über den
Auszug wie über die Siege über lokale Herrscher; sie weiß auch, dass

Gott ihnen das Land versprochen hat. Ihre Rede (2,9–13) ist ein Zeugnis des Glaubens an den Gott Israels.

Ihr Glaube drückt sich nicht nur in Worten aus, sondern auch in Taten. Sie beweist den Kundschaftern *hesed*, vertrauensvolle Bündnisliebe (2,12). Sie versteckt sie und schickt ihre Verfolger auf eine unsinnige Verfolgung. Nachdem sie den Kundschaftern *hesed* erwiesen hat, bittet sie um die gleiche *hesed* auch als Gegenleistung. Sie bittet darum, dass ihre Familie bei der Schlacht um Jericho verschont werden möge. Die Männer verbürgen sich dafür. Diese kanaanitische Frau steht für viele Kanaaniter, die sich Israel anschließen werden und Teil des Bündnisvolkes sein werden. Die Wiederholung der Tugenden des Bundes – *hesed und emeth* – symbolisieren die Zugehörigkeit Rahabs zum Bund (Josua 2,12–14; s. 6,25).

In der Mitte Israels

Josua 6,20–25
Darauf stimmte das Volk das Kriegsgeschrei an, und die Widderhörner wurden geblasen. Als das Volk den Hörnerschall hörte, brach es in lautes Kriegsgeschrei aus. Die Stadtmauer stürzte in sich zusammen, und das Volk ging in die Stadt hinein, jeder an der nächstbesten Stelle. So eroberten sie die Stadt. Mit scharfem Schwert weihten sie alles, was in der Stadt war, dem Untergang, Männer und Frauen, Kinder und Greise, Rinder, Schafe und Esel.
Zu den beiden Männern, die das Land erkundet hatten, sagte Josua: Geht zu dem Haus der Dirne, und holt von dort die Frau und alles, was ihr gehört, wie ihr es geschworen habt. Da gingen die jungen Männer, die Kundschafter, und holten Rahab, ihren Vater, ihre Mutter, ihre Brüder und alles, was ihr gehörte: Sie führten ihre ganze Verwandtschaft (aus der Stadt) heraus und wiesen ihnen einen Platz außerhalb des Lagers Israels an. Die Stadt aber und alles, was darin war, brannte man nieder; nur das Silber und Gold und die Geräte aus Bronze und Eisen brachte man in den Schatz im Haus des Herrn. Die Dirne Rahab und die Familie ihres Vaters und alles, was ihr gehörte, ließ Josua am Leben. So wohnt ihre Familie bis heute mitten in Israel; denn Rahab hatte die Boten versteckt, die Josua ausgesandt hatte, um Jericho auskundschaften zu lassen.

Jericho ist die erste Stadt im Land, die von den eindringenden Israeliten erobert wird. Bei der Einnahme der Stadt befolgen sie den Brauch des heiligen Kriegs. Eine dieser Regeln ist *herem* oder Bann. Es werden keine Gefangenen gemacht; es findet keine Plünderung statt. Niemand soll sich an dem Krieg bereichern. Daher werden alle Lebewesen getötet, alle materiellen Dinge zerstört. Es ist ein grausamer Brauch. Dabei darf es keine Ausnahmen geben.

Die Bedrohung für Rahab und ihre Familie ist offenkundig. Jedoch halten sich die Kundschafter an das gegebene Wort. Der Befehl wird erteilt, alles und jeden in der Stadt mit dem Bann zu belegen, mit Ausnahme von Rahab und ihrer Familie (Josua 6,17). Josua sendet die Kundschafter persönlich, um sie und ihre Familie herauszuholen.

Rahab ist eine unabhängige Geschäftsfrau, die ihren König täuscht, um Israel zu beschützen. Sie ist eine mutige Frau, die ihre Zukunft und die ihrer Familie einem unbekannten Volk und einem unbekannten Gott anvertraut. Gleichwohl hat sie von diesem Gott gehört. Sie lebt bereits nach Tugenden des Bundes und erwartet im Gegenzug deren Einhaltung. Gott antwortet auf ihr Vertrauen mit großherziger Liebe. Sie und ihre Familie „leben bis heute mitten in Israel", Teil des Bündnisvolkes Gottes.

Im Hebräerbrief wird sie als ein Beispiel für Vertrauen zitiert: „Aufgrund des Glaubens kam die Dirne Rahab nicht zusammen mit den Ungehorsamen um; denn sie hatte die Kundschafter in Frieden aufgenommen" (Hebräer 11,31). Der Jakobusbrief erwähnt sie namentlich, neben Abraham, als ein Beispiel für jemanden, der Glaube durch gute Taten vorlebt: „... Wurde nicht ebenso auch die Dirne Rahab durch ihre Werke als gerecht anerkannt, weil sie die Boten bei sich aufnahm und dann auf einem anderen Weg entkommen ließ?" (Jakobus 2,25). Sie ist eine von fünf Frauen, die in der Reihe der Vorfahren Jesu bei Matthäus aufgeführt sind (Matthäus 1,5). Sie wird genannt als die Mutter des Boas, der die Rut heiraten wird, eine weitere fremde Frau, die die Bündnistugend der *hesed* praktiziert und zu einer Mutter für Israel und eine Ur-Ur-Großmutter Jesu wird.

Debora und Jaël

Die Richterin

Richter 4,1–16
Als Ehud gestorben war, taten die Israeliten wieder, was dem Herrn missfiel. Darum lieferte sie der Herr der Gewalt Jabins, des Königs von Kanaan, aus, der in Hazor herrschte. Sein Heerführer war Sisera, der in Haroschet-Gojim wohnte. Da schrien die Israeliten zum Herrn; denn Sisera besaß neunhundert eiserne Kampfwagen und hatte die Israeliten zwanzig Jahre lang grausam unterdrückt. Zu dieser Zeit war Debora, eine Prophetin, die Frau des Lappidot, Richterin in Israel. Sie hatte ihren Sitz unter der Debora-Palme zwischen Rama und Bet-El im Gebirge Efraim, und die Israeliten kamen zu ihr hinauf, um sich Recht sprechen zu lassen. Sie sandte Boten zu Barak, dem Sohn Abinoams aus Kedesch-Naftali, ließ ihn rufen und sagte zu ihm: Der Herr, der Gott Israels, befiehlt: Geh hin, zieh auf den Berg Tabor, und nimm zehntausend Naftaliter und Sebuloniter mit dir! Ich aber werde Sisera, den Heerführer Jabins, mit seinen Wagen und

seiner Streitmacht zu dir an den Bach Kischon lenken und ihn dir ausliefern. Barak sagte zu ihr: Wenn du mit mir gehst, werde ich gehen; wenn du aber nicht mit mir gehst, werde ich nicht gehen. Sie sagte: Ja, ich gehe mit dir; aber der Ruhm bei dem Unternehmen, zu dem du ausziehst, wird dann nicht dir zuteil; denn der Herr wird Sisera in die Hand einer Frau geben. Und Debora machte sich auf und ging zusammen mit Barak nach Kedesch. Barak rief Sebulon und Naftali in Kedesch zusammen, und zehntausend Mann folgten ihm (auf den Tabor) hinauf. Auch Debora ging mit ihm.

Der Keniter Heber aber, der sich von Kain, von den Söhnen Hobabs, des Schwiegervaters des Mose, getrennt hatte, hatte sein Zelt an der Eiche von Zaanannim bei Kedesch aufgeschlagen.

Als man nun Sisera meldete, dass Barak, der Sohn Abinoams, auf den Berg Tabor gezogen sei, schickte Sisera alle seine Wagen – neunhundert eiserne Kampfwagen – und das ganze Kriegsvolk, das er bei sich hatte, von Haroschet-Gojim an den Bach Kischon. Da sagte Debora zu Barak: Auf! Denn das ist der Tag, an dem der Herr den Sisera in deine Gewalt gegeben hat. Ja, der Herr zieht selbst vor dir her. Barak zog also vom Berg Tabor herab, und die zehntausend Mann folgten ihm. Und der Herr brachte Sisera, alle seine Wagen und seine ganze Streitmacht [mit scharfem Schwert] vor den Augen Baraks in große Verwirrung. Sisera sprang vom Wagen und floh zu Fuß. Barak verfolgte die Wagen und das Heer bis nach Haroschet-Gojim. Das ganze Heer Siseras fiel unter dem scharfen Schwert; nicht ein einziger Mann blieb übrig.

Das Buch der Richter ist eine Sammlung von Heldengeschichten aus der Kampfeszeit Israels. Es gibt zwölf Geschichten, die, einem gewissen Muster folgend, miteinander verknüpft sind: (1) Israel beleidigt Gott; (2) Gott ist zornig und liefert (wörtlich verkauft) es seinen Feinden aus; (3) Die Israeliten schreien auf; (4) Gott sendet jemanden, Richter genannt, um sie zu erretten, und dann (5) hat das Land für x Jahre Ruhe. Nach dem Tod des Richters wiederholt sich die Geschichte erneut nach dem gleichen Muster.

Debora ist eine der zwölf Richter-Helden. Die meisten der Richter waren militärische Helden; einige wenige waren Mörder. Im Buch der Richter war Debora die einzige, die als „Richter" im modernen Bedeutungssinn handelte, indem sie Rechtsstreitigkeiten schlichtete. Sie wird Prophetin genannt, jemand, der Gottes Wort weitersagt. Ihr Name ist Debora, was „Honigbiene" oder „Führer" bedeutet. Sie wird die Frau des Lappidot genannt, was man mit „Frau der Fackeln" übersetzen kann. Sie sitzt unter Deboras Palme und spricht Recht. Ist der Baum nach ihr genannt worden? Oder ist der Baum nach Rebekkas geliebter Magd benannt, die unter dem „Baum der Tränen" beerdigt wurde (Genesis 35,8)?

Als der tödliche Kreislauf von Sünde und Leidenszeit beginnt, fordert Debora einen Mann, Barak, auf, als militärischer Führer zu agieren. Obwohl sie selbst, eine Frau, Richterin und Prophetin ist, hat sie keine Aussichten, in der Rolle eines Armeegenerals erfolgreich zu sein. Jedoch ist sie es, die die Strategie für den Kampf festlegt (4,6–7) und den Augenblick des Angriffs bestimmt (4,14). Debora, die Prophetin, verkündet das Wort Gottes; Barak, der General, folgt ihrem Kommando. Barak ist sich dessen bewusst, dass sie die Macht hat: Er weigert sich, den Auftrag ohne sie anzunehmen. Auch sie ist sich ihrer Stärke bewusst: Sie informiert ihn darüber, dass der Ruhm des Sieges nicht ihm, sondern einer Frau zufallen werde (4,8–9).

Richter 5,1–23
Debora und Barak, der Sohn Abinoams, sangen an jenem Tag dieses Lied:
Dass Führer Israel anführten
und das Volk bereit war, dafür preist den Herrn!
Hört, ihr Könige, merkt auf, ihr Fürsten!
Ich will dem Herrn zu Ehren singen,
ich will zu Ehren des Herrn, des Gottes Israel, spielen.
Herr, als du auszogst aus Seïr,
als du vom Grünland Edoms herankamst,
da bebte die Erde, die Himmel ergossen sich,
ja, aus den Wolken strömte das Wasser.
Die Berge wankten
vor dem Blick des Herrn [das ist der Sinai,]
vor dem Blick des Herrn, des Gottes Israel.
In den Tagen Schamgars, des Sohnes des Anat,
in den Tagen Jaëls lagen die Wege verlassen da;
wer unterwegs war,
musste Umwege machen.
Bewohner des offenen Landes gab es nicht mehr,
es gab sie nicht mehr in Israel,
bis du dich erhobst, Debora,
bis du dich erhobst, Mutter in Israel.
Man hatte sich neue Götter auserkoren.
Es gab kein Brot an den Toren.
Schild und Speer waren nicht mehr zu sehen
bei den Vierzigtausend in Israel.
Mein Herz gehört Israels Führern.
Ihr, die ihr bereit seid im Volk, preist den Herrn!
Ihr, die ihr auf weißen Eselinnen reitet,
die ihr auf Teppichen sitzt, die ihr auf der Straße dahinzieht, singt!
Horch, sie jubeln zwischen den Tränken;
dort besingt man die rettenden Taten des Herrn, sein hilfreiches Tun an den Bauern in Israel.
Damals zog das Volk des Herrn hinab zu den Toren.
Auf, auf, Debora!
Auf, auf, sing ein Lied!

Erheb dich, Barak,
führ deine Gefangenen heim, Sohn Abinoams!
Dann komme herab, was übrig ist unter den Herrlichen des Volkes.
Der Herr komme herab mit mir unter den Helden.
Aus Efraim zogen sie hinunter ins Tal,
hinter ihnen Benjamin mit seinen Scharen;
von Machir stiegen die Führer hinab,
von Sebulon die, die das Zepter tragen.
Die Fürsten Issachars zusammen mit Debora
und wie Issachar so auch Barak, ins Tal getragen von seinen Füßen.
In Rubens Bezirken
überlegte man lange. [...]
Gilead bleibt jenseits des Jordan.
Warum bleibt Dan bei den Schiffen?
Ascher sitzt am Ufer des Meeres,
bleibt ruhig an seinen Buchten.
Sebulon ist ein Volk, das sein Leben aufs Spiel setzt,
auch Naftali auf den Höhen des Feldes.
Könige kamen und kämpften,
damals kämpften Kanaans Könige
in Taanach, an den Wassern Megiddos,
doch Beute an Silber machten sie nicht.
Vom Himmel her kämpften die Sterne,
von ihren Bahnen aus kämpften sie gegen Sisera.
Der Bach Kischon schwemmte sie fort,
der altberühmte Bach, der Bach Kischon.
Meine Seele soll auftreten mit Macht.
Damals stampften die Hufe der Pferde,
im Jagen, im Dahinjagen der Hengste.
Ihr sollt Meros verfluchen, spricht der Engel des Herrn.
Mit Flüchen flucht seinen Bewohnern;
denn sie eilten dem Herrn nicht zu Hilfe,
zu Hilfe dem Herrn unter den Helden.

Richter 5 ist der Gesang der Debora, das erneute Erzählen der Geschichte in Versen. Als Faustregel gilt: Wenn eine Geschichte zweimal erzählt wird, einmal in Prosa, einmal in Versen, dann ist die poe-
tische Fassung die ältere. Der Gesang der Debora ist daher die ältere
Fassung dieser Geschichte, einer der ältesten Texte der Bibel über-
haupt.

In dem Lied wird Debora eindeutig als Führerin dargestellt. Sie ist
diejenige, die aufwuchs, „eine Mutter in Israel", um ihr Volk zu befreien (5,7). Ihr Herz war bei den Kriegern; sie waren bei ihr, wie es
auch Barak war (5,9. 15). Beide übernehmen jeweils ihre unterschiedlichen Rollen in dem Drama des heiligen Kriegs: Barak führt

die Schlacht an, Debora stimmt den Siegesgesang an (5,12; s. Exodus 15).

Während der Herrschaftszeit der Richter (ca. 1250 v. Chr.) hatten die Israeliten keinen übergeordneten Führer und keine Hauptstadt. Ihre damalige Herrschaftsform kann verglichen werden mit der der Vereinigten Staaten unter den Satzungen der Konföderation (1777–1788), als die Rechte der Staaten noch ursprünglich waren. In Israel waren die Rechte der Stämme noch ursprünglich. Die zwölf Stämme waren geeint durch den Bund, was verdeutlicht wurde durch die Bundeslade. Es gab kein zentrales Heiligtum. Die Bundeslade bewegte sich von heiliger Stätte zu heiliger Stätte. Wo immer sie sich gerade befand, da befand sich dann auch Israels offizieller Anbetungsort und das Zentrum der Macht.

Die zwölf Richter sind Stammesführer, nicht jedoch Führer von ganz Israel. Eine der Klagen, die immer wieder von ihnen vorgebracht wurden, ist die, dass nur ein paar benachbarte Stämme geladen werden konnten, um in einer bestimmten Schwierigkeit zu helfen. Die gleiche Klage erkennen wir in Deboras Lied (5,14–18). Debora jedoch gelingt es, sechs Stämme zu mobilisieren – Efraim, Benjamin, Manasse, Sebulon, Issachar und Naftali –, die größte Anzahl, die je von einem er zwölf Richter mobilisiert werden konnte. Es ist ein Beweis für ihre Führungsqualität. Die vereinten Kräfte erlangen einen großartigen Sieg „und das Land hatte vierzig Jahre lang Ruhe" (5,31).

Der Mörder

Richter 4,17–24

Sisera war zu Fuß zum Zelt der Jaël, der Frau des Keniters Heber, geflohen; denn zwischen Jabin, dem König von Hazor, und der Familie des Keniters Heber herrschte Frieden. Jaël ging Sisera entgegen und sagte zu ihm: Kehr ein, Herr, kehr ein bei mir, hab keine Angst! Da ging er zu ihr ins Zelt, und sie deckte ihn mit einem Teppich zu. Er sagte zu ihr: Gib mir doch etwas Wasser zu trinken, ich habe Durst. Sie öffnete einen Schlauch mit Milch und gab ihm zu trinken; dann deckte sie ihn wieder zu. Er sagte zu ihr: Stell dich vor das Zelt, und wenn einer kommt und dich fragt: Ist jemand hier?, dann antworte: Nein. Doch Jaël, die Frau Hebers, holte einen Zeltpflock, nahm einen Hammer in die Hand, ging leise zu Sisera und schlug ihm den Zeltpflock durch die Schläfe, so dass er noch in den Boden drang. So fand Sisera, der vor Erschöpfung eingeschlafen war, den Tod. Da erschien gerade Barak, der Sisera verfolgte. Jaël ging ihm entgegen und sagte: Komm, ich zeige dir den Mann, den du suchst. Er ging mit ihr hinein; da sah er Sisera tot am Boden liegen, mit dem Pflock in seiner Schläfe.

So demütigte Gott an diesem Tag Jabin, den König von Kanaan, vor den Israeliten, und die Faust der Israeliten lag immer schwerer auf Jabin, dem König von Kanaan, bis sie Jabin, den König von Kanaan, ganz vernichtet hatten.

Debora sagte vorher, dass Gott einer Frau den Ruhm des Sieges geben würde (4,9). Diese Frau ist nicht Debora selbst, sondern Jaël. Frauen treten in der Bibel selten allein auf. Im Guten wie im Schlechten sind ihre Geschichten miteinander verwoben. Dies ist gleichfalls bei Debora und Jaël so. Der Sieg gehört ihnen beide.

Jael, deren Name „Bergziege" bedeutet, wird vorgestellt als „die Frau des Keniters Heber". Die Keniter waren eine Gruppe metallbearbeitender Nomaden, Verwandte des Mose (Richter 4,11; s. Numeri 10,29). Die Familie Hebers hatte mit dem kanaanitischen König Jabin Frieden geschlossen. Sisera konnte daher erwarten, in Hebers Zelt sicher zu sein.

Jaël ergreift die Initiative in der Begegnung mit Sisera. Sie geht hinaus, um ihn zu treffen, lädt ihn ein, ins Zelt zu treten, und kümmert sich sehr gut um ihn! Als er nach Wasser fragt, reicht sie ihm Milch. Sie deckt ihn zweimal zu. Anscheinend lullt ihre Fürsorge Sisera ein, so dass er ihr traut. Er fordert sie auf, als Wächter den Eingang des Zeltes zu bewachen, während er schläft. „Stattdessen nahm Jaël, Hebers Frau, einen Zeltpflock" und tötete Sisera. Der Mord ist außergewöhnlich grausam. Sie tötet ihn mit dem Zeltpflock, indem sie ihn in seine Schläfe, möglicherweise auch in seinen offenen Mund, rammt.

Als Barak eintrifft, grüßt Jaël ihn in genau der gleichen Weise, wie sie auch Sisera begrüßt hat, und führt ihn in das Zelt, um ihn das Ergebnis ihrer Tat sehen zu lassen. Er kommt zu spät. Sie hat das Werk für ihn vollbracht. Sie hat den Feind seines Volkes, das unfrei war, zerstört.

Richter 5,24–31
Gepriesen sei Jaël unter den Frauen, die Frau des Keniters Heber,
gepriesen unter den Frauen im Zelt.
Er hatte um Wasser gebeten, sie gab ihm Milch;
in einer kostbaren Schale reichte sie Sahne.
Ihre Hand streckte sie aus nach dem Pflock,
ihre Rechte nach dem Hammer des Schmieds.
Sie erschlug Sisera, zertrümmerte sein Haupt,
zerschlug, durchbohrte seine Schläfe.
Zu ihren Füßen brach er zusammen, fiel nieder, lag da,
zu ihren Füßen brach er zusammen, fiel nieder.
Wo er zusammenbrach, da lag er vernichtet.
Aus ihrem Fester blickt Siseras Mutter

und klagt durch das Gitter:
Warum kommt sein Wagen nicht,
warum lässt der Hufschlag seiner Gespanne auf sich warten?
Eie Kluge aus ihren Fürstinnen antwortet ihr,
und sie selbst wiederholt deren Worte:
Gewiss machen und teilen sie Beute,
ein, zwei Frauen für jeden Mann,
Beute an Kleidern,
für meinen Hals als Beute ein, zwei bunte Tücher.
So gehen all deine Feinde zugrunde, Herr.
Doch die, die ihn lieben, sind wie die Sonne, wenn sie aufgeht in ihrer Kraft.

Die zweite Hälfte von Deboras Lied ist Jaëls Taten gewidmet. Sie wird zu Beginn des Liedes vorgestellt. „In den Tagen Schamgars, des Sohnes des Anat, in den Tagen Jaëls lagen die Wege verlassen da" (Richter 5,6).[21] Die Geschichten von Schamgar (Richter 3,31) und Jaël umrahmten die Geschichte Deboras.

Die Geschichte von Jaëls Handlung fängt mit einer Seligpreisung an: „Gesegnet unter den Frauen sei Jaël" (5,24). Nur zwei weitere Frauen in der Bibel werden gegrüßt als „gepriesen unter Frauen": Judit (Judit 13,18) und Maria (Lukas 1,42). Alle drei sind bedeutsam für das Heil des Volkes und für die Zerstörung des Feindes für das Volk. Die folgenden Verse beschreiben Siseras Tod mit entsetzlichem Beifall. Jaël „erschlug", „zermalmte", „zerschlug", „durchbohrte". Sisera „brach zusammen, fiel nieder, lag da", „brach zusammen", „fiel nieder", „lag, vernichtet". Es besteht kein Zweifel an Siseras Schicksal; es besteht auch kein Zweifel, wem die Loyalität des Dichters gilt. Jaël ist eine Heldin! Das Lied von Debora berichtet ihre Geschichte mit offenkundigem Entzücken.

Das Vokabular in Vers 27 deutet andere Realitäten im Zusammenhang mit Krieg und mit der Beziehung zwischen Männern und Frauen an. Vergewaltigung ist oft eine Kriegsfolge für Frauen. Doch Sisera betritt Jaëls Zelt nicht, um sie zu vergewaltigen; ganz im Gegenteil ist sein zwischen ihre Beine Fallen sein Untergang. Sisera „fällt nieder" (kniet/kauert), „fällt" und „liegt zwischen Jaëls Füßen" (oder zwischen ihren Beinen). Die hebräischen Worte haben, insbesondere in ihrer Zusammenstellung, eine deutlich sexuelle Nebenbedeutung. Die Beschreibung spielt auf eine Vergewaltigung an; jedoch ist bei diesem Vorfall der Mann das Opfer.

Der Wortschatz deutet auch auf eine Geburt hin. Bei einer Geburt kauert die Frau (s. 1 Samuel 4,19; Ijob 39,3); ein Kind fällt (s. Jesaja

---

[21] Manchmal wird Jaël (Ya'el) verbessert in 'ol, d.h. Joch oder Sklaverei.

26,18) zwischen den Beinen heraus. Sie gibt dem Kind Milch; sie
deckt es zu (s. Richter 4,19; 5,25). Jaël handelt wie eine Mutter an Sisera, sie gibt ihm Milch und deckt ihn zu. Im Gegensatz zu einem
neugeborenen Kind betritt Sisera jedoch nicht das Leben, er verlässt
es.[22]

Die Gewalt der Tat Jaëls verletzt uns. Sie verletzt uns doppelt, denn
die Tat wird von einer Frau ausgeführt. Was hat diese Frau, eine Ke-
niterin, deren Ehemann mit Jabin verbündet war, dazu bewogen, dessen Armeeführer zu töten? Dafür mag es zwei Gründe geben. Erstens
kann die Armee Israels nicht weit hinter Sisera zurück sein, wenn dieser nach seiner Niederlage flieht. Eine Frau, die einem feindlichen
General in ihrem Zelt Schutz gewährt, erwartet ein grauenvolles
Schicksal.[23] Zweitens sind nach dem Standpunkt, der im Buch der
Richter vertreten wird, diejenigen Helden, die ihr Volk von dem
Feind befreien – normalerweise durch Militäraktionen, manchmal
durch Mord (s. Ehud in Richter 2,12–30). Nach diesen Maßstäben
wird Jaël als Heldin gepriesen.

Die Tochter Jiftachs

Richter 11,29–40
Da kam der Geist des Herrn über Jiftach, und Jiftach zog durch Gilead und Manasse nach Mizpa in Gilead, und von Mizpa in Gilead zog er gegen die Ammoniter. Jiftach legte dem Herrn ein Gelübde ab und sagte: Wenn du die Ammoniter wirklich in meine Hand gibst und wenn ich wohlbehalten von den Ammonitern zurückkehre, dann soll, was immer mir (als erstes) aus der Tür meines
Hauses entgegenkommt, dem Herrn gehören, und ich will es ihm als Brandopfer darbringen. Darauf zog Jiftach gegen die Ammoniter in den Kampf, und der
Herr gab sie in seine Hand. Er schlug sie im ganzen Gebiet zwischen Aroër und
Minnit bis hin nach Abel-Keramim vernichtend (und eroberte) zwanzig Städte.
So wurden die Ammoniter vor den Augen der Israeliten gedemütigt. Als Jiftach
nun nach Mizpa zu seinem Haus zurückkehrte, da kam ihm seine Tochter ent-
gegen; sie tanzte zur Pauke. Sie war sein einziges Kind; er hatte weder einen
Sohn noch eine andere Tochter. Als er sie sah, zerriss er seine Kleider und sag-
te: Weh, meine Tochter! Du lässt mich verzweifeln und stürzt mich ins Unglück.
Ich habe dem Herrn mit eigenem Mund etwas versprochen und kann nun nicht
mehr zurück. Sie erwiderte ihm: Mein Vater, wenn du dem Herrn mit eigenem

---

[22] Die Mutter-Metaphorik ist auffallend: Debora ist „eine Mutter in Israel"
(5,7). Jaël „bemuttert" Sisera, während dessen eigene Mutter auf seine Rückkehr wartet (5,28).
[23] Vgl. das Schicksal, das die Fürstinnen für die Frauen Israels vermuten:
wörtlich: „ein Mutterschoß oder zwei für jeden Mann" (5,30).

Mund etwas versprochen hast, dann tu mit mir, was du versprochen hast, nachdem dir der Herr Rache an deinen Feinden, den Ammonitern, verschafft hat. Und sie sagte zu ihrem Vater: Nur das eine möge mir gewährt werden: Lass mir noch zwei Monate Zeit, damit ich in die Berge gehe und mit meinen Freundinnen meine Jugend beweine. Er entgegnete: Geh nur!, und ließ sie für zwei Monate fort. Sie aber ging mit ihren Freundinnen hin und beweinte ihre Jugend in den Bergen. Als zwei Monate zu Ende waren, kam sie zu ihrem Vater zurück, und er tat mit ihr, was er gelobt hatte; sie aber hatte noch mit keinem Mann Verkehr gehabt. So wurde es Brauch in Israel, dass Jahr für Jahr die Töchter Israels (in die Berge) gehen und die Tochter des Gileaditers Jiftach beklagen, vier Tage lang, jedes Jahr.

Jiftach ist ein weiterer Richterheld, der berufen ist, sein Volk von einem drohenden Feind zu befreien. Wie die meisten anderen Richter auch vollbringt er diese Aufgabe durch einen militärischen Sieg. Seiner Geschichte wird jedoch nicht so sehr wegen seiner eigenen Heldentaten gedacht, sondern wegen seiner Tochter.

Zwei Dinge geschehen, als Jiftach zur Schlacht auszieht. Zunächst kommt der Geist des Herrn über Jiftach. Dies ist ein üblicher Satz im Buch der Richter (3,10; 11,29; 14,6, 19; 15,14; s. 6,34; 13,25). Er gibt zu erkennen, dass Gottes Kraft auf dem auserwählten Helden liegt; sein Sieg wird Gottes Sieg sein. Doch anscheinend reicht das Jiftach nicht aus. Er legt danach ein Gelübde ab und verspricht Gott ein Opfer, wenn Gott ihm den Sieg schenkt. Der Leidtragende dieses Opfers soll das erste Lebewesen sein – Mensch oder Tier –, dem er nach dem Sieg begegnen wird.

Jiftachs Gelübde offenbart mehrere Probleme. Es scheint, er traut Gott nicht und hält es daher für erforderlich, zu handeln oder zu bestechen. Ist er unsicher wegen seiner schwachen Position in der Familie? Es scheint auch so, dass er bereit ist, einen Menschen zu opfern. Menschenopfer ist in der Bibel nirgendwo belegt. Abraham wird davor bewahrt, seinen Sohn zu opfern (Genesis 22,12–13). Verschiedene Könige werden hart kritisiert, weil sie Kinder opfern (2 Könige 16,3; 21,6; 2 Chronik 28,3; 33,6). Das Gesetz untersagt Menschenopfer (Levitikus 18,21; 20,2–5; Deuteronomium 12,31). Die anderen Völker werden verachtet, weil sie es praktizieren (2 Könige 17,31; Psalm 106,34–38). Die Propheten predigen dagegen (Jeremia 7,31; 19,5; Ezechiel 16,20–21; 20,31). Doch Jiftachs Gelübde lässt ein Menschenopfer zu, ja, es bietet es sogar an.

Ein drittes Dilemma wird durch das Gelübde selbst hervorgerufen. Völker des Altertums, auch in Israel, hatten einen großen Respekt vor der Kraft des gesprochenen Wortes. War ein Wort einmal ausgesprochen, hatte es seine eigene Dynamik. Isaaks Segen für Jakob kann, da er nun einmal ausgesprochen ist, nicht zurückgenommen werden (Genesis 27,37). Der Inhalt von Bannflüchen wurde oft verkleidet aus Angst, die ausgesprochenen Wort des Bannfluches könnten auf den Sprecher selbst zurückfallen (z.B. Rut 1,17; 1 Samuel 3,17; 14,44). Jiftach hat sein Gelübde abgelegt; es kann nicht mehr zurückgenommen werden.

Die Leidtragende, die für das Opfer ausersehen ist, ist seine Tochter, sein einziges Kind. Sie tritt als erste aus dem Haus und nimmt so die Rolle der Frau bei einem Sieg ein. Wie Mirjam führt sie die Feierlichkeiten an, indem sie das Tamburin spielt und tanzt (Exodus 15,20; s. 1 Samuel 18,6; Judit 15,12–16,1). Doch ihr Feiern ist gleichbedeutend mit ihrem Todesurteil. Jiftachs Ausruf bei ihrem Anblick ist ironischer Natur: „Weh, meine Tochter! *Du* machst mich niedergeschlagen und stürzt mich ins Unglück" (11,35). Das Unglück ist ihre eigene Schuld; die Verantwortung für ihren Tod wird ihr zugeschoben. Ihr Vater – an sein Gelübde gebunden – benutzt es als Vorwand, um seine Unschuld zu beteuern.

Die Tochter unterwirft sich dem Gelübde ihres Vaters. Sie bittet nur um einen Gefallen: dass sie mit ihren Freundinnen ihre Jugend beweinen darf. In einer Gesellschaft, in der es keinen Glauben an wahres Leben nach dem Tod gibt[24], sind Kinder die einzige Hoffung für ein Weiterleben, für ein Erinnern. Jungfräulichkeit ist in solch einer Situation ein Fluch. Es werden keine Kinder da sein. Die Erinnerung an sie wird mit ihrem Leben ausgelöscht sein. Sie hat jedoch nicht an das ineinander Verwobensein von Frauenleben gedacht. Ihr Tod wird der Anlass für israelitische Frauen werden, sie jedes Jahr während vier Tage zu betrauern. Sie lebt in ihrem Gedächtnis.

An Jiftachs Tochter wird von den Frauen gedacht, sie ist jedoch in der übrigen biblischen Geschichte vergessen. Ihr Vater Jiftach wird von Samuel herausgestellt als ein Beispiel derer, die Gott sandte, um Israel zu befreien (1 Samuel 12,11). Er wird vom Schreiber des Hebräerbriefes herausgestellt als ein Beispiel für Glaube und Rechtschaffenheit (Hebräer 11,32–33). Erneut wird seine Tochter nicht erwähnt. Aber ist Jiftach wirklich ein Held? Können wir es ertragen, dass er als solcher betrachtet wird?

---

[24] Allgemeiner Glaube in Israel war es, dass alle Toten an einen Ort kommen, der Scheol genannt wird. Hier führen sie höchstens eine Schattenexistenz. Es gibt weder Freude noch Sorge noch Vergnügen oder Schmerz. Es gibt auch keine Erinnerung und keine Kommunikation, auch keine sinnliche Erfahrung (vgl. Ijob 3,13–19). Es gab auch die Vorstellung, dass Gott in der Scheol anwesend sei, doch die meisten glaubten das nicht (vgl. Psalm 88,11–13).

Musste Jiftachs Tochter sich dem Schicksal ihres grausamen Todes unterwerfen? Diese Frage hat Kommentare beschäftigt, vor allem im zwanzigsten Jahrhundert. Einige sehen sie als ein Musterbeispiel für Gehorsam; viele gehen davon aus, dass sie keine andere Wahl hatte. Sie ist kritisiert worden, weil sie ein so dummes Gelübde nicht in Frage gestellt hat. In jüngster Zeit ist auch darauf hingedeutet worden, dass der Sinn ihrer Geschichte die jährliche Feier der Frauen ist, wie sie in Vers 40 erwähnt wird. Ihre Geschichte gehört zu einem (hypothetischen) Ritus des Übergangs, eine Geschichte vom Ende der Kindheit und dem Beginn der Pubertät.

Jiftachs Tochter bleibt eine tragische Figur in der biblischen Literatur. Sie wird für den Sieg, den Ruhm und die Religion ihres Vaters geopfert. Ihr Vater verzichtet nicht auf die Erfüllung des Gelübdes. Und ebenso wenig Gott, wie es scheint. Zu jenem Zeitpunkt erscheint kein Widder im Dickicht, keine Abänderung des Plans tritt ein (s. Genesis 22,13; 1 Samuel 14,24–26. 43–45). Jiftachs Tochter stirbt als ein Brandopfer, die Leidtragende eines Gelübdes. Israels Befreiung wird um den Preis ihres Lebens erkauft.

Die Frauen um Simson

Simsons Mutter

Richter 13,1–25
Die Israeliten taten wieder, was dem Herrn missfiel. Deshalb gab sie der Herr vierzig Jahre lang in die Hand der Philister. Damals lebte in Zora ein Mann namens Maoach, aus der Sippe der Daniter; seine Frau war unfruchtbar und hatte keine Kinder. Der Engel des Herrn erschien der Frau und sagte zu ihr: Gewiss, du bist unfruchtbar und hast keine Kinder; aber du sollst empfangen und einen Sohn gebären. Nimm dich aber in Acht, und trink weder Wein noch Bier, und iss nichts Unreines! Denn siehe, du wirst empfangen und einen Sohn gebären. Es darf kein Schermesser an seine Haare kommen; denn der Knabe wird von Geburt an ein Gott geweihter Nasiräer sein. Er wird damit beginnen, Israel aus der Gewalt der Philister zu befreien. Die Frau ging und sagte zu ihrem Mann: Ein Gottesmann ist zu mir gekommen; er sah aus, wie der Engel Gottes aussieht, überaus furchterregend. Ich habe ihn nicht gefragt, woher er kam, und er hat mir auch seinen Namen nicht genannt. Er sagte zu mir: Siehe, du wirst empfangen und einen Sohn gebären. Trink jedoch keinen Wein und kein Bier, und iss nichts Unreines; denn der Knabe wird von Geburt an ein Gott geweihter Nasiräer sein, bis zum Tag seines Todes. Da betete Manoach zum Herrn und sagte: Bitte, mein Herr, lass doch den Gottesmann, den du gesandt hast, noch einmal zu uns kommen und uns belehren, was wir mit dem Knaben machen sollen, der geboren werden soll. Und Gott erhörte die Bitte Manoachs. Der Engel Gottes kam noch

einmal zu der Frau, als sie gerade auf dem Feld war; ihr Mann Manoach war nicht bei ihr. Sie lief schnell zu ihrem Mann, um es ihm mitzuteilen; sie sagte zu ihm: Eben ist der Mann, der damals zu mir gekommen ist, wieder erschienen. Manoach stand auf und folgte seiner Frau. Als er zu dem Mann kam, fragte er ihn: Bist du der Mann, der mit meiner Frau gesprochen hat? Er antwortete: Ja, ich bin es. Da sagte Manoach: Wenn sich nun dein Wort erfüllt, wie sollen wir es mit dem Knaben halten, was sollen wir mit ihm tun? Der Engel des Herrn antwortete Manoach: Die Frau soll sich vor all dem in Acht nehmen, was ich ihr gesagt habe. Nichts, was vom Weinstock kommt, darf sie genießen; weder Wein noch Bier darf sie trinken und nichts Unreines essen. Alles, was ich ihr aufgetragen habe, muss sie beachten. Manoach sagte zum Engel des Herrn: Wir möchten dich gern einladen und dir ein Ziegenböckchen zubereiten. Aber der Engel des Herrn sagte zu Manoach: Auch wenn du mich einlädst, werde ich von deinem Mahl nichts essen. Wenn du aber ein Brandopfer bereiten willst, bring es dem Herrn dar! Manoach wusste nämlich nicht, dass es der Engel des Herrn war. Deshalb fragte Manoach den Engel des Herrn: Wie ist dein Name? Wenn eintrifft, was du gesagt hast, möchten wir dir gern Ehre erweisen. Der Engel des Herrn erwiderte: Warum fragst du mich nach meinem Namen? Er ist wunderbar. Da nahm Manoach das Ziegenböckchen und brachte es zusammen mit einem Speiseopfer auf einem Felsblock dem Herrn dar, der Wunder tut. [Manoach und seine Frau sahen zu.] Als die Flamme vom Altar zum Himmel aufstieg, stieg der Engel des Herrn in der Flamme des Altars mit empor. Als Manoach und seine Frau das sahen, warfen sie sich nieder auf ihr Gesicht. Von da an aber erschien der Engel des Herrn dem Manoach und seiner Frau nicht mehr. Da erkannte Manoach, dass es der Engel des Herrn gewesen war, und sagte zu seiner Frau: Bestimmt müssen wir sterben, weil wir Gott gesehen haben. Doch seine Frau entgegnete ihm: Wenn der Herr uns hätte töten wollen, hätte er nicht aus unserer Hand Brand- und Speiseopfer angenommen, und er hätte uns nicht all das sehen und uns auch nicht Derartiges hören lassen. Die Frau gebar einen Sohn und nannte ihn Simson; der Knabe wuchs heran, und der Herr segnete ihn. Dann aber begann der Geist des Herr, ihn umherzutreiben im Lager Dans zwischen Zora und Eschtaol.

Das Buch der Richter entlehnt viele Muster und Themen aus früheren Erzählungen. Innerhalb der Geschichte Simsons, die auf dem gemeinsamen Muster der Richtergeschichten basiert (vgl. weiter oben zu Debora), gibt es andere kleinere Formen. Die Art und Weise, wie diese Formen benutzt werden, erläutert die Bedeutung der Geschichte. Eine dieser Formen finden wir in Richter 13, und zwar handelt es sich um eine ausgeweitete Art der Ankündigung einer Geburt (vgl. weiter oben zu Sara). Innerhalb dieses Kapitels finden wir auch das Thema der unfruchtbaren Frau, eine Beschreibung des nasiräischen Gelübdes und das Zusammentreffen zwischen Menschen und dem Engel des Herrn. Durch das ganze Kapitel hindurch ist die Frau des Manoach eine zentrale Persönlichkeit.

Der Gebrauch der Form von der Ankündigung der Geburt zeigt uns die Bedeutung dieses Kindes. Gott wird die Israeliten durch ihn segnen und sie aus der Hand ihrer Feinde befreien. Die Ankündigung der Geburt beginnt mit dem Erscheinen des Engels des Herrn bci der Frau Manoachs. Das zweite Element dieser Form fehlt jedoch: Sie zeigt keine Angst. In der Tat kommt der einzige Ausdruck von Angst im ganzen Kapitel von ihrem Ehemann, als er endlich erkennt, dass dies tatsächlich ein Engel des Herrn ist (13,21–22). Die Form wird mit dem dritten Element fortgesetzt, der Botschaft. Der Engel teilt Manoachs Frau mit, dass sie einen Sohn gebären werde, und er enthüllt ihr die zukünftige Berufung ihres Sohnes. Der Name des Sohnes findet keine Erwähnung.

An dieser Stelle ist die Form erweitert. Das Gespräch zwischen dem Engel und der Frau geht zu Ende, und sie geht weiter, um Manoach von diesem Ereignis zu berichten. Er bittet um eine zweite Erscheinung, und Gott kommt diesem Ersuchen nach. Die Botschaft wird wiederholt, und Manoach schlägt ein Opfer vor. Der einzige Hinweis auf einen Einwand (das vierte Elemente dieser Form) ist Manoachs wiederholtes Fragen, was mit der Frage nach dem Namen des Engels abschließt. Die Bitte wird abgelehnt, das Opfer jedoch wird akzeptiert. Der Engel steigt in einer heilige Flamme empor (ein Zeichen? Das sechste Element) und Manoach ist sich sicher, dass sie sterben müssen. Die erneute Versicherung (das fünfte Element) kommt jedoch sofort, nicht von dem Engel, sondern von der Frau: Wenn der Herr uns töten wollte, wäre unser Opfer nicht angenommen worden, und wir hätten diese Botschaft nicht erhalten. Die Ankündigung der Geburt erfüllt sich: Die Frau schenkt einem Sohn das Leben und gibt ihm den Namen Simson. Der Geist des Herrn kommt über ihn (13,25; s. 14,6. 19; 15,14).

Die Variation in der Form weist uns auf die Gegenwart einer tieferen Botschaft hin. Das Ergebnis der feinen Veränderungen ist die Betonung der Bedeutung der Frau. Wir erwarten einen Einwand gegen die bevorstehende Geburt, doch diese Frau hat nichts einzuwenden. Das zweite Erscheinen des Engels, diesmal vor beiden, der Frau und ihrem Mann, gibt die Möglichkeit eines Einwands von Seiten des Ehemanns. Wir erwarten auch eine erneute Bestätigung. Normalerweise würde diese von dem Engel kommen, doch in dieser Geschichte kommt sie von der Frau. Diese Veränderungen stellen klar den Glauben dieser außergewöhnlichen Frau heraus und ihre Bereitschaft, ein Kanal für die Sorge Gottes um sein Volk zu sein. In der Geschichte von Simson zeigt sonst keine andere Persönlich-

keit solch einen Glaube an und solch einen Gehorsam gegenüber
Gott.

Engelerscheinungen lösen oft Schrecken bei menschlichen Wesen
aus. Es gibt eine Überlieferung, dass kein menschliches Wesen das
Angesicht Gottes (selbst, wenn es sich nur im Gesicht eines Engels
widerspiegelt) sehen und dann überleben kann. Wegen dieser Überlieferung denkt Manoach, dass sie sterben werden. Es gibt jedoch keine Geschichten über jemanden, der nach solch einer Vision stirbt,
aber viele Geschichten des Erstaunens darüber, dass das Leben
weitergeht: Hagar (Genesis 16,13); Jakob (Genesis 32,31); das Volk
am Berg Sinai (Exodus 20,19; s. Deuteronomium 4,33). Manoach
versteht den Boten Gottes nicht, jedoch seine Frau tut es.

Es ist die Frau, die mit dem nasiräischen Gelübde des Kindes be-
traut wird (13,4–5. 7. 13–14). Ein nasiräisches Gelübde ist eine besondere Hingabe an Gott. Die besonderen Merkmale dieser Hingabe
sind: Abstinenz von harten Getränken, Vermeidung von Kontakt mit
toten Körpern und kein Schneiden der Haare (s. Numeri 6,2–8).[25]
Dieses Gelübde wird für das Leben des Simson von sehr großer Bedeutung sein (s. Richter 16). Weil es eine Hingabe für das ungebore-
ne Kind ist, hält Simsons Mutter das Gelübde stellvertretend für ihn,
solange sie ihn austrägt. Sie ist diesem Gelübde gegenüber gehorsa-
mer, als Simson es sein wird. Sie ist diejenige, der die Anweisungen
für das Gelübde gegeben sind. Sie wiederholt sie gegenüber ihrem
Ehemann, ebenso wie es auch der Engel später tun wird. Sie ist für
das Gelübde verantwortlich.

Manoachs Frau ist die erste Empfängerin der Ankündigung der Geburt, ebenso wie Hagar (Genesis 16,7–16). Selbst bei der zweiten Erscheinung erscheint ihr der Engel zuerst. Sie ist ein Beispiel an Vertrauen: Sie hört auf das Wort Gottes, das durch den Egel übermittelt
wird; sie organisiert ihr Leben um das Wort herum. Sie ist eine weitere unfruchtbare Frau in der Tradition von Sara, Rebekka und Rahel.
Sie ist es, die den Engel erkennt (13,6), und sie ist es auch, die die
Bedeutung der Nachricht versteht. Sie werden nicht sterben, sondern
weiterleben, damit Gottes Plan in Erfüllung geht. Gott hat beschlossen, gerade durch diese namenlose Frau zu handeln. Erst am Ende
seines Lebens wird ihr Sohn, Simson, endlich dem von ihr vorgeleb-
ten Beispiel folgen.

---

[25] Samuel (1 Sam 1,11. 22–28) und Johannes der Täufer (Lukas 1,13–15) waren ebenfalls Nasiräer für ihr ganzes Leben. Paulus legte ein zeitlich befristetes
Nasiräer-Gelübde ab (Apostelgeschichte 18,18).

Simsons Frau

Richter 14,1–4

Als Simson (eines Tages) nach Timna hinabging, erblickte er eine der jungen Philisterinnen aus Timna. Als er wieder heraufkam, teilte er es seinem Vater und seiner Mutter mit und sagte: Ich habe in Timna eine junge Philisterin gesehen. Gebt sie mir doch zur Frau! Sein Vater und seine Mutter erwiderten ihm: Gibt es denn unter den Töchtern deiner Stammesbrüder und in meinem ganzen Volk keine Frau, so dass du weggehen und eine Frau von diesen unbeschnittenen Philistern heiraten musst? Simson antwortete seinem Vater: Gib mir diese, denn sie gefällt mir. Sein Vater und seine Mutter wussten nicht, dass es vom Herrn so geplant war, weil er einen Anlass zum Kampf mit den Philistern suchte. Damals herrschten nämlich die Philister über Israel.

Die Einleitung zu der Erzählung über Simsons Hochzeit legt zwei seiner charakterlichen Fehler offen zutage: Er ist fordernd, und es gibt keinerlei Disziplin in seiner Begierde nach Frauen. Simson sieht eine junge Philisterin und will sie besitzen. Während dieser Zeitspanne (1250–1000 v. Chr.) waren die Philister Israels größter Feind. Diese beide Völker waren gefesselt in einem tödlichen Streit um den Besitz von Land. Die Philister hatten einen technologischen Vorsprung; sie wussten, wie man Eisen schmilzt. Doch Simson will diese Frau besitzen, und nichts wird ihn dabei aufhalten. Seine Eltern versuchen ihn zu überzeugen, „ein nettes Mädchen in der Nachbarschaft" zu finden. Doch er sagt seinem Vater: „Gib mir diese." Seine Haltung lässt erahnen, dass diese Heirat schwierig sein wird.

Richter 14,5–20

Simson ging [mit seinem Vater und seiner Mutter] nach Timna. Als sie bei den Weinbergen von Timna waren, kam plötzlich ein brüllender junger Löwe auf ihn zu. Da kam der Geist des Herrn über Simson, und Simson zerriss den Löwen mit bloßen Händen, als würde er ein Böckchen zerreißen. Aber seinem Vater und seiner Mutter teilte er nicht mit, was er getan hatte. Dann ging er hinab und sprach mit der Frau, und sie gefiel Simson. Nach einiger Zeit ging er wieder hin, um sie zu heiraten. Dabei bog er vom Weg ab, um nach dem Kadaver des Löwen zu sehen. Da fand er im Körper des Löwen einen Bienenschwarm und Honig. Er nahm den Honig mit den Händen heraus und aß davon im Weitergehen. Als er zu seinem Vater und zu seiner Mutter kam, gab er ihnen davon, und sie aßen ebenfalls. Er sagte ihnen aber nicht, dass er den Honig aus dem Kadaver des Löwen herausgeholt hatte.

Auch sein Vater kam zu der Frau hinab, und Simson gab dort ein Trinkgelage, wie es die jungen Leute zu tun pflegen. Weil man aber vor ihm Angst hatte, holte man dreißig Männer hinzu, die um ihn sein sollten. Simson sagte zu ihnen: Ich will euch ein Rätsel aufgeben. Wenn ihr es mir in den sieben Tagen des Gelages lösen könnt, dann will ich euch dreißig Hemden und dreißig Festgewänder geben. Wenn ihr mir aber die Lösung nicht sagen könnt, dann sollt ihr mir dreißig Hemden und dreißig Festgewänder geben. Sie sagten zu ihm: Sag uns dein Rätsel, wir möchten es hören. Er sagte zu ihnen: Vom Fresser kommt Speise, vom Starken kommt Süßes. Sie aber konnten es drei Tage lang nicht lösen. Am vierten Tag sagten sie zur Frau Simsons: Überrede deinen Mann, dass er uns die Lösung des Rätsels verrät; sonst werden wir dich samt dem Haus deines Vaters verbrennen. Habt ihr uns hierher eingeladen, um uns arm zu machen? Da weinte die Frau Simsons vor ihm und sagte: Du hast eine Abneigung gegen mich und liebst mich nicht. Du hast den Söhnen meines Volkes ein Rätsel aufgegeben und hast mir nicht die Lösung gesagt. Er erwiderte ihr: Ich habe es ja nicht einmal meinem Vater und meiner Mutter gesagt. Wie sollte ich es dir sagen? Sie aber weinte sieben Tage lang vor ihm, solange sie Gelage hielten. Am siebten Tag aber verriet er es ihr, weil sie ihm so zusetzte, und sie teilte die Lösung den Söhnen ihres Vaters mit. Und am siebten Tag sagten die Männer der Stadt zu ihm: Was ist süßer als Honig, und was ist stärker als ein Löwe? Er erwiderte ihnen: Hättet ihr nicht mit meiner Kuh gepflügt, dann hättet ihr mein Rätsel nicht erraten. Und der Geist des Herrn kam über ihn; er ging nach Aschkelon hinab und erschlug dort dreißig Mann von ihnen, nahm ihnen ihre Kleider und gab die Gewänder denen, die das Rätsel gelöst hatten. Dann ging er wutentbrannt hinauf in das Haus seines Vaters. Seine Frau erhielt sein Freund, der der Brautführer gewesen war.

Simson bekommt seinen Willen, und die Hochzeit findet statt. Während der Feier geht er eine Wette ein. Er ist sich sicher, dass er nicht verlieren kann. Das Rätsel, das er zu lösen aufgibt, basiert nicht auf allgemeiner menschlicher Erfahrung, sondern auf seiner ganz speziellen. Niemand konnte die Antwort wissen. In dieser Hinsicht ist die Wette unfair. Die jungen Philister erkennen, dass sie das Rätsel in der Tat nicht durch ihren Verstand lösen können, und wenden sich daher einer anderen Methode zu und setzen die Braut unter Druck. Sie bedrohen ihr Leben und das ihrer Familie. Die Frau wird in eine unmögliche Situation gebracht. Sie muss wählen zwischen den Forderungen ihrer eigenen Leute und der Loyalität gegenüber ihrem neuen Ehemann. Sie hat zu bedenken, ob sie und ihre Familie von Simson oder von den Philistern beschützt werden können. Auf welcher Seite sollte ihre Loyalität sein? Wo gibt es Sicherheit für sie?

Sie entschließt sich, ihren eigenen Leuten, den Philistern, zu vertrauen, ob aus Angst oder ob aus Loyalität. Sie schwatzt Simson die Lösung ab und verrät dieses Geheimnis an ihre Landsleute. Sie beantworten Simson Rätsel um Rätsel. Ihr Rätsel zeigt Kenntnisse aus seiner Erfahrung mit dem Bienenschwarm im Kadaver des Löwen. (Es ist zu beachten, dass Simson sein nasiräisches Gelübde bereits gebrochen hat, als er den Kadaver des Löwe berührte.) Simson weiß, dass seine Ehefrau die Quelle der Information sein muss. Seine Antwort zeigt erneut seine Charakterzüge. Er tötet dreißig Männer und zahlt seine Wettschulden mit deren Kleidern. Dann kehrt er wutent-brannt nach Hause zurück.

Und die Braut? Ihre Hochzeit ist in ein Unglück ausgeartet. Sie war für eine Heirat mit einem gewalttätigen, fordernden Mann eines feindlichen Volkes versprochen worden. Dieser benutzte die Hoch-zeitsfeier dazu, einen Kampf zwischen seinen und ihren Leuten an-zuzetteln. Sie wird gezwungen, eine Seite zu wählen. Ihre Entschei-dung lässt einige ihrer Landsleute die Wette gewinnen und hat den Tod anderer zur Folge. Nach der wütenden Abreise ihres Bräutigams wird sie einem anderen Mann zur Frau gegeben, wahrscheinlich im-mer noch, ohne auf ihre Gefühle Rücksicht zu nehmen. Sie ist eine tragische Gestalt, das Opfer einer unbarmherzigen Kultur.

Richter 15,1–8
Einige Zeit danach, zur Zeit der Weizenernte, besuchte Simson seine Frau. Er brachte ein Ziegenböckchen mit und sagte (zu ihrem Vater): Ich will zu meiner Frau in die Kammer. Aber ihr Vater ließ ihn nicht hinein, sondern sagte: Ich dachte, du magst sie sicher nicht mehr. Darum habe ich sie deinem Freund ge-geben. Aber ist nicht ihre jüngere Schwester noch schöner als sie? Die kannst du an ihrer Stelle haben. Simson antwortete ihm: Diesmal habe ich keine Schuld, wenn ich den Philistern etwas Böses antue. Simson ging fort und fing dreihundert Füchse. Dann nahm er Fackeln, band je zwei Füchse an den Schwänzen zusammen und befestigte eine Fackel in der Mitte zwischen zwei Schwänzen. Er zündete die Fackeln an und ließ die Füchse in die Getreidefelder der Philister laufen. So verbrannte er die Garben und das noch stehende Korn, ebenso die Weingärten und die Ölbäume. Als die Philister fragten: Wer hat das getan?, antwortete man: Simson, der Schwiegersohn des Timniters, weil dieser ihm seine Frau weggenommen und seinem Freund gegeben hat. Da zogen die Philister hinauf und verbrannten die Frau samt dem Haus ihres Vaters. Darauf sagte ihnen Simson: Wenn ihr es so macht, dann werde ich nicht mehr nachlas-sen, bis ich an euch Rache genommen habe. Und er brach ihnen mit gewaltigen Schlägen die Knochen entzwei. Dann ging er weg und hauste in der Felsenhöh-le von Etam.

Simson hat seine Braut nicht vergessen. Nach einiger Zeit kehrt er nach Timna zurück, um den Eheakt zu vollziehen. Der Vater der Frau teilt ihm mit, dass es zu spät sei; sie ist mit einem anderen Mann ver-heiratet. An ihrer Stelle bietet er Simson eine andere Frau an, seine jüngere Tochter. Simson wird erneut rasend vor Wut. Er brennt die gesamte Weizenernte mit den Weinbergen und den Olivenhainen nie-der. Als Vergeltung machen die Philister das wahr, was sie früher an-gedroht hatten (Richter 14,15): Sie verbrennen seine „Beinahe-Braut" und deren gesamte Familie. Simsons Antwort besteht aus einem noch größeren Massaker an den Philistern.

Auf diese Weise erleiden diese Frau und ihre Familie einen entsetzlichen Tod. Ihre einzige Handlung in der Tragödie war die, dass sie sich für die Philister, ihr eigenes Volk, und gegen Simson, ihren Ehemann, entschieden hatte. Die Wahl fand gezwungenermaßen statt: wie auch immer ihre Entscheidung ausgefallen wäre, sie hätte sie zerstört. Sie wird zerstört in der Feindschaft zwischen zwei Völkern. Ihr Tod symbolisiert die Unterjochung der Philister durch die Israeliten.

Delila

Richter 16,1–22
Als Simson (eines Tages) nach Gaza kam, sah er dort eine Dirne und ging zu ihr. Als man den Leuten von Gaza berichtete: Simson ist hier!, suchten sie überall (nach ihm) und lauerten ihm [die ganze Nacht] am Stadttor auf. Die ganze Nacht über verhielten sie sich still und sagten: Wir warten bis zum Morgengrauen, dann töten wir ihn. Simson aber schlief bis gegen Mitternacht. Dann stand er auf, packte die Flügel des Stadttors mit den beiden Pfosten und riss sie zusammen mit dem Riegel heraus. Er nahm alles auf seine Schultern und trug es auf den Gipfel des Berges, der Hebron gegenüberliegt.
Danach verliebte sich Simson in eine Frau im Tal Sorek; sie hieß Delila. Die Fürsten der Philister kamen zu ihr und sagten zu ihr: Versuch, ihn zu betören und herauszufinden, wodurch er so große Kraft besitzt und wie wir ihn überwältigen und fesseln können, um ihn zu bezwingen. Jeder von uns gibt dir dann elfhundert Silberstücke. Darauf sagte Delila zu Simson: Sag mir doch, wodurch du so große Kraft besitzt und wie man dich fesseln kann, um dich niederzuzwingen. Simson sagte zu ihr: Wenn man mich mit sieben frischen Sehnen fesselt, die noch nicht getrocknet sind, dann werde ich schwach und bin wie jeder andere Mensch. Die Fürsten der Philister brachten ihr also sieben frische Sehnen, die noch nicht getrocknet waren, und sie fesselte ihn damit, während einige Männer bei ihr in der Kammer auf der Lauer lagen. Dann rief sie ihm zu: Simson, die Philister kommen! Er aber zerriss die Sehnen, wie ein Zwirnfaden reißt, wenn er dem Feuer zu nahe gekommen ist. Doch das Geheimnis seiner Kraft wurde nicht bekannt. Darauf sagte Delila zu Simson: Du hast mich hintergangen und mich angelogen. Sag mir doch endlich, womit man dich fesseln kann. Er erwiderte ihr: Wenn man mich mit neuen Stricken fesselt, mit denen noch keine Arbeit getan worden ist, werde ich schwach und bin wie jeder andere Mensch. Delila nahm also neue Stricke und band ihn damit. Dann rief sie ihm zu: Simson, die Philister kommen!, während wieder einige Männer in der Kammer auf der Lauer lagen. Er aber riss die Stricke von seinen Armen wie Fäden. Darauf sagte Delila zu Simson: Bis jetzt hast du mich hintergangen und mich angelogen. Sag mir doch, womit man dich fesseln kann. Er erwiderte ihr: Wenn du die sieben Locken auf meinem Kopf mit den Kettfäden des Webstuhls verknotest und mit dem Pflock festmachst, werde ich schwach und bin wie jeder andere Mensch. Nun wiegte sie ihn in den Schlaf und verknotete die sieben Locken auf seinem Kopf mit den Kettfäden und machte sie mit dem Pflock fest.

Dann rief sie ihm zu: Simson, die Philister kommen! Er fuhr aus dem Schlaf
hoch und riss den Webepflock mit den Kettfäden heraus.
Darauf sagte sie zu ihm: Wie kannst du sagen: Ich liebe dich!, wenn mir dein
Herz nicht gehört? Jetzt hast du mich dreimal belogen und mir nicht gesagt, wodurch du so große Kraft besitzt. Als sie ihm mit ihrem Gerede jeden Tag zusetzte und ihn (immer mehr) bedrängte, wurde er es in den Tod leid; er offenbarte ihr alles und sagte zu ihr: Ein Schermesser ist mir noch nicht an die Haare gekommen; denn ich bin von Geburt an Gott als Nasiräer geweiht. Würden
mir die Haare geschoren, dann würde meine Kraft mich verlassen; ich würde
schwach und wäre wie jeder andere Mensch. Nun merkte Delila, dass er ihr alles offenbart hatte. Sie sandte jemanden zu den Philisterfürsten, um sie zu rufen
und ihnen sagen zu lassen: Kommt her! Diesmal hat er mir alles offenbart. Die
Philisterfürsten kamen zu ihr herauf und brachten das Geld mit. Delila ließ Simson auf ihren Knien einschlafen, [rief einen Mann] und schnitt dann die sieben
Locken auf seinem Kopf ab. So begann sie ihn zu schwächen, und seine Kraft
wich von ihm. Dann rief sie: Simson, die Philister kommen! Er erwachte aus
seinem Schlaf und dachte: Ich werde auch diesmal wie bisher entkommen und
die Fesseln abschütteln. Denn er wusste nicht, dass der Herr ihn verlassen hatte. Da packten ihn die Philister und stachen ihm die Augen aus. Sie führten ihn
nach Gaza hinab und fesselten ihn mit Bronzeketten, und er musste im Gefäng-
nis die Mühle drehen. Doch sein Haar, das man abgeschnitten hatte, fing wieder
an zu wachsen.

Kapitel 16 beginnt mit einer Geschichte zwischen Simson und einer Dirne. Die Schilderung fährt fort, uns an Simsons Schwäche für
Frauen zu erinnern. Die kurze Geschichte mit der Dirne führt in die
Geschichte mit Delila ein, einer Frau, die sich als stärker als Simson
erweist.

Delila ist auch eine Philisterin. In dieser Geschichte mit vielen
Frauen ist sie die einzige, von der berichtet wird, dass Simson sie
liebt. Sie ist in eine Situation gestellt, die ähnlich der Situation ist, in
der sich Simsons Braut befand. Die Philister wollen sie dazu gebrauchen, das Geheimnis der Kraft Simsons zu erfahren. Sie bedrohen sie
jedoch nicht, wie sie es mit der Braut getan haben. Stattdessen versprechen sie ihr eine beträchtliche Summe Geld.

Delila versucht dreimal, hinter Simsons Geheimnis zu kommen. Jedes Mal handeln die Philister so, wie sie es ihnen gesagt hat. Doch jedes Mal hat Simson sie getäuscht. Deshalb muss er sich, als sie ihn
zum vierten Mal nach dem Geheimnis fragt, darüber im Klaren sein,
dass sie ihn wieder an die Philister verraten wird. Doch Simson kann
ihrem Bitten nicht widerstehen, ebenso wenig wie er dem Bitten seiner Braut widerstehen konnte. Beide Frauen stellen ihm die Frage als
eine Art Liebesbeweis: „Wie kannst du sagen, dass du mich liebst,
wenn mir dein Herz nicht gehört?" (16,15; s. 14,16). Schließlich „öff-

net Simson der Delila sein Herz". Seine Kraft kommt aus der Hingabe an Gott; sei langes Haar ist das Zeichen dieser Hingabe. Delila bestellt die Philister ein viertes Mal. Sie schneiden ihm das Haar, blenden ihn und setzen ihn gefangen. Das scheint das Ende von Simsons Kraft zu sein. Doch sein Haar beginnt wieder zu wachsen; seine Kraft kehrt zurück. Eines Tages, als die Philister im Tempel ihres Gottes Dagon ein Fest feiern, ketten sie Simson zwischen zwei tragenden Säulen an. Nach einem Bittgebet zu Gott um Kraft reißt Simson diese Säulen und mit ihnen den ganzen Tempel ein. Mit seinem Tod vernichtet er mehr Philister als während seines gesamten Lebens (Richter 16,23–30).

Delila ist oftmals als eine herzlose Frau gesehen worden, die ihre Macht der Liebe und der Sexualität dazu benutzt, einen Mann zu vernichten, als eine Frau, für die Geld mehr zählt als Liebe. Es ist jedoch auch möglich, dass sie, eine Philisterin, das Schicksal der anderen Philisterin kannte, die Simson liebte. Vielleicht verrät sie Simson, um ihr eigenes Leben zu retten. Vielleicht ist ihr Beweggrund Loyalität gegenüber ihrem eigenen Volk. Würde die Geschichte von den Philistern erzählt, würde sie sicher als Heldin angesehen. Sie verrät Simson, um ihr Volk zu retten, genauso wie Judit Holofernes tötete, um ihr Volk zu retten. Die Geschichte berichtet nichts über ihre Gründe. Sie ist jedoch die komplexeste, am weitesten entwickelte weibliche Persönlichkeit in der Geschichte von Simson.

5. Weitere Frauen vor der Königszeit

Vorschlag zur Lektüre: das Buch Rut, 1 Samuel 1–2

Drei Witwen: Orpa, Noomi und Rut

Drei Frauen werden uns im ersten Kapitel des Buchs Rut vorgestellt: Noomi, Rut und Orpa. Sie sind die Überlebenden der Familie Elimelechs. Alle Männer sind gestorben. Die drei Frauen sind mit dem gleichen Problem konfrontiert. Ohne Ehemann, ohne Söhne ist jede der Frauen zu Armut, ja möglicherweise zum Hungertod verdammt. Die Möglichkeiten, die ihnen zum Überleben bleiben, sind erneute Heirat, Betteln oder Prostitution. Die israelitische Gesellschaft erwartete von einer Witwe, dass sie innerhalb der Familie ihres toten Ehemanns (vgl. weiter oben zu Tamar, Genesis 98) erneut heiratete oder dass sie in ihr Vaterhaus zurückkehrte. Das Gesetz gebot den gläubigen Israeliten, gegenüber Witwen, ebenso wie gegenüber Fremden und Waisen, wohltätig zu sein (s. Deuteronomium 14,28–29; 24,17–21), es gab jedoch für eine allein stehende Frau keine Möglichkeit, ihren Lebensunterhalt auf ehrbare Weise zu verdienen.

Orpa: die Schwiegertochter

Rut 1,1–22
Zu der Zeit, als die Richter regierten, brach eine Hungersnot im Land aus. Da zog ein Mann mit seiner Frau und seinen beiden Söhnen aus Betlehem in Juda fort, um sich als Fremder im Grünland Moabs niederzulassen. Der Mann hieß Elimelech, seine Frau Noomi, und seine Söhne hießen Machlon und Kiljon; sie waren Efratiter aus Betlehem in Juda. Als sie ins Grünland Moabs kamen, blieben sie dort. Elimelech, der Mann Noomis, starb, und sie blieb mit ihren beiden Söhnen zurück. Diese nahmen sich moabitische Frauen, Orpa und Rut, und so wohnten sie dort etwa zehn Jahre lag. Dann starben auch Machlon und Kiljon, und Noomi blieb allein, ohne ihren Mann und ohne ihre beiden Söhne.
Da brach sie mit ihren Schwiegertöchtern auf, um aus dem Grünland Moabs heimzukehren; denn sie hatte dort gehört, der Herr habe sich seines Volkes erbarmt und ihm Brot gegeben. Sie verließ zusammen mit ihren beiden Schwiegertöchtern den Ort, wo sie sich aufgehalten hatte. Als sie nun auf dem Heimweg in das Land Juda waren, sagte Noomi zu ihren Schwiegertöchtern: Kehrt doch beide heim zu euren Müttern! Der Herr schenke euch Liebe, wie ihr sie

den Toten und mir gegeben habt. Der Herr lasse jede von euch Geborgenheit finden bei einem Gatten. Damit küsste sie beide zum Abschied; doch Orpa und Rut begannen laut zu weinen und sagten zu ihr: Nein, wir wollen mit dir zu deinem Volk gehen. Noomi sagte: Kehrt doch um, meine Töchter! Warum wollt ihr mit mir ziehen? Habe ich etwa in meinem Leib noch Söhne, die eure Männer werden könnten? Kehrt um, meine Töchter, und geht; denn ich bin zu alt, noch einem Mann zu gehören. Selbst wenn ich dächte, ich habe noch Hoffnung, ja, wenn ich noch diese Nacht einem Mann gehörte und gar Söhne bekäme: Wolltet ihr warten, bis sie erwachsen sind? Wolltet ihr euch so lange verschließen und ohne einen Mann leben? Nein, meine Töchter! Mir täte es bitter leid um euch; denn mich hat die Hand des Herrn getroffen. Da weinten sie noch lauter. Doch dann gab Orpa ihrer Schwiegermutter den Abschiedskuss, während Rut nicht von ihr ließ. Noomi sagte: Du siehst, deine Schwägerin kehrt heim zu ihrem Volk und zu ihrem Gott. Folge ihr doch! Rut antwortete: Dränge mich nicht, dich zu verlassen und umzukehren. Wohin du gehst, dahin gehe auch ich, und wo du bleibst, da bleibe auch ich. Dein Volk ist mein Volk, und dein Gott ist mein Gott. Wo du stirbst, da sterbe auch ich, da will ich begraben sein. Der Herr soll mir dies und das antun – nur der Tod wird mich von dir scheiden. Als sie sah, dass Rut darauf bestand, mit ihr zu gehen, redete sie nicht länger auf sie ein. So zogen sie miteinander bis Betlehem.
Als sie in Betlehem ankamen, geriet die ganze Stadt ihretwegen in Aufruhr. Die Frauen sagten: Ist das nicht Noomi? Doch sie erwiderte: Nennt mich nicht mehr Noomi (Liebliche), sondern Mara (Bittere), denn viel Bitteres hat der Allmächtige mir getan. Reich bin ich ausgezogen, aber mit leeren Händen hat der Herr mich heimkehren lassen. Warum nennt ihr mich noch Noomi, da doch der Herr gegen mich gesprochen und der Allmächtige mir Schlimmes angetan hat? So kehrte Noomi mit Rut, ihrer moabitischen Schwiegertochter, aus dem Grünland Moabs heim. Zu Beginn der Gerstenernte kamen sie in Betlehem an.

Orpa ist eine Moabiterin, Kiljons Witwe, die Schwiegertochter von Elimelech und Noomi. Sie ist das Wagnis einer Ehe mit einem Ausländer eingegangen. Zu ihrem eigenen Elend, kinderlos geblieben zu sein, hat sie den Tod ihres Ehemanns, ihres Schwiegervaters und ihres Schwagers schmerzlich erfahren müssen. Zu Beginn der Geschichte steht sie am Anfang einer Reise mit ihrer Schwiegermutter hin zu einem fremden Ort, wo ihr Volk nicht erwünscht ist (s. Deuteronomium 23,4–7).

Die Schwiegermutter, Noomi, besteht darauf, dass die beiden Schwiegertöchter zurückkehren. Sie kann sie nicht unterstützen; sie hat keine weiteren Söhne mehr, die sie heiraten könnten. Sie kann ihnen in ihrem eigenen Land nichts versprechen. Sie schickt sie zurück in das Haus ihrer *Mutter* (1,8), eine ungewöhnliche Bezeichnung in einer Gesellschaft, in der das Haus normalerweise dem Vater gehörte. Orpa befolgt die Worte ihrer Schwiegermutter und gibt ihr einen sorgenvollen Abschiedskuss. Sie kehrt in das Land Moab zurück.

Da die Geschichte das weitere Schicksal der Rut verfolgt, ist Orpa von den Kommentatoren oftmals unbeachtet geblieben, ja sogar verachtet worden. Jedoch verdienen ihre eigenen Tugenden Beachtung. Sie handelt aus ehrlicher Liebe ihrer Schwiegermutter gegenüber. Sie bleibt nach dem Tod ihres Ehemanns bei Noomi; sie beginnt die Rückreise zurück zu dem Land der Geburt ihres Ehemanns. In keiner dieser beiden Aktionen liegt irgendeine Zukunft für sie. Welch anderer Beweggrund als die Liebe zu der Familie, in die sie eingeheiratet hat, kann dem also zugrunde liegen?

Sie beachtet die Weisheit ihrer Schwiegermutter und gehorcht ihr. Sie möchte keine Last für Noomi sein. Sie kehrt in das Haus ihrer Mutter zurück. Der Abschied voller Tränen und Küsse beweist sicherlich deutlich die Liebe, die zwischen Orpa und Noomi bestand.

Orpa ist eine gute Schwiegertochter – liebevoll, fürsorglich und gehorsam gegenüber ihrer Schwiegermutter Noomi.

Noomi: Die Schwiegermutter

Rut 2,1–23
Noomi hatte einen Verwandten von ihrem Mann her, einen Grundbesitzer; er war aus dem Geschlecht Elimelechs und hieß Boas. Eines Tages sagte die Moabiterin Rut zu Noomi: Ich möchte aufs Feld gehen und Ähren lesen, wo es mir jemand erlaubt. Sie antwortete ihr: Geh, Tochter! Rut ging hin und las auf dem Feld hinter den Schnittern her. Dabei war sie auf ein Grundstück des Boas aus dem Geschlecht Elimelechs geraten. Und nun kam Boas von Betlehem dazu. Er sagte zu den Schnittern: Der Herr sei mit euch! Sie antworteten ihm: Der Herr segne dich. Boas fragte seinen Knecht, der die Schnitter beaufsichtigte: Wem gehört dieses Mädchen da? Der Knecht antwortete: Es ist eine junge Moabiterin, die mit Noomi aus dem Grünland Moabs gekommen ist. Sie hat gesagt: Ich möchte gern Ähren lesen und bei den Garben hinter den Schnittern her sammeln. So kam sie zu uns und hielt durch vom Morgen bis jetzt und gönnte sich kaum Ruhe. Boas sagte zu Rut: Höre wohl, meine Tochter, geh auf kein anderes Feld, um zu lesen; entfern dich nicht von hier, sondern halte dich an meine Mägde; behalte das Feld im Auge, wo sie ernten, und geh hinter ihnen her! Ich werde meinen Knechten befehlen, dich nicht anzurühren. Hast du Durst, so darfst du zu den Gefäßen gehen und von dem trinken, was die Knechte schöpfen. Sie sank vor ihm nieder, beugte sich zur Erde und sagte: Wie habe ich es verdient, dass du mich so achtest, da ich doch eine Fremde bin? Boas antwortete ihr: Mir wurde alles berichtet, was du nach dem Tod deines Mannes für deine Schwiegermutter getan hast, wie du deinen Vater und deine Mutter, dein Land und deine Verwandtschaft verlassen hast und zu einem Volk gegangen bist, das dir zuvor fremd war. Der Herr, der Gott Israels, zu dem du gekommen bist, um dich unter seinen Flügeln zu bergen, möge dir dein Tun vergelten und dich reich belohnen. Sie sagte: Du bist sehr gütig zu mir, Herr. Du hast mir Mut

gemacht und so freundlich zu deiner Magd gesprochen, und ich bin nicht einmal eine deiner Mägde.

Zur Essenszeit sagte Boas zu ihr: Komm und iss von dem Brot, tauch deinen Bissen in die Würztunke! Sie setzte sich neben die Schnitter. Er reichte ihr geröstete Körner, und sie aß sich satt und behielt noch übrig. Als sie wieder aufstand zum Ährenlesen, befahl Boas seinen Knechten: Auch wenn sie zwischen den Garben liest, dürft ihr sie nicht schelten. Ihr sollt sogar für sie etwas aus den Bündeln herausziehen und liegen lassen; sie mag es auflesen, und ihr dürft sie nicht schelten.

So sammelte sie auf dem Feld bis zum Abend. Als sie ausklopfte, was sie aufgelesen hatte, war es etwa ein Efa Gerste. Sie hob es auf, ging in die Stadt und zeigte ihrer Schwiegermutter, was sie aufgelesen hatte. Dann packte sie aus, was sie von ihrer Mahlzeit übrig behalten hatte, und gab es ihr. Ihre Schwiegermutter fragte: Wo hast du heute gelesen und gearbeitet? Gesegnet sei, der auf dich Acht hatte. Sie berichtete ihrer Schwiegermutter, bei wem sie gearbeitet hatte, und sagte: Der Mann, bei dem ich heute gearbeitet habe, heißt Boas. Da sagte Noomi zu ihrer Schwiegertochter: Gesegnet sei er vom Herrn, der seine Gunst den Lebenden und Toten nicht entzogen hat. Und sie erzählte ihr: Der Mann ist mit uns verwandt, er ist einer unserer Löser. Die Moabiterin Rut sagte: Er hat noch zu mir gesagt: Halte dich an meine Knechte, bis sie meine Ernte eingebracht haben. Gut, meine Tochter, sagte Noomi zu Rut, wenn du mit seinen Mägden hinausgehst, dann kann man dich auf einem anderen Feld nicht belästigen.

Rut hielt sich beim Ährenlesen an die Mägde des Boas, bis die Gersten- und Weizenernte beendet war. Danach blieb sie bei ihrer Schwiegermutter.

Noomi ist die wichtigste Person in der Geschichte der Rut. Als sie in die Geschichte eingeführt wird, scheint sie eine Frau ohne Macht zu sein, eine Witwe, die neben ihrem Ehemann auch noch ihre beiden Söhne verloren hat (Rut 1,1–6). Zusätzlich ist sie eine Fremde in einem fremden Land. Alles, was sie besitzt, ist die Liebe und Treue zweier Schwiegertöchter, denen sie jedoch nichts bieten kann. Doch sie ist eine kompetente, einfallsreiche Frau, die das Beste aus allem macht, was das Leben ihr auch immer bietet.

Sie kehrt zurück nach Betlehem, ihrer Geburtsstadt, begleitet von einer ihrer Schwiegertöchter. Ihre Bitterkeit wird deutlich in ihrem Ausspruch zu den Frauen Betlehems: „Nennt mich nicht Noomi [was „lieblich" bedeutet]. Nennt mich Mara [was „bitter" bedeutet], denn der Allmächtige hat mir viel Bitteres getan" (1,20). Sie legt die Verantwortung für ihre Not aufrichtig Gott zu Füßen. „Der Herr hat Unheil über mich gebracht" (1,21).

Noomis tragische Situation veranlasst sie jedoch nicht, aufzugeben. Durch die gesamte Geschichte hindurch ist sie zweifelsohne diejenige, die die Handlung bestimmt. Rut fragt um Erlaubnis, Ähren lesen zu dürfen, und Noomi erwartet bei ihrer Rückkehr einen vollständigen Bericht. Sie sieht sofort eine günstige Gelegenheit in der Begegnung mit Boas und plant die Situation auf der Tenne (3,1–6). Wiederum handelt Rut gerade so, wie es ihr ihre Schwiegermutter zu tun befiehlt, und kehrt anschließend zu ihr zurück, um sie über die Ergebnisse in Kenntnis zu setzen (3,16–17).

Noomi weiß, wie man wartet. Nachdem Rut von der Tenne zurückkehrt, sagt Noomi zu ihr: „Warte ab, meine Tochter, bis du erfährst, wie die Sache ausgeht; denn der Mann wird nicht ruhen, ehe er noch heute die Sache erledigt hat" (3,18). Am Ende der Geschichte ist es Noomi, die von dem Ausgang profitiert. Die Nachbarsfrauen sagen zu Noomi: „Gepriesen sei der Herr, der es dir heute nicht an einem Löser hat fehlen lassen" (4,14). Sie nimmt das Kind, drückt es an sich und wird seine Amme. Die Nachbarsfrauen nennen ihn Obed, als sie hören, dass Noomi ein Enkel geboren wurde (4,17).

Noomi webt die Leben all der Persönlichkeiten in dieser Geschichte zusammen. Sie ist Ehefrau, Mutter, Schwiegermutter. Sie ist Freundin, so geliebt, dass eine der Schwiegertöchter sich weigert, sie zu verlassen, und die andere bei ihrem Abschied schluchzt. Sie ist verwandt mit Boas und kennt seine Charaktereigenschaften. Sie ist Nachbarin der Frauen in Betlehem, und die sind weiterhin an ihren Angelegenheiten interessiert. Sie ist Großmutter des Babys Obed und Ur-Ur-Großmutter von König David. Die Geschichte rankt um ihre Persönlichkeit herum, und sie hat Einfluss auf die Gestaltung aller einzelnen Ereignisse. Sie ist eine Frau mit Kompetenz und Mutterwitz.

Rut

Rut 3,1–18
Ihre Schwiegermutter Noomi sagte zu ihr: Meine Tochter, ich möchte dir ein Zuhause verschaffen, in dem es dir gut geht. Nun ist ja Boas, bei dessen Mägden du warst, ein Verwandter von uns. Heute abend worfelt er die Gerste auf der Tenne. Wasch dich, salbe dich und zieh das Obergewand an, dann geh zur Tenne! Zeig dich aber dem Mann nicht, bis er fertig gegessen und getrunken hat. Wenn er sich hinlegt, so merk dir den Ort. Geh dann hin, deck den Platz zu seinen Füßen auf, und leg dich dorthin! Er wird dir dann sagen, was du tun sollst. Rut antwortete ihr: Alles, was du sagst, will ich tun. Sie ging zur Tenne und tat genauso, wie ihre Schwiegermutter ihr aufgetragen hatte. Als Boas gegessen und getrunken hatte und es ihm wohl zumute wurde, ging er hin, um sich neben dem Getreidehaufen schlafen zu legen. Nun kam sie leise heran, deckte den Platz zu seinen Füße auf und legte sich hin. Um Mitternacht schrak der Mann auf, beugte sich vor und fand eine Frau zu seinen Füßen liegen. Er fragte: Wer bist du? Sie antwortete: Ich bin Rut, deine Magd. Breite doch den Saum deines

Gewandes über deine Magd; denn du bist Löser. Da sagte er: Gesegnet bist du
vom Herrn, meine Tochter. So zeigst du deine Zuneigung noch schöner als zuvor; denn du bist nicht den jungen Männern, ob arm oder reich, nachgelaufen.
Fürchte dich nicht, meine Tochter! Alles, was du sagst, will ich dir tun; denn jeder in diesen Mauern weiß, dass du eine tüchtige Frau bist. Gewiss, ich bin Löser, aber es gibt noch einen Löser, der näher verwandt ist als ich. Bleib über
Nacht, und wenn er dich dann am Morgen lösen will, gut, so mag er lösen.
Wenn er dich aber nicht lösen will, so werde ich dich lösen, so wahr der Herr
lebt. Bleib liegen bis zum Morgen! Sie blieb zu seinen Füßen liegen bis zum
Morgen. Doch noch ehe man einander erkennen konnte, stand sie auf. Denn Boas wollte nicht bekannt werden lassen, dass die Frau auf die Tenne gekommen
war. Er sagte zu ihr: Reich mir das Tuch, das du umgelegt hast. Sie hielt es hin,
und er füllte sechs Maß Gerste hinein und lud es ihr auf. Dann ging er zur Stadt.
Rut kam nun zu ihrer Schwiegermutter, und diese fragte: Wie geht es, meine
Tochter? Sie erzählte ihr, wie viel Gutes ihr der Mann erwiesen hatte, und sagte: Diese sechs Maß Gerste hat er mir gegeben; denn er meinte: Du sollst nicht
mit leeren Händen zu deiner Schwiegermutter kommen. Noomi antwortete ihr:
Warte ab, meine Tochter, bis du erfährst, wie die Sache ausgeht; denn der Mann
wird nicht ruhen, ehe er noch heute die Sache erledigt hat.

Rut ist die verwitwete Schwiegertochter einer verwitweten Schwiegermutter, eine vom Tod umgebene Frau. Sie ist eine Fremde in Israel, schlimmer noch: eine Moabiterin. Das Buch Deuteronomium
setzt fest: „Kein Ammoniter oder Moabiter soll jemals zur Gemeinde
des Herrn zugelassen werden, und auch nicht ihre Nachkommen bis
zur zehnten Generation. Denn sie sind dir nicht mit Speise und Wasser beigestanden auf deinem Weg, nachdem du Ägypten verlassen
hattest. Und weil Moab Bileam, den Sohn Beors, aus Petor in Aram
angeheuert hat, damit er dich verfluche. Obwohl der Herr, dein Gott,
nicht auf Bileam hörte und seinen Fluch in einen Segen verwandelte,
weil er dich liebt. Gewähre ihnen niemals Frieden und Wohlergehen,
solange du lebst" (Deuteronomium 23,4–7; vgl. Nehemia 13,1–3.
23–25). Für Rut scheint es also wenig Hoffnung zu geben.

Doch sie lässt sich durch diese Situation nicht entmutigen. Treu
folgt sie ihrer geliebten Schwiegermutter. Sie spricht jene Worte, die
zu einem bekannten Zeugnis für unvergängliche Liebe geworden
sind: Wo immer du auch hingehst, werde auch ich hingehen, wo immer du bleibst, werde auch ich bleiben, dein Volk soll mein Volk sein,
und dein Gott soll mein Gott sein. Wo immer du auch stirbst, will
auch ich sterben, und dort will ich begraben werden. Der Herr mag
mir dies und jenes antun und noch mehr, wenn irgendetwas anderes
als der Tod uns jemals trennen sollte" (Rut 1,16–17). Sie arbeitet für
sich und Noomi (2,2). Sie ist fleißig und arbeitet „fast ohne Unter-
lass" (2,7). Sie ist demütig. Als Boas, der Eigentümer des Ackers,

freundlich zu ihr spricht, antwortet sie: „Warum sollte ich, eine Fremde, mit deiner Aufmerksamkeit beschenkt werden?" (2,10). Sie ist großzügig. Sie bringt ihrer Schwiegermutter nicht nur das, was sie gelesen hat, sondern sogar das, was ihr von ihrem eigenen Essen übrig geblieben ist (2,17–18). Sie ist sanft, freundlich und bescheiden.

Rut ist aber auch tapfer und risikofreudig. Als Noomi den Plan schmiedet, Boas daran zu erinnern, dass er die Leviratsverpflichtung erfüllen könnte, indem er Rut heiratet, willigt sie ohne zu fragen ein. Sie tut genau das, was ihre Schwiegermutter ihr aufträgt. Sie badet und salbt sich, legt ihre besten Kleider an und begibt sich nachts zur Tenne. Dort lüftet sie die Decke des schlafenden Boas und legt sich zu seinen Füßen nieder. Ihr Tun entspricht kaum dem einer ehrbaren Frau! Sie setzt sich auch selbst großer Gefahr aus. Wie sicher ist eine Frau, noch dazu eine Fremde, nachts allein auf der Tenne, wo die Männer getrunken haben?

Boas jedoch ist zu ihrem Beschützer geworden (2,8–9. 15). Als sie ihm sagt, dass er ihr nächster Verwandter sei, segnet er sie. Er gewährt ihr *hesed*, die Tugend des Bundes treuer Liebe, weil sie sich lieber um ihre Schwiegermutter gekümmert hat, als sich unter den jungen Männern umzusehen. Er fügt hinzu, dass die Leute der Stadt wissen, dass sie eine tugendhafte Frau sei. Obwohl sie eine Moabiterin ist, die Nachfahrin eines verhassten Feindes, hält sie in seinen Augen die Bundesverpflichtung ein und ist es wert, seine Frau zu sein.

Boas muss noch die Frage eines höheren Anspruchs klären: Es gibt einen noch engeren Verwandten als ihn. Deshalb schickt er Rut von der Tenne weg, bevor jemand Verdacht schöpfen und Gerüchte verbreiten kann. Aber er schickt sie nicht mit leeren Händen nach Hause. Sie kommt zu Noomi nicht nur mit den Neuigkeiten, sondern mit einem Tuch voll Gerstenkorn. Dann wartet sie mit Noomi, bis der Mann die rechtliche Seite geklärt hat.

Glückliches Ende

Rut 4,1–22
Inzwischen war Boas zum Tor gegangen und hatte sich dort niedergelassen. Da ging gerade der Löser vorüber, von dem Boas gesprochen hatte. Er sagte zu ihm: Komm herüber, und setz dich hierher! Der kam herüber und setzte sich. Dann holte Boas zehn Männer von den Ältesten der Stadt und sagte: Setzt euch hierher! Sie taten es. Darauf sagte er dem Löser: Das Grundstück, das unserem Verwandten Elimelech gehört, will Noomi, die aus dem Grünland Moabs zurückgekehrt ist, verkaufen. Ich dachte, ich will dich davon unterrichten und dir

sagen: Erwirb es in Gegenwart der hier Sitzenden und in Gegenwart der Ältesten meines Volkes! Wenn du lösen willst, so löse! Willst du aber nicht lösen, so sag es mir, damit ich es weiß: Denn außer dir ist niemand zum Lösen da, und ich bin nach dir an der Reihe. Jener antwortete: Ich werde lösen. Boas fuhr fort: Wenn du den Acker von Noomi erwirbst, dann erwirbst du zugleich auch die Moabiterin Rut, die Frau des Verstorbenen, um den Namen des Toten auf seinem Erbe wiedererstehen zu lassen. Der Löser sagte: Dann kann ich für mich nicht lösen, sonst schädige ich mein eigenes Erbe. Übernimm du mein Löserecht; denn ich kann nicht lösen. Früher bestand in Israel folgender Brauch: Um ein Löse- oder Tauschgeschäft rechtskräftig zu machen, zog man den Schuh aus und gab ihn seinem Partner. Das galt in Israel als Bestätigung. Der Löser sagte nun zu Boas: Erwirb es! Und er zog seinen Schuh aus. Boas sagte zu den Ältesten und zu allem Volk: Ihr seid heute Zeugen, dass ich alles Eigentum Elimelechs sowie das Kiljons und Machlons von Noomi erworben habe. Auch Rut, die Moabiterin, die Frau Machlons, habe ich mir zur Frau erworben, um den Namen des Verstorbenen auf seinem Erbe wiedererstehen lassen, damit sein Name unter seinen Verwandten und innerhalb der Mauern seiner Stadt nicht erlischt. Ihr seid heute Zeugen. Da antwortete alles Volk im Tor samt den Ältesten: Wir sind Zeugen. Der Herr mache die Frau, die in dein Haus kommt, wie Rahel und Lea, die zwei, die das Haus Israel begründet haben. Komm zu Reichtum in Efrata und zu Ansehen in Betlehem! Dein Haus gleiche dem Haus des Perez, den Tamar dem Juda geboren hat, durch die Nachkommenschaft, die der Herr dir aus dieser jungen Frau geben möge.

So nahm Boas Rut zur Frau und ging zu ihr. Der Herr ließ sie schwanger werden, und sie gebar einen Sohn. Da sagten die Frauen zu Noomi: Gepriesen sei der Herr, der es dir heute nicht an einem Löser hat fehlen lassen. Sei Name soll in Israel gerühmt werden. Du wirst jemanden haben, der dein Herz erfreut und dich im Alter versorgt; denn deine Schwiegertochter, die dich liebt, hat ihn geboren, sie, die mehr wert ist als sieben Söhne. Noomi nahm das Kind, drückte es an ihre Brust und wurde seine Hüterin. Die Nachbarinnen wollten ihm einen Namen geben und sagten: Der Noomi ist ein Sohn geboren. Und sie gaben ihm den Namen Obed. Er ist der Vater Isaïs, des Vaters Davids.

Das ist die Geschlechterfolge nach Perez: Perez zeugte Hezro, Hezro zeugte Ram, Ram zeugte Amminadab, Amminadab zeugte Nachschon, Nachschon zeugte Salmon, Salmon zeugte Boas, Boas zeugte Obed, Obed zeugte Isaï, und Isaï zeugte David.

Alles in dieser kurzen Geschichte nimmt ein glückliches Ende. Boas begleicht den vorrangigen Anspruch und heiratet Rut. Die Zeugen segnen sie im Namen dreier großer Frauen: „Rahel und Lea, die zwei, die das Haus Israel aufgebaut haben", und Tamar, die dem Juda den Perez geboren hat. Die Segenswünsche der Zeugen erfüllen sich. So wie Rahel und Lea die Mütter der zwölf Stämme Israels waren, so wird Rut die Urgroßmutter Davids, von Israels größtem König. Wie Tamar ist auch Rut eine Frau aus der Fremde, die auf unkonventionelle Weise handelte, um die Lehensverpflichtungen ihrem toten Ehemann gegenüber zu erfüllen. Wie Perez setzt Ruts Sohn Obed die Linie des Bündnisvolkes fort.

Auch die Nachbarinnen preisen Rut. Sie freuen sich mit Noomi an der Schwiegertochter, die sie liebt: „Sie ist mehr wert als sieben Söhne." Sieben ist die Zahl der Fülle oder der Erfüllung, der Vollkommenheit. Ein größeres Lob kann es in einer Gesellschaft, wo der Wert und das Überleben einer Frau von Söhnen abhängig waren, gar nicht geben.

Rut ist eine Frau aus der Fremde, eine Moabiterin, die nicht nur Tugenden des Bundes praktiziert, sondern eine Mutter des Bündnisvolkes wird. Die hingebungsvolle Liebe zwischen Rut und Noomi, zweier kinderloser und machtloser Frauen, lässt die Linie Davids entstehen, dessen Dynastie nach Gottes Verheißung ewig währen wird (2 Samuel 7,16). In der Abstammungstafel des Matthäus, die Jesus als Sohn Davids nennt, wird Rut als eine seiner weiblichen Vorfahren aufgeführt (Matthäus 1,5).

Hanna und Peninna: Zwei Ehefrauen

1 Samuel 1,1–8
Einst lebte ein Mann aus Ramatajim, ein Zufiter vom Gebirge Efraim. Er hieß Elkana und war ein Sohn Jerohams, des Sohnes Elihus, des Sohnes Tohus, des Sohnes Zufs, ein Efraimiter. Er hatte zwei Frauen. Die eine hieß Hanna, die andere Peninna. Peninna hatte Kinder, Hanna aber hatte keine Kinder. Dieser Mann zog Jahr für Jahr von seiner Stadt nach Schilo hinauf, um den Herrn der Heere anzubeten und ihm zu opfern. Dort waren Hofni und Pinhas, die beiden Söhne Elis, Priester des Herrn. An dem Tag, an dem Elkana das Opfer darbrachte, gab er seiner Frau Peninna und all ihren Söhnen und Töchtern ihre Anteile. Hanna aber gab er einen doppelten Anteil; denn er hatte Hanna lieb, obwohl der Herr ihren Schoß verschlossen hatte. Ihre Rivalin aber kränkte und erniedrigte sie sehr, weil der Herr ihren Schoß verschlossen hatte. So machte es Elkana Jahr für Jahr. Sooft sie zum Haus des Herrn hinaufzogen, kränkte Peninna sie; und Hanna weinte und aß nichts. Ihr Mann Elkana fragte sie: Hanna, warum weinst du, warum isst du nichts, warum ist dein Herz traurig? Bin ich dir nicht viel mehr wert als zehn Söhne?

Zu Beginn des 1. Samuelbuches haben wir es wieder mit der Geschichte zweier Frauen zu tun, deren Leben miteinander verbunden ist. Elkana aus Ramatajim hat zwei Ehefrauen, eine, die ihm Nachkommen geschenkt hat, und eine unfruchtbare. Es ist ohne Überraschung feststellbar, dass diejenige, die er mehr liebt, Hanna ist, die unfruchtbare. (Vergleiche auch Jakob und seine beiden Ehefrauen.) Die Situation lässt die beiden Frauen feindlich gegenüberstehen. Peninna, die mit Kindern gesegnet ist, verspottet Hanna, weil Gott sie hat unfruchtbar sein lassen. Elkana, in seinem Bestreben, Hanna zu trösten, fragt sie: „Bin ich dir nicht mehr wert als zehn Söhne?"

Peninna tritt nur in der Eröffnungsszene dieser Geschichte auf (1,1–8). Sie wird oftmals nicht beachtet, nur als Kontrast zu Hanna gesehen. Sie ist mit vielen Kindern gesegnet, sorgt sich jedoch, da sie weniger geliebt wird. Die Aufmerksamkeit ihres Ehemanns hat sich seiner anderen Ehefrau zugewandt. Auch die Aufmerksamkeit des biblischen Autors gilt Hanna. Es ist uns überlassen, uns zu fragen, was mit Peninna wohl geschah, nachdem Hanna Kinder bekam. Hat sie da wohl das bisschen Einfluss, den kleinen Anspruch noch verloren, den sie auf ihren Ehemann hatte?

Auch Hanna leidet. Ihr Ehemann ist ihr *nicht* mehr wert als zehn Söhne. Sie ist mit Unfruchtbarkeit geschlagen, was in einer Gesellschaft, wo der Wert von Frauen an der Anzahl ihrer Söhne gemessen wurde, ein Fluch ist. Gott hat diesen Fluch auf sie gelegt (1,5–6). Nichts wird sie darüber hinwegtrösten als nur Gottes Geschenk eines Sohnes.

1 Samuel 1,9–19
Nachdem man in Schilo gegessen und getrunken hatte, stand Hanna auf und trat vor den Herrn. Der Priester Eli saß an den Türpfosten des Tempels des Herrn auf seinem Stuhl. Hanna war verzweifelt, betete zum Herrn und weinte sehr. Sie machte ein Gelübde und sagte: Herr der Heere, wenn du das Elend deiner Magd wirklich anschaust, wenn du an mich denkst und deine Magd nicht vergisst und deiner Magd einen männlichen Nachkommen schenkst, dann will ich ihn für sein ganzes Leben dem Herrn übergeben; kein Schermesser soll an sein Haupt kommen. So betete sie lange vor dem Herrn. Eli beobachtete ihren Mund; denn Hanna redete nur still vor sich hin, ihre Lippen bewegten sich, doch ihre Stimme war nicht zu hören. Eli hielt sie deshalb für betrunken und sagte zu ihr: Wie lange willst du dich noch wie eine Betrunkene benehmen? Sieh zu, dass du deinen Weinrausch los wirst! Hanna gab zur Antwort: Nein, Herr! Ich bin eine unglückliche Frau. Ich habe weder Wein getrunken noch Bier; ich habe nur dem Herr mein Herz ausgeschüttet. Halte deine Magd nicht für eine nichtsnutzige Frau; denn nur aus großem Kummer und aus Traurigkeit habe ich so lange geredet. Eli erwiderte und sagte: Geh in Frieden! Der Gott Israels wird dir die Bitte erfüllen, die du an ihn gerichtet hast. Sie sagte: Möge deine Magd Gnade finden vor deinen Augen. Dann ging sie weg; sie aß wieder und hatte kein trauriges Gesicht mehr. Am nächsten Morgen standen sie früh auf und beteten zum Herrn. Dann machten sie sich auf den Heimweg und kehrten in ihr Haus nach Rama zurück.

Elkana und seine Familie zogen regelmäßig zur Anbetung Gottes in den Tempel, in dem zur damaligen Zeit die Bundeslade aufgehoben war. Die Bundeslade, die wahrscheinlich während der Wüstenwanderung gebaut wurde, war Israels Sinnbild für die beständige Gegenwart Gottes bei seinem Volk. Die Lade, ein hölzerner Kasten, enthielt nach der Überlieferung die Gesetzestafeln, einen Behälter voll Manna und Aarons Stab, der geblüht hatte. Auf jeder Seite standen Cherubim als Wächter; ihre über der Lade ausgebreiteten Flügel bildeten den Thron Gottes. Während der Richterzeit (ca. 1250–1000 v. Chr.) wanderte die Bundeslade von Tempel zu Tempel. Zur Zeit dieser Geschichte befand sich die Lade in Schilo.

Während einer dieser regelmäßigen Pilgerreisen der Familie betrat Hanna den Tempel, um vor der Lade zu beten. Sie offenbarte Gott ihren Schmerz und bat ihn um das Geschenk eines Sohnes. Sie versprach, dass, sollte Gott ihr Gebet erhören, sie diesen Sohn dem Herrn überlassen würde als ein Naisräer (vgl. weiter oben zu Simsons Mutter). Eli, der Priester, der an der Lade den Gottesdienst leitete, konnte nicht begreifen, was Hanna tat. Es war offensichtlich, das sie kein Opfer darbrachte, was die normale Art des Gottesdienstes war. Sie gab keinen Laut von sich. Nur ihre Lippen bewegten sich. Eli schloss daraus, dass sie betrunken war, und schalt sie für ihr unangebrachtes Handeln in der Gegenwart Gottes. Hanna erklärte ihm daraufhin ihren Schmerz, und Eli segnete sie. Danach verließ Hanna das Heiligtum erfüllt mit Frieden.

In dieser Geschichte beginnt Hanna die lange Tradition des privaten Gebets. Ihre Geschichte ist die erste Begebenheit eines Menschen, der zu einer Anbetungsstätte kommt, nicht zu einem Gottesdienst oder Opfer, sondern einfach, um aus tiefem Herzen zu Gott zu reden. Sie weiß, wie sie ihre Sorgen vor Gott ausbreitet und gleichzeitig in der Gegenwart Gottes bleiben kann. Sie fürchtet sich nicht, das, was sie tut, dem Vertreter der offiziellen Religion zu erklären. Er lässt sich von ihren Worten überzeugen, und seine Schelte wandelt sich in Segen. Als sie das Heiligtum verlässt, hat Gott Hannas Gebet schon erhört; Gott hat ihr Herz mit Frieden erfüllt.

1 Samuel 1,19–28
[...] Elkana erkannte seine Frau Hanna; der Herr dachte an sie, und Hanna wurde schwanger. Als die Zeit um war, gebar sie einen Sohn und nannte ihn Samuel, denn (sie sagte): Ich habe ihn vom Herrn erbeten.
Als dann Elkana mit seiner ganzen Familie wieder hinaufzog, um dem Herrn das jährliche Opfer und die Gaben, die er gelobt hatte, darzubringen, zog Hanna nicht mit, sondern sagte zu ihrem Mann: Ich werde den Knaben erst, wenn er entwöhnt ist, hinaufbringen; dann soll er vor dem Angesicht des Herrn erscheinen und für immer dort bleiben. Ihr Mann Elkana sagte zu ihr: Tu, was dir gefällt. Bleib hier, bis du ihn entwöhnt hast. Wenn nur der Herr sein Wort erfüllt!

Die Frau blieb also daheim und stillte ihren Sohn, bis sie ihn entwöhnte. Als sie ihn entwöhnt hatte, nahm sie ihn mit hinauf, dazu einen dreijährigen Stier, ein Efa Mehl und einen Schlauch Wein. So brachte sie ihn zum Haus des Herrn in Schilo; der Knabe aber war damals noch sehr jung. Als sie den Stier geschlachtet hatten, brachten sie den Knaben zu Eli, und Hanna sagte: Bitte, mein Herr, so wahr du lebst, mein Herr, ich bin die Frau, die damals neben dir stand, um zum Herrn zu beten. Ich habe um diesen Knaben gebetet, und der Herr hat mir die Bitte erfüllt, die ich an ihn gerichtet habe. Darum lasse ich ihn auch vom Herrn zurückfordern. Er soll für sein ganzes Leben ein vom Herrn Zurückgeforderter sein. Und sie beteten dort den Herrn an.

Gott erinnert sich an Hanna. Und immer, wenn Gott sich erinnert, geschieht etwas Besonderes (s. Genesis 8,1; Exodus 2,24). Gott denkt an Hanna und Hanna wird schwanger und schenkt einem Sohn das Leben. Sie nennt ihn Samuel und interpretiert den Namen als „von Gott erbeten".[26] Solange Samuel gestillt wird, geht Hanna nicht zum Heiligtum, sondern bleibt mit ihrem Kind zu Hause. Sobald er entwöhnt ist, nimmt sie Samuel mit zu dem Heiligtum, ebenso ein reichhaltiges Opfer, um ihn dem Herrn darzubieten. Sie weiht ihn nicht nur als einen Nasiräer, sie lässt ihn auch im Dienst des Altars, wo sich die Lade befindet.

Die Tatsache, dass es eine Geschichte über Samuels Kindheit gibt, zeigt, dass Hannas Sohn eine bedeutende Rolle in Israels Heilsgeschichte spielen wird. So wie Mose gebraucht wurde bei Israels Auszug von der Sklaverei zur Freiheit, so wird Samuel gebraucht von der Entwicklung hin vom Stämmebund zur Einheit unter einem König. Er ist der letzte der Richter; er ist derjenige, der Israels erste beiden Könige salbt, Saul und David. Sowohl die Geschichte Moses wie auch die Samuels beginnen mit mutigen und von Glauben beseelten Frauen.

1 Samuel 2,1–10
Hanna betete. Sie sagte:
Mein Herz ist voll Freude über den Herrn,
große Kraft gibt mir der Herr.
Weit öffnet sich mein Mund gegen meine Feinde;
denn ich freue mich über deine Hilfe.
Niemand ist heilig, nur der Herr;
denn außer dir gibt es keinen (Gott);
keiner ist ein Fels wie unser Gott.

Redet nicht immer so vermessen,
kein freches Wort komme aus eurem Mund;

---

[26] Der Name bedeutet tatsächlich: „sein Name ist Gott".

denn der Herr ist ein wissender Gott,
und bei ihm werden die Taten geprüft.

Der Bogen der Helden wird zerbrochen,
die Wankenden aber gürten sich mit Kraft.
Die Satten verdingen sich um Brot,
doch die Hungrigen können feiern für immer.
Die Unfruchtbare bekommt sieben Kinder,
doch die Kinderreiche welkt dahin.
Der Herr macht tot und lebendig,
er führt zum Totenreich hinab
und führt auch herauf.
Der Herr macht arm und macht reich,
er erniedrigt, und er erhöht.
Den Schwachen hebt er empor aus dem Staub
und erhöht den Armen, der im Schmutz liegt;
er gibt ihm einen Sitz bei den Edlen,
einen Ehrenplatz weist er ihm zu.

Ja, dem Herrn gehören die Pfeiler der Erde;
auf sie hat er den Erdkreis gegründet.
Er behütet die Schritte seiner Frommen,
doch die Frevler verstummen in der Finsternis;
denn der Mensch ist nicht stark aus eigener Kraft.
Wer gegen den Herrn streitet, wird zerbrechen,
der Höchste lässt es donnern am Himmel.
Der Herr hält Gericht bis an die Grenzen der Erde.
Seinem König gebe er Kraft
und erhöhe die Macht seines Gesalbten.

Als Hanna ihren Sohn Gott weiht, singt sie ihm eine Hymne. Indem
sie dies tut, vereint sie sich mit Mirjam und Debora als die Stimme
des Lobes Israels. Viele der Sätze aus dem Lied spiegeln die Psalmen
wider. Die vorrangige Botschaft ist Gottes Vorliebe für die Armen
und Unbedeutenden. Hanna steht in einer langen Tradition der *anawim,* der demütigen Menschen, deren unbedingtes Vertrauen auf Gott
ruht.

Gott hat Hannas Herzenswunsch entsprochen; es gibt keinen Gott,
der so ist wie der Gott Israels (2,1–2). Der Herr erniedrigt die, die
sich auf ihre eigene Kraft verlassen: den Mächtigen, den Satten, die
Kinderreiche. Der Herr erhöht diejenigen, die wissen, dass ihre einzige Hoffnung in Gott begründet ist: den Wankenden, den Hungrigen,
die unfruchtbare Frau (2,3–5). Alle Macht gehört Gott; Gott benutzt
diese Macht zugunsten der Niedrigen (2,6–8). Die Schlussstrophe des
Lobliedes wiederholt das gleiche Thema: Es ist Gott, der die Macht
hat; die Kraft menschlicher Wesen kommt nicht aus ihrer eigenen

Stärke, sondern von Gott (2,8–10). Der Schlussvers, der den König erwähnt, den Gesalbten (den Messias), ist ein Vorgriff auf die Taten, die Hannas Sohn tun wird, nämlich Könige machen.

Das Lied der Hanna ist ein Vorbild für das Lied der Maria in Lukas 1,46–5. Maria, selbst eine der *anawim*, ist die Jungfrau, die einen Sohn gebiert, nicht aus menschlicher Kraft, aber durch die Kraft und Gnade Gottes.

1 Samuel 2,11–21

Darauf kehrte Elkana in sein Haus nach Rama zurück, der Knabe aber stand von da an im Dienst des Herrn unter der Aufsicht des Priesters Eli.

Die Söhne des Eli waren nichtsnutzige Menschen. Sie kümmerten sich nicht um den Herrn, und sie verhielten sich gegenüber dem Volk so: Sooft jemand ein Schlachtopfer darbrachte und das Fleisch kochte, kam ein Diener des Priesters mit einer dreizinkigen Gabel in der Hand. Er stach in den Kessel oder den Topf, in das Becken oder die Schüssel, und alles, was die Gabel heraufholte, nahm der Priester für sich. So machten sie es bei allen Israeliten, die dorthin, nach Schilo, kamen. Noch bevor man das Fett in Rauch aufgehen ließ, kam der Diener des Priesters und sagte zu dem Mann, der opferte: Gib mir Fleisch zum Braten für den Priester; er nimmt von dir aber kein gekochtes Fleisch an, sondern nur rohes. Wenn ihm der Mann erwiderte: Zuerst muss man doch das Fett in Rauch aufgehen lassen, dann nimm dir, was dein Herz begehrt!, sagte ihm der Diener: Nein, gib es sofort her, sonst nehme ich es mit Gewalt. Die Sünde der jungen Männer war sehr schwer in den Augen des Herrn; denn sie verachteten das Opfer des Herrn.

Der junge Samuel aber tat Dienst vor dem Angesicht des Herrn, bekleidet mit dem leinenen Efod. Seine Mutter machte ihm immer wieder ein kleines Obergewand und brachte es ihm jedes Jahr mit, wenn sie zusammen mit ihrem Mann hinaufzog, um das jährliche Opfer darzubringen. Dann segnete Eli Elkana und seine Frau und sagte: Der Herr gebe dir für den, den er von dir erbeten hat, andere Nachkommenschaft von dieser Frau. Darauf gingen sie wieder in ihren Heimatort zurück. Der Herr aber nahm sich Hannas an; sie wurde schwanger und gebar noch drei Söhne und zwei Töchter. Der Knabe Samuel aber wuchs beim Herrn heran.

Mitten in dem Vergleich zwischen Samuel und den Söhne Elis, der zugunsten Samuels ausfällt, erscheint Hanna zum letzten Mal. Die regelmäßige Pilgerfahrt von Elkanas Familie zum Heiligtum wird erneut erwähnt. Hanna erscheint jedoch nicht länger als die trauernde Ehefrau, sondern als die zärtliche Mutter, die ihrem kleinen Sohn jedesmal neue Kleidung mitbringt. Eli erinnert sich an Hanna mit Segnungen, und Gott belohnt sie. Sie schenkt fünf weiteren Kindern das Leben, drei Söhnen und zwei Töchtern. Der letzte Vers von Psalm 113 passt gut zu Hanna: „Die Frau, die kinderlos war, lässt er (Gott) im Hause wohnen; sie wird Mutter und freut sich an ihren Kindern."

6. Frauen zur Zeit der Königsherrschaft

Vorschlag zur Lektüre: 1 Samuel 18,20–19,17; 2 Samuel 3,6–30; 6,1–23; 11,1–12,25; 13,1–22; 1 Könige 1,1–2,25; 10,1–13; 16,29–33; 18–19; 21; 2 Könige 9

Michal

Die Braut

1 Samuel 18,20–29

Sauls Tochter Michal liebte David; dies teilte man Saul mit. Es war ihm recht; denn er sagte sich: Ich will sie ihm geben; sie soll ihm zum Verhängnis werde, so dass er den Philistern in die Hände fällt. Saul sagte zu David: Heute in zwei Jahren kannst du mein Schwiegersohn werden. Seinen Dienern aber befahl Saul: Redet heimlich mit David und sagt: Du siehst, dass der König Gefallen an dir hat und dass alle seine Diener dich mögen; du könntest sofort der Schwiegersohn des Königs werden. Sauls Diener redeten also derart mit David. David aber entgegnete: Scheint es euch so leicht zu sein, der Schwiegersohn des Königs zu werden? Ich bin doch ein armer und geringer Mann. Die Diener berichteten Saul: Das und das hat David gesagt. Saul antwortete: So sollt ihr David sagen: Der König möchte keine andere Brautgabe als die Vorhäute von hundert Philistern, um an den Feinden des Königs Rache zu nehmen. Saul plante nämlich, David den Philistern in die Hände fallen zu lassen. Seine Diener berichteten David, was Saul gesagt hatte, und es war David recht, dass er so der Schwiegersohn des Königs werden sollte. Die gesetzte Frist war noch nicht abgelaufen, als David sich auf den Weg machte und mit seinen Leuten zog; er erschlug zweihundert von den Philistern, brachte ihre Vorhäute zum König und legte sie vollzählig vor ihn hin, um sein Schwiegersohn zu werden. Und Saul gab ihm seine Tochter Michal zur Frau. Als Saul immer deutlicher erkannte, dass der Herr mit David war und dass seine Tochter Michal ihn liebte, fürchtete er sich noch mehr vor David. So wurde Saul für alle Zeit zum Feind Davids.

Saul, Israels erster König, hatte drei Söhne und zwei Töchter. Die jüngere Tochter heißt Michal (1 Samuel 14,49). Die Geschichte Michals wird von zwei Sätzen klar eingegrenzt: „Sauls Tochter Michal liebte David" (1 Samuel 18,20); und „Sauls Tochter Michal ... verachtete [David] in ihrem Herzen" (2 Samuel 6,16). Während ihrer gesamten Lebensgeschichte wird sie als Schachfigur von Männern benutzt, die nach Macht suchen.

Zu Beginn liebt Michal David. Saul sieht dies und entscheidet sich dafür, sie zu gebrauchen, um David auszuschalten. Er verspricht sie dem David um einen Brautpreis von hundert Vorhäuten der Philister. David muss also einhundert Philister töten und Saul die Beweise dafür bringen. Saul hofft, dass die Philister den David töten werden. Im Gegenteil kehrt David zu Saul zurück und zeigt ihm, dass er zweihundert Philister getötet hat. Sauls Kniff ist fehlgeschlagen. Michal wird David als Frau gegeben. Sie liebt ihn; nirgendwo sagt uns der Text hingegen, ob er sie liebt.

1 Samuel 19,11–17
Noch in der selben Nacht sandte Saul Boten zum Haus Davids, die ihm auflauern und ihn am nächsten Morgen töten sollten. Doch Michal, Davids Frau, warnte ihn und sagte: Wenn du dich nicht noch in dieser Nacht in Sicherheit bringst, wirst du morgen früh getötet. Michal ließ David durch das Fenster hinab, so dass er fliehen und sich in Sicherheit bringen konnte. Dann nahm Michal das Götterbild, legte es in Davids Bett, umgab seinen Kopf mit einem Geflecht von Ziegenhaaren und deckte es mit einem Kleidungsstück zu. Als nun Saul die Boten sandte, die David holen sollten, sagte sie: Er ist krank. Saul schickte die Boten (zurück), um nach David zu sehen, und befahl: Bringt ihn im Bett zu mir her; er soll getötet werden. Als die Boten kamen, entdeckten sie im Bett ein Götterbild mit einem Geflecht von Ziegenhaaren um den Kopf. Da sagte Saul zu Michal: Warum hast du mich so getäuscht und meinen Feind entkommen lassen, so dass er sich in Sicherheit bringen konnte? Michal antwortete Saul: Er hat zu mir gesagt: Lass mich weggehen, sonst töte ich dich.

Saul setzt seine Versuche fort, David loszuwerden. Möglicherweise noch während der Hochzeitsnacht selbst umstellen Sauls Soldaten Davids Haus, um ihn am nächsten Morgen zu töten. Doch Michal beschützt David. Sie hilft ihm, durch ein Fenster zu fliehen, und legt dann das Götzenbild des Hauses, anscheinend eine tragbare Statue, in das Bett, damit die Wachen denken sollen, es sei David. Als der Trick entdeckt wird, beschuldigt Saul Michal, David ihm, ihrem Vater gegenüber, vorzuziehen. Sie flüchtet sich in die Entschuldigung, David habe sie bedroht. Es ist offensichtlich, dass ihre Liebe zu David in ihrem Leben Vorrang hat. Ihre Liebe zu David beschützt diesen vor ihrem Vater Saul.

Eine der Ehefrauen Davids

2 Samuel 3,12–16
Abner sandte in eigener Sache Boten zu David und ließ ihm sagen: Wem gehört das Land? Schließ also einen Vertrag mit mir; dann werde ich dir helfen, um

ganz Israel auf deine Seite zu bringen. David antwortete: Gut, ich will einen Vertrag mit dir schließen; nur das Eine verlange ich von dir: Du darfst mir nicht unter die Augen treten, falls du nicht Michal, die Tochter Sauls, mitbringst, wenn du kommst und vor mir erscheinst. Dann sandte David Boten zu Ischbaal, dem Sohn Sauls, und ließ ihm sagen: Gib meine Frau Michal her, für die ich die hundert Vorhäute der Philister als Brautpreis bezahlt habe. Ischbaal sandte (einen Boten) zu ihrem Mann Paltiël, dem Sohn des Lajisch, und ließ sie ihm wegnehmen. Ihr Mann lief bis nach Bahurim weinend hinter ihr her. Erst als Abner zu ihm sagte: Geh, kehr um!, kehrte er um.

Als David vor Saul floh (1 Samuel 21,1), nahm er Michal nicht mit. Er heiratete Abigajil, dann Ahinoam (1 Samuel 25,39–43), Maacha, Haggit, Schefatja und Egla (2 Samuel 3,2–5). „Saul aber hatte seine Tochter Michal, die Frau Davids, Palti, dem Sohn des Lajisch aus Gallim, gegeben" (1 Samuel 25,43).

Nach dem Tod Sauls regiert David über Juda, und Sauls Sohn Ischbaal herrscht über Israel, das aus den anderen Stämmen besteht (2 Samuel 2,1–11). Ischbaals Macht liegt in den Händen seines Heeresgenerals Abner. Dieser liegt jedoch mit Ischbaal wegen einer der Konkubinen Sauls im Streit, und so entschließt sich Abner, die Gefolgschaft aufzukündigen und zu David zu kommen (2 Samuel 3,6–11). David stimmt dem Wunsch Abners zu und heißt ihn willkommen, aber er besteht darauf, dass der Preis seiner Zustimmung darin besteht, dass Michal als seine Ehefrau zu ihm zurückkehrt. So wird Michal dem Palti weggenommen, der ihr zwar eine Wegstrecke lang weinend folgt; sie wird Davids wachsendem Harem hinzugefügt.

Michal ist erneut die Schachfigur der Männer an der Macht. Indem David sie zurückerhält, gewinnt David die Möglichkeit, seine Dynastie mit dem Haus des Saul zu verbinden, und er erhält somit einen doppelten Anspruch darauf, über die zwölf Stämme herrschen zu dürfen. David und seine Nachkommen haben ein Anrecht wegen der Salbung Davids zum König (1 Samuel 16); Sauls Nachkommen (durch Michal) haben einen Anspruch wegen der Salbung Sauls (1 Samuel 10). David demonstriert ebenfalls Stärke; Ischbaal ist gezwungen, seine Schwester zu seinem Rivalen als König zurückzusenden. Auf die Gefühle Michals, die von ihrem zweiten Ehemann sehr geliebt worden sein muss, wird keine Rücksicht genommen. Wer mag erraten, wie sie fühlen mag, als sie zu David zurückkehrt, um eine seiner zahlreichen Ehefrauen zu sein?

2 Samuel 6,16–23
Als die Lade des Herrn in die Davidstadt kam, schaute Michal, Sauls Tochter, aus dem Fenster, und als sie sah, wie der König David vor dem Herrn hüpfte

und tanzte, verachtete sie ihn in ihrem Herzen. Man trug die Lade des Herrn in das Zelt, das David für sie aufgestellt hatte, und stellte sie an ihren Platz in der Mitte des Zeltes, und David brachte dem Herrn Brandopfer und Heilsopfer dar. Als David mit dem Darbringen der Brandopfer und Heilsopfer fertig war, segnete er das Volk im Namen des Herrn der Heere und ließ an das ganze Volk, an alle Israeliten, Männer und Frauen, je einen Laib Brot, einen Dattelkuchen und einen Traubenkuchen austeilen. Dann gingen alle wieder nach Hause.

Als David zurückkehrte, um seine Familie zu begrüßen, kam ihm Michal, die Tochter Sauls, entgegen und sagte: Wie würdevoll hat sich heute der König von Israel benommen, als er sich vor den Augen der Mägde seiner Untertanen bloßgestellt hat, wie sich nur einer vom Gesindel bloßstellen kann. David erwiderte Michal: Vor dem Herrn, der mich statt deines Vaters und seines ganzen Hauses erwählt hat, um mich zum Fürsten über das Volk des Herrn, über Israel zu bestellen, vor dem Herrn habe ich getanzt; für ihn will ich mich gern noch mehr erniedrigen als diesmal und in meinen eigenen Augen gering erscheinen. Bei den Mägden jedenfalls, von denen du gesprochen hast, stehe ich in hohem Ansehen. Michal aber, die Tochter Sauls, bekam bis zu ihrem Tod kein Kind.

Die Krise entsteht, als David den Höhepunkt seiner Macht erreicht. Er hat Jerusalem erobert und sie zu seiner Hauptstadt gemacht. Nun bringt er die Bundeslade, das Zeichen der Gegenwart Gottes, in seine Stadt, auf dass Jerusalem auch die Stadt Gottes werde. Als David in Anbetung tanzt, betrachtet Michal ihn voller Hass in ihrem Herzen. Sie spricht ihn an, als er zum Palast zurückkehrt, und drückt Verachtung für seine öffentliche Demonstration aus. In einer scharfen Antwort erinnert er sie daran, dass Gott das Haus Davids dem ihres Vaters Saul vorgezogen hat. Was immer als Liebe zwischen diesen beiden Mitgliedern von rivalisierenden Königsfamilien übrig geblieben sein mochte, ist nun genauso tot wie der Traum von der Vereinigung der beiden Dynastien. Michal ist zur Isolation im Harem für den Rest ihres Lebens verurteilt. David wird niemals nach ihr rufen lassen. „So bekam Michal aber, die Tochter Sauls, bis zu ihrem Tod kein Kind."

Michals Geschichte ist eine Tragödie. Der Mann, den sie liebte und dessen Liebe sie bewahrte, benutzt sie nur als ein Mittel zur Macht. In der Auseinandersetzung wird sie dem einzigen Mann genommen, der sie wirklich liebte. Sie ist ein Opfer für die Ansprüche auf Israels Königreich.

Batseba

Die Frau des Urija

2 Samuel 11,1–5

Um die Jahreswende, zu der Zeit, in der die Könige in den Krieg ziehen, sandte David den Joab mit seinen Männern und ganz Israel aus, und sie verwüsteten das Land der Ammoniter und belagerten Rabba. David selbst aber blieb in Jerusalem. Als David einmal abends von seinem Lager aufstand und auf dem Flachdach des Königspalastes hin- und herging, sah er von dort aus eine Frau, die badete. Die Frau war sehr schön anzusehen. David sandte jemanden hin und erkundigte sich nach ihr. Man sagte ihm: Das ist Batseba, die Tochter Ammiëls, die Frau des Hetiters Urija. Darauf sandte David Boten zu ihr und ließ sie holen; sie kam zu ihm, und er schlief mit ihr – sie hatte sich gerade von ihrer Unreinheit gereinigt. Da kehrte sie in ihr Haus zurück. Die Frau war aber schwanger geworden und schickte deshalb zu David und ließ ihm mitteilen: Ich bin schwanger.

Batseba ist eine wunderschöne Frau, die Ehefrau von einem der Soldaten Davids. Als David sie von seinem Dach aus erblickt, begehrt er sie. Er schickt nach ihr, nimmt sie und schickt sie wieder nach Hause. Da ist kein Wort von Liebe oder Zuneigung, sondern nur Wollust, Macht und Lustbefriedigung. Als Batseba feststellt, dass sie schwanger geworden ist, spricht sie das eine Wort aus, das von ihr im 2. Samuelbuch überliefert ist: „Ich bin schwanger." Es wird uns nicht berichtet, wer die Verantwortung an diesem Vorfall trägt: Batseba, die in der Privatsphäre ihres Hauses ein Bad nahm, was jedoch an einem Ort war, den der König einsehen und wo er sie sehen konnte, oder David, der König, der nach ihr sendet und sie schwängert. Es mag wohl scheinen, dass David ein größeres Maß an Verantwortung dafür trägt. Eine Frau und dazu noch eine Ausländerin hat wohl kaum eine Wahl, wenn die Boten des Königs nach ihr schicken.

2 Samuel 11,6–17

Darauf schickte David einen Boten zu Joab (und ließ ihm sagen): Schick den Hetiter Urija zu mir! Und Joab schickte Urija zu David. Als Urija zu ihm kam, fragte David, ob es Joab und dem Volk gut gehe und wie es mit dem Kampf stehe. Dann sagte er zu Urija: Geh in dein Haus, und wasch dir die Füße! Urija verließ das Haus des Königs, und es wurde ihm ein Geschenk des Königs nachgetragen. Urija aber legte sich am Tor des Königshauses bei den Knechten seines Herrn nieder und ging nicht in sein Haus hinab. Man berichtete David. Urija ist nicht in sein Haus gegangen. Darauf sagte David zu Urija: Bist du nicht gerade von einer Reise gekommen? Warum bist du nicht in dein Haus hinuntergegangen? Urija antwortete David: Die Lade und Israel und Juda wohnen in Hütten,

und mein Herr Joab und die Knechte meines Herrn lagern auf freiem Feld; da
soll ich in mein Haus gehen, um zu essen und zu trinken und bei meiner Frau zu
liegen? So wahr du lebst und so wahr deine Seele lebt, das werde ich nicht tun.
Darauf sagte David zu Urija: Bleib auch heute noch hier; morgen werde ich dich
wegschicken. So blieb Urija an jenem Tag in Jerusalem. Am folgenden Tag lud
David ihn ein, bei ihm zu essen und zu trinken, und machte ihn betrunken. Am
Abend aber ging Urija weg, um sich wieder auf seinem Lager bei den Knechten
seines Herrn niederzulegen; er ging nicht in sein Haus hinab.
Am anderen Morgen schrieb David einen Brief an Joab und ließ ihn durch Urija überbringen. Er schrieb in dem Brief: Stellt Urija nach vorne, wo der Kampf
am heftigsten ist, dann zieht euch von ihm zurück, so dass er getroffen wird und
den Tod findet. Joab hatte die Stadt beobachtet, und er stellte Urija an einen
Platz, von dem er wusste, dass dort besonders tüchtige Krieger standen. Als
dann die Leute aus der Stadt einen Ausfall machten und gegen Joab kämpften,
fielen einige vom Volk, das heißt von den Kriegern Davids; auch der Hetiter
Urija fand den Tod.

Als David erfährt, dass Batseba schwanger ist, nutzt er all seine
Möglichkeiten, um seine Handlung zu vertuschen. Es ist interessant,
festzustellen, dass eine Frau und ihre Schwangerschaft den König so
verzweifeln lassen können. Zunächst schickt David nach ihrem Ehemann, in der Hoffnung, dass Urija mit seiner Frau schläft. Doch Urija, aus Respekt vor seinen Kameraden auf dem Schlachtfeld, geht
nicht nach Hause. In der zweiten Nacht macht David ihn betrunken in
der Hoffnung, dass er nun zu Batseba gehen wird, doch Urija ver-
bringt die Nacht wiederum im Feldlager. Daher entscheidet David,
das Urija sterben muss. Urija überbringt dem Kommandeur sein eigenes Todesurteil, einen Befehl, dass Urija an der Front allein gelassen werden soll. Batsebas Ehemann muss getötet werden, um die Ehre des Königs zu retten. David kümmert sich nicht um Batseba. Ihr
Verlust wird schwer wiegen. Ihr Ehemann Urija ist ein ehrenvoller
Soldat, aufrichtig in seiner Pflichterfüllung und Treue seinem König
gegenüber. David, der der Vater des Kindes ist, das sie austrägt, be-
absichtigt nur, seine Schuld zu vertuschen, selbst um den Preis eines
Mordes.

2 Samuel 11,18–25
Joab sandte (einen Boten) zu David und ließ ihm den Verlauf des Kampfes
schildern. Und er befahl dem Boten: Wenn du dem König alles über den Verlauf
des Kampfes bis zu Ende berichtet hast und wenn dann der König zornig wird
und zu dir sagt: Warum seid ihr bei dem Kampf so nahe an die Stadt herangegangen? Habt ihr nicht gewusst, dass sie von der Mauer herabschießen? Wer hat
Abimelech, den Sohn Jerubbaals, erschlagen? Hat nicht eine Frau in Tebez einen Mühlstein von der Mauer auf ihn herabgeworfen, so dass er starb? Warum
seid ihr so nahe an die Mauer herangegangen?, da sollst du sagen: Auch dein

Knecht, der Hetiter Urija, ist tot. Der Bote ging fort, kam zu David, und berichtete ihm alles, was Joab ihm aufgetragen hatte. Der Bote sagte zu David: Die Männer waren stärker als wir und waren gegen uns bis aufs freie Feld vorgedrungen; wir aber drängten sie bis zum Eingang des Tores zurück. Da schossen die Schützen von der Mauer herab auf deine Knechte, so dass einige von den Knechten des Königs starben; auch dein Knecht, der Hetiter Urija, ist tot. Da sagte David zu dem Boten: So sollst du zu Joab sagen: Betrachte die Sache nicht als so schlimm; denn das Schwert frisst bald hier, bald dort. Setz den Kampf gegen die Stadt mutig fort, und zerstöre sie! So sollst du ihm Mut machen.

Joab führt Davids Befehle aus und sendet dem König eine Nachricht, dass Urija den Tod gefunden hat. In dieser Botschaft steckt ein Bezug auf Abimelech, König von Sichem, der getötet wurde, als eine Frau einen Mühlstein auf seinen Kopf fallen ließ. Dies ist die offensichtliche Verknüpfung mit der fragwürdigen Strategie, Truppen zu dicht an die Stadtmauer zu beordern. Joab mag damit auch seiner Meinung Ausdruck verleihen, dass so wie eine Frau Abimelech tötete, eine Frau (Batseba) auch Urija tötete. Oder aber, dass dieser Vorfall für David, den König, genauso tödlich sein wird, wie der Vorfall von Tebez tödlich für einen anderen König war, nämlich für Abimelech.

Ehefrau Davids

2 Samuel 11,26–27
Als die Frau Urijas hörte, dass ihr Mann Urija tot war, hielt sie für ihren Gatten die Totenklage. Sobald die Trauerzeit vorüber war, ließ David sie zu sich in sein Haus holen. Sie wurde seine Frau und gebar ihm einen Sohn. Dem Herrn aber missfiel, was David getan hatte.

Batseba trauert um ihren Ehemann, und danach wird sie in den Palast gebracht, um sich den anderen Frauen Davids zuzugesellen. Es gibt keine Angabe darüber, ob sie freiwillig geht oder nicht. Es gibt auch keine Beschreibung der Tiefe ihrer Trauer. Weder ihre Wahl noch ihre Vorliebe sind während der gesamten Geschichte erwähnt. Zur erwarteten Zeit schenkt sie dem Kind des Königs das Leben.

„Dem Herrn missfiel, was David getan hatte." David hat Ehebruch begangen, dafür gesorgt, dass der Ehemann umkommt, und dann die Witwe zur Frau genommen. Es gibt keine Erwähnung vom Zorn Gottes Batseba gegenüber, und kein Urteil drückte aus, dass Batseba gesündigt hat.

2 Samuel 12,1–12
Darum sandte der Herr den Natan zu David; dieser ging zu David und sagte zu ihm: In einer Stadt lebten einst zwei Männer; der eine war reich, der andere

arm. Der Reiche besaß sehr viele Schafe und Rinder, der Arme aber besaß nichts außer einem einzigen kleinen Lamm, das er gekauft hatte. Er zog es auf, und es wurde bei ihm zusammen mit seinen Kindern groß. Es aß von seinem Brot, und es trank aus seinem Becher, in seinem Schoß lag es und war für ihn wie eine Tochter. Da kam ein Besucher zu dem reichen Mann, und er brachte es nicht über sich, eines von seinen Schafen oder Rindern zu nehmen, um es für den zuzubereiten, der zu ihm gekommen war. Darum nahm er dem Armen das Lamm weg und bereitete es für den Mann zu, der zu ihm gekommen war.

Da erzürnte David heftig über den Mann und sagte zu Natan: So wahr der Herr lebt: Der Mann, der das getan hat, verdient den Tod. Das Lamm soll er vierfach ersetzen, weil er das getan und kein Mitleid gehabt hat. Da sagte Natan zu David: Du selbst bist der Mann. So spricht der Herr, der Gott Israels: Ich habe dich zum König von Israel gesalbt, und ich habe dich aus der Hand Sauls gerettet. Ich habe dir das Haus deines Herrn und die Frauen deines Herrn in den Schoß gelegt, und ich habe dir das Haus Israel und Juda gegeben, und wenn das zu wenig ist, gebe ich dir noch manches dazu. Aber warum hast du das Wort des Herrn verachtet und etwas getan, was ihm missfällt? Du hast den Hetiter Urija mit dem Schwert erschlagen und hast dir seine Frau zur Frau genommen; durch das Schwert der Ammoniter hast du ihn umgebracht. Darum soll jetzt das Schwert auf ewig nicht mehr von deinem Haus weichen; denn du hast mich verachtet und dir die Frau des Hetiters genommen, damit sie deine Frau werde. So spricht der Herr: Ich werde dafür sorgen, dass sich aus deinem eigenen Haus das Unheil gegen dich erhebt, und ich werde dir vor deinen Augen deine Frauen wegnehmen und sie einem anderen geben; er wird am hellen Tag bei deinen Frauen liegen. Ja, du hast es heimlich getan, ich aber werde es vor ganz Israel und am hellen Tag tun.

Davids Hofprophet benutzt eine Parabel, um den König dazu zu bewegen, das Urteil über sich selbst zu sprechen: „Der Mann, der das getan hat, verdient den Tod!" Natans Parabel überführt David als den Schuldigen, als den, der die Ehefrau eines anderen genommen hat. Batseba wird porträtiert als ein kleines Lamm, hilflos, wie sie einem Mann gestohlen wird, um den Appetit eines anderen Mannes zu stillen. Die Parabel zeigt, dass sie bei der Begegnung starb. Ihr Leben hat sich mit Sicherheit unwiderruflich geändert.

Davids Sünde wird zu Leiden für seine anderen Frauen und für viele unschuldige Mitglieder seiner Familie für viele nachfolgende Generationen führen. Sein Kind wird sterben. Seine Tochter Tamar wird vergewaltigt und verworfen werden (2 Samuel 13,1–22). Seine Söhne werden getötet werden (2 Samuel 13,28–29; 18,14–15). Seine Frauen werden entehrt und anderen Männern überlassen werden (2 Samuel 16,21–22).

2 Samuel 12,13–25

Darauf sagte David zu Natan: Ich habe gegen den Herrn gesündigt. Natan antwortete David: Der Herr hat dir deine Sünde vergeben; du wirst nicht sterben. Weil du aber die Feinde des Herrn durch diese Sache zum Hohn veranlasst hast, muss der Sohn, der dir geboren wird, sterben.

Dann ging Natan nach Hause. Der Herr aber ließ das Kind, das die Frau des Urija dem David geboren hatte, schwer krank werden. David suchte Gott wegen des Knaben auf und fastete streng; und wenn er heimkam, legte er sich bei Nacht auf die bloße Erde. Die Ältesten seines Hauses kamen zu ihm, um ihn dazu zu bewegen, vom Boden aufzustehen. Er aber wollte nicht und aß auch nicht mit ihnen. Am siebten Tag aber starb das Kind. Davids Diener hatten Angst, ihm mitzuteilen, dass das Kind tot war; denn sie sagten: Wir haben ihm zugeredet, als das Kind noch am Leben war; er aber hat nicht auf uns gehört. Wie können wir ihm jetzt sagen: Das Kind ist tot? Er würde ein Unheil anrichten. David jedoch sah, dass seine Diener miteinander tuschelten, und merkte daran, dass das Kind tot war. Er fragte seine Diener: Ist das Kind tot? Sie antworteten: Ja, es ist tot. Da erhob sich David von der Erde, wusch sich, salbte sich, wechselte seine Kleider, ging zum Haus des Herrn und warf sich (davor) zu Boden. Als er dann nach Hause zurückkehrte, verlangte er (zu essen). Man setzte ihm etwas vor, und er aß. Da fragten ihn seine Diener: Was soll das bedeuten, was du getan hast? Als das Kind noch am Leben war, hast du seinetwegen gefastet und geweint. Nachdem aber das Kind tot ist, stehst du auf und isst. Er antwortete: Als das Kind noch am Leben war, habe ich gefastet und geweint; denn ich dachte: Wer weiß, vielleicht ist der Herr mir gnädig, und das Kind bleibt am Leben. Jetzt aber, da es tot ist, warum soll ich da noch fasten? Kann ich es zurückholen? Ich werde einmal zu ihm gehen, aber es kommt nicht zu mir zurück. Und David tröstete seine Frau Batseba; er ging zu ihr hinein und schlief mit ihr. Und sie gebar einen Sohn, und er gab ihm den Namen Salomo. Der Herr liebte Salomo und sandte den Propheten Natan, damit er ihm um des Herrn willen den Namen Jedidja (Liebling des Herrn) gebe.

David bereut seine Sünden: Ehebruch und Mord. Die Schuld ist Davids Schuld, doch die Strafe fällt gleichermaßen auf Batseba: Ihr Sohn wird sterben. Das Königshaus, zu dem sie gestoßen ist, wird von Gewalt erfüllt sein. Der Erzähler beschreibt Davids Trauer; Batsebas Trauer wird nur angedeutet, als Davids Trost erwähnt wird. (Es ist das einzige Mal, dass David Anteil an Batsebas Gefühlen nimmt.) Sie wird von diesem Mann, der ihr so viele Sorgen gebracht hat, ein zweites Mal mit einem Sohn schwanger. Dieser zweite Sohn, Salomo, ist von Gott geliebt, ein Geschenk der Gnade Gottes. Batsebas Zukunft hängt nun vom Schicksal ihres Sohnes ab. Sie verschwindet und wird nicht wieder in der Geschichte erwähnt, bis er das Mannesalter erreicht.

Mutter Salomos

1 Könige 1,11–34

Da sagte Natan zu Batseba, der Mutter Salomos: Hast du nicht gehört, dass Adonija, der Sohn der Haggit, König geworden ist, ohne dass David, unser Herr, davon weiß? Komm nun, ich will dir einen Rat geben, wie du dir und deinem Sohn Salomo das Leben retten kannst. Geh zum König David und sag zu ihm: Mein Herr und König, du hast doch deiner Magd geschworen: Dein Sohn Salomo soll nach mir König sein, und er soll auf meinem Thron sitzen. Warum ist nun Adonija König geworden? Noch während du dort mit dem König redest, will auch ich kommen und deine Worte bestätigen.

Batseba ging in das Gemach des Königs. Er war sehr gealtert, und Abischag aus Schunem bediente ihn. Batseba verneigte sich und warf sich vor dem König nieder, und der König fragte sie: Was willst du? Sie sagte: Mein Herr, du selbst hast doch deiner Magd beim Herrn, deinem Gott, geschworen: Dein Sohn Salomo soll nach mir König sein, und er soll auf meinem Thron sitzen. Nun aber ist Adonija König geworden, und du, mein Herr und König, weißt nichts davon. Er hat eine Menge Rinder, Mastkälber und Schafe geschlachtet und alle Söhne des Königs, den Priester Abjatar und den Feldherrn Joab dazu eingeladen. Doch deinen Knecht Salomo hat er nicht eingeladen. Auf dich, mein Herr und König, sind nun die Augen ganz Israels gerichtet. Du sollst ihnen verkünden, wer nach meinem Herrn und König auf dem Thron sitzen wird. Sonst müssen ich und mein Sohn es büßen, wenn mein Herr und König sich zu seinen Vätern legt.

Während sie noch mit dem König redete, kam der Prophet Natan. Man meldete dem König: Der Prophet Natan ist da. Er trat vor den König, warf sich vor ihm zu Boden, mit dem Gesicht zur Erde, und sagte: Mein Herr und König, du hast wohl verfügt: Adonija soll nach mir König sein, und er soll auf meinem Thron sitzen. Denn er ist heute hinabgezogen, hat eine Menge Rinder, Mastkälber und Schafe geschlachtet und hat dazu alle Söhne des Königs, die Obersten des Heeres und den Priester Abjatar eingeladen. Sie essen und trinken mit ihm und rufen: Es lebe der König Adonija! Mich aber, deinen Knecht, sowie den Priester Zadok und Benaja, den Sohn Jojadas, und deinen Knecht Salomo hat er nicht eingeladen. Wenn nun diese Verfügung wirklich von meinem Herrn und König ergangen ist, warum hast du dann deinen Knecht nicht wissen lassen, wer nach meinem Herrn und König auf dem Thron sitzen wird?

Darauf befahl König David: Ruft mir Batseba! Sie kam zum König herein, trat vor den König hin, und der König schwor ihr: So wahr der Herr lebt, der mein Leben aus jeder Gefahr gerettet hat: Ich habe dir beim Herrn, dem Gott Israels, geschworen, dass dein Sohn Salomo nach mir König sein und an meiner Stelle auf meinem Thron sitzen soll, und so will ich es heute wahr machen. Da verneigte sich Batseba bis zur Erde, warf sich vor dem König nieder und rief: Ewig lebe mein Herr, der König David!

Hierauf befahl König David: Ruft mir den Priester Zadok, den Propheten Natan und Benaja, den Sohn Jojadas! Sie erschienen vor dem König, und dieser trug ihnen auf: Nehmt das Gefolge eures Herrn mit euch, setzt meinen Sohn Salomo auf mein eigenes Maultier, und führt ihn zum Gihon hinab!

Dort sollen ihn der Priester Zadok und der Prophet Natan zum König von Israel salben, und ihr sollt in das Horn stoßen und rufen: Es lebe König Salomo!

Batseba tritt wieder auf in dem kritischen Augenblick, als über den Nachfolger Davids entschieden werden muss. Zwei der Söhne Salomos sind bereits aus der Zahl der zu wählenden Kandidaten ausgeschieden: Amnon und Absalom sind tot. Nun plant Adonija, der nächste König zu werden. Die Krise bringt Batseba und Natan wieder zusammen. Natan heckt eine Intrige aus. Zunächst soll Batseba dem alten König vorhalten, dass dieser versprochen hatte, dass ihr Sohn Salomo ihm auf dem Thron nachfolgen werde. Danach wird Natan kommen und den König an das gleiche Versprechen erinnern. Es ist unklar, ob David wirklich dieses Versprechen gegeben hat oder nicht. Es ist möglich, dass Natan dieses Versprechen einfach erfunden hat. Das Zusammenspiel von Natan und Batseba ist erfolgreich. David befiehlt, dass Salomo zum König gesalbt wird.

Indem Natan Batseba den Plan vorschlägt, sagt er: „Komm nun, ich will dir einen Rat geben, wie du dir und deinem Sohn Salomo das Leben retten kannst." Sein Vorschlag erinnert daran, dass das Leben rivalisierender Thronfolger sowie das Leben von deren Müttern in Gefahr ist. Natan appelliert an Batsebas Furcht und ihren Überlebensinstinkt. Ein weiteres Mal hängt Batsebas Zukunft von dem Willen des Königs sowie vom Schicksal ihres Sohnes ab.

In dieser Szene erweist sich Batseba als eine machtvolle Frau, ganz im Gegensatz zu zwei anderen Frauen, Abischag und Haggit. Abischag ist anwesend, als Batseba eintritt. Sie hat eine passive Rolle die gesamte Geschichte hindurch, da sie dem König zugesellt worden war, um ihm beizustehen, ihn zu pflegen und ihn zu wärmen. Sie hat jedoch keinen Geschlechtsverkehr mit dem König (1 Könige 1,2–4); sie ist von keinem seiner Söhne die Mutter. Haggit hingegen ist die Mutter von Davids Sohn Adonija. Auch sie wird von David ungerecht behandelt. Sie verliert ihren Sohn im Kampf um den Thron (1 Könige 2,23–25). Wir wissen nicht, was aus ihr wird. Es ist Batsebas Sohn, den „der Herr liebte" (2 Samuel 12,24), und der König in der Nachfolge seines Vaters David wird.

1 Könige 2,12–25
Salomo saß nun auf dem Thron seines Vaters David, und seine Herrschaft festigte sich mehr und mehr.
Adonija, der Sohn der Haggit, begab sich zu Batseba, der Mutter Salomos. Sie fragte ihn: Kommst du in friedlicher Absicht? Er antwortete: Ja. Dann fuhr er fort: Ich möchte mit dir reden. Sie erwiderte: Rede nur! Da sagte er: Du weißt,

dass mir das Königtum zustand und dass ganz Israel mich als König haben wollte. Doch ist mir die Königswürde versagt worden; sie ist meinem Bruder zugefallen, weil sie ihm vom Herrn bestimmt war. Jetzt aber möchte ich eine einzige Bitte an dich richten. Weise mich nicht ab! Sie antwortete: Sprich sie nur aus! Da begann er: Rede doch mit König Salomo; dich wird er nicht abweisen. Bitte ihn, dass er mir Abischag aus Schunem zur Frau gibt. Batseba erwiderte: Gut, ich werde in deiner Angelegenheit mit dem König sprechen.

Als nun Batseba zu König Salomo kam, um mit ihm wegen Adonija zu reden, erhob sich der König, ging ihr entgegen und verneigte sich vor ihr. Dann setzte er sich auf seinen Thron und ließ auch für die Königinmutter einen Thron hinstellen. Sie setzte sich an seine rechte Seite und begann: Eine einzige kleine Bitte hätte ich an dich. Weise mich nicht ab! Der König antwortete ihr: Sprich sie nur aus, Mutter! Ich werde dich nicht abweisen. Da bat sie: Man gebe doch Abischag aus Schunem deinem Bruder Adonija zur Frau. Der König Salomo entgegnete seiner Mutter: Warum bittest du für Adonija um Abischag aus Schunem? Fordere doch gleich das Königtum für ihn! Er ist ja mein älterer Bruder, und auf seiner Seite stehen der Priester Abjatar und Joab, der Sohn der Zeruja. Und König Salomo schwor beim Herrn: Gott soll mir dies und das antun, wenn dieses Ansinnen Adonija nicht das Leben kostet. So wahr der Herr lebt, der mich eingesetzt und auf den Thron meines Vaters David erhoben hat und der mir, wie er versprochen hat, ein Haus gebaut hat: Noch heute muss Adonija sterben. Darauf sandte König Salomo Benaja, den Sohn Jojadas, hinauf, und dieser versetzte Adonija den Todesstoß.

Das Schicksal von Rivalen für den Thron wird in der Geschichte von Adonija deutlich herausgestellt. Er kommt, um Batsebas Dienste in Anspruch zu nehmen bei dem Erwerb von Davids letzter Nebenfrau. Sie tut, worum Adonija sie bittet. Die Geschichte ist jedoch nicht so unschuldig, wie es scheint. Der Besitz der Konkubine des Königs zeigt die Macht über den Thron. Als Absalom sich gegen David erhob, war seine Inbesitznahme der königlichen Konkubinen in den Augen der Öffentlichkeit ein Anspruch auf die Macht des Königs (2 Samuel 16,21–22). Salomo sieht die Bitte um Abischag als eine Bedrohung und befiehlt den Tod Adonijas.

Erneut werden Batsebas Beweggründe nicht offen gelegt. Bittet sie voller Unschuld um einen Gefallen für Adonija? Oder ist ihre Handlung eine subtile Weise, wie sie eine Bedrohung für die Herrschaft ihres Sohnes und ihre eigene Sicherheit beiseite schafft? Der Erzähler lässt uns darüber im Unklaren.

Batsebas Stellung am Hof des Salomo ist bemerkenswert. Sie, die in Schande an Davids Hof kam, erhält bei ihrem Eintreten die Ehrerbietung Salomos. Ein Thron wird zur Rechten des Königs für sie aufgestellt. Sie ist die erste biblische „Königinmutter". In Juda (dem Südreich) scheint die Königinmutter eine einflussreiche Stellung innegehabt zu haben. Fünfzehn Stellen, die die Thronfolge eines Königs aufführen, zählen auch seine Mutter auf (1 Könige 15,2; 22,42; 2 Könige 8,26; 12,2; 14,2; 15,2. 33; 18,2; 21,1. 19; 22,1; 23,31. 36; 24,8. 18). Es gibt zusätzliche Bemerkungen über einige dieser Frauen. König Asa von Juda „enthob seine Großmutter Maacha ihrer Stellung als Herrin", da sie an der Verehrung der Aschera teilgenommen hatte (1 Könige 15,13; s. 14,21). Die Königinmutter Atalja regiert über Juda sechs Jahre lang (2 Könige 11,3). Die Mutter des Königs Jojachin von Juda ist besonders erwähnt als eine der prominentesten Exilanten während der ersten Vertreibung nach Babylon (2 Könige 24,12. 15; Jeremia 29,2).[27] Im Nordreich (Israel) wird Isebel „Herrin" genannt (2 Könige 10:13), und es scheint, dass sie weiterhin Einfluss während der Herrschaft ihres Sohnes Joram ausgeübt hat (2 Könige 9,22).

Erinnerung an Batseba

Batseba wird nur drei weitere Male in der Bibel erwähnt. In 1 Chronik erscheint sie als die Mutter von vier der Söhne Davids (1 Chronik 3,5), doch die Geschichte von Davids Ehebruch und dem Mord an ihrem Ehemann wird von dem Verfasser nicht erwähnt. Der Titel von Psalm 51 sagt, dass der Psalm zu beten ist von David, „als der Prophet Natan zu ihm kam, nachdem sich David mit Batseba vergangen hatte" (Psalm 51,2). Sie ist eine der fünf Frauen, die bei Matthäus in seinem Stammbaum Jesu erwähnt werden: „David wurde der Vater Salomos, dessen Mutter die Frau des Urija gewesen war" (Matthäus 1,6).

Die Geschichte der Batseba bleibt ein Rätsel. Ihr erster Ehemann wird von ihrem zweiten Ehemann getötet. Ihr erstes Kind stirbt als eine Strafe für den König; ihr zweites Kind folgt ihm auf dem Thron. Sie ist von ursächlicher Bedeutung bei der Erfüllung des Versprechens Gottes gegenüber David, dass einer seiner Söhne auf seinem Thron sitzen wird (2 Samuel 7). Ihr Sohn Salomo erbaut den Tempel, erwirbt großen Reichtum und den Ruf, weise zu sein, und er herrscht über Israels größtes Reich. Doch Batsebas eigene Beweggründe, Absichten und Wünsche werden niemals enthüllt. Sie wird nur vermittels der Erzählungen über die mächtigen Männer in ihrer Umgebung wahrgenommen.

---

[27] Jede dieser Frauen ist wie Batseba Mutter eines jüngeren Sohnes, der anstelle des älteren (oder des Onkels) auf den Thron nachfolgt.

Tamar

Eine begehrte Schwester

2 Samuel 13,1–6

Danach geschah Folgendes: Abschalom, der Sohn Davids, hatte eine schöne Schwester namens Tamar, und Amnon, der Sohn Davids, verliebte sich in sie. Amnon war sehr betrübt und wurde fast krank wegen seiner Schwester Tamar; denn sie war Jungfrau, und es schien Amnon unmöglich, ihr etwas anzutun. Nun hatte Amnon einen Freund namens Jonadab, einen Sohn des Schima, des Bruders Davids. Jonadab war ein sehr kluger Mann. Er sagte zu Amnon; Warum bist du jeden Morgen so betrübt, Sohn des Königs? Willst du es mir nicht erzählen? Amnon antwortete ihm: Ich liebe Tamar, die Schwester meines Bruders Abschalom. Da sagte Jonadab zu ihm: Leg dich ins Bett, und stell dich krank! Wenn dann dein Vater kommt, um nach dir zu sehen, sag zu ihm: Lass doch meine Schwester Tamar zu mir kommen und mir etwas zu essen machen; sie soll die Krankenkost vor meinen Augen zubereiten, so dass ich zusehen und aus ihrer Hand essen kann. Amnon legte sich also hin und stellte sich krank. Als der König kam, um nach ihm zu sehen, sagte Amnon zum König: Meine Schwester Tamar möge doch zu mir kommen; sie soll mir vor meinen Augen zwei Kuchen backen, und ich will die Krankenkost aus ihrer Hand essen.

In der Geschichte von Tamar beschreibt die Struktur des ersten Satzes ihre Situation. Sie ist eine Schwester, die gefangen ist zwischen zwei Brüdern. Jeder der beiden Brüder wird „Sohn Davids" genannt, doch Tamar wird niemals als „Davids Tochter" bezeichnet, obwohl sie es ist. Jeder der Brüder hat einen eigenen Anspruch auf sie; nach dem Unglück erhebt ihr Vater keinen Anspruch mehr auf sie.

Wir erfahren gleichfalls im ersten Abschnitt, dass Tamar wunderschön ist und dass sie noch Jungfrau ist. Diese guten Eigenschaften werden ihre Zerstörung zur Folge haben. Ihr Halbbruder Amnon ist so betört von ihrer Schönheit, dass er krank wird. Da sie Jungfrau ist und dadurch für den König von Wert ist als eine mögliche Frau für einen ausländischen Prinzen, weiß Amnon, dass er sie nicht besitzen kann. Seine Freunde ermutigen ihn, eine Situation herbeizuführen, in der er mit Tamar allein sein kann. Dann kann er mit ihr machen, was immer er will.

2 Samuel 13,7–13

David sandte jemanden ins Haus der Tamar und ließ ihr sagen: Geh doch in das Haus deines Bruders Amnon, und mach ihm etwas zu essen! Tamar ging in das Haus ihres Bruders Amnon, der im Bett lag. Sie nahm Teig, knetete vor seinen Augen die Kuchen und backte sie: Dann nahm sie die Pfanne und legte ihm (das Gericht) vor. Amnon aber wollte nichts essen, sondern sagte: Schickt alle fort! Als alle aus dem Zimmer hinausgegangen waren, sagte Amnon zu Tamar: Bring das Essen in die (innere) Kammer, ich möchte aus deiner Hand essen. Tamar nahm die Kuchen, die sie zubereitet hatte, und brachte sie ihrem Bruder Amnon in die Kammer. Als sie ihm aber die Kuchen zum Essen reichte, griff er nach ihr und sagte zu ihr: Komm, leg dich zu mir, Schwester! Sie antwortete ihm: Nein, mein Bruder, entehre mich nicht! So etwas tut man in Israel nicht. Begeh keine solche Schandtat! Wohin sollte ich denn in meiner Schande gehen? Du würdest als einer der niederträchtigsten Menschen in Israel dastehen. Rede doch mit dem König, er wird mich dir nicht verweigern.

David fällt auf die Intrige herein und schickt Tamar zu Amnon. Sie bereitet das Essen zu und stellt es vor ihn hin, doch er will es nicht essen. Er insistiert, es – allein – aus ihrer Hand zu essen. Als alle anderen hinausgegangen sind, versucht er zunächst, sie zu verführen.[28] Er ist der Sohn seines Vaters, sucht sexuelle Intimität mit einer Frau, ohne Rücksicht auf ihr Verlangen. Tamar macht einen Gegenvorschlag und schlägt vor, der König möge sie dem Amnon zur Frau geben. Sie hat einen starken Sinn für ihre eigene Ehre und Selbsterhaltung. Sie ist gewillt, eine Lösung zu finden, die sowohl sie selbst beschützt als auch Amnons Begierde befriedigt.

Eine vergewaltigte und verstoßene Schwester

2 Samuel 13,14–22

Doch Amnon wollte nicht auf sie hören, sondern ergriff sie und zwang sie, mit ihm zu schlafen. Hinterher aber empfand Amnon eine sehr große Abneigung gegen sie; ja, der Hass, mit dem er sie jetzt hasste, war größer als die Liebe, mit der er sie geliebt hatte. Amnon sagte zu ihr: Steh auf, geh fort! Sie erwiderte ihm: Nicht doch! Wenn du mich wegschickst, wäre das ein noch größeres Unrecht als das, das du mir schon angetan hast. Er aber wollte nicht auf sie hören, sondern rief den jungen Mann, der in seinen Diensten stand, und sagte: Schafft dieses Mädchen da von mir fort auf die Straße hinaus, und schließt die Tür hinter ihr ab! Sein Diener brachte sie hinaus und schloss die Tür hinter ihr zu. Sie hatte ein Ärmelkleid an; denn solche Obergewänder trugen die Königstöchter, solange sie Jungfrauen waren. Tamar aber streute sich Asche auf das Haupt und zerriss das Ärmelkleid, das sie anhatte, sie legte ihre Hand auf den Kopf und ging schreiend weg. Ihr Bruder Abschalom fragte sie: War dein Bruder Amnon mit dir zusammen? Sprich nicht darüber, meine Schwester, er ist ja dein Bruder. Nimm dir die Sache nicht so zu Herzen! Von da an lebte Tamar einsam im Haus ihres Bruders Abschalom. Doch der König David erfuhr von der ganzen Sache und geriet darüber sehr in Zorn. Abschalom aber redete nicht mehr mit Amnon, weder im Guten noch im Bösen; er hasste Amnon, weil dieser seine Schwester Tamar vergewaltigt hatte.

---

[28] Das Verb „sich zu jemandem legen" ist eine Umschreibung für den Geschlechtsverkehr.

Amnon weigert sich, auf Tamar zu hören. Er will sie jetzt besitzen. Er vergewaltigt sie und hasst sie anschließend. Trotz ihrer Bitten wirft er sie aus dem Haus und schließt die Tür. Unter Tränen zerreißt sie das Kleidungsstück, das ihre Jungfräulichkeit symbolisierte. Sie geht zu ihrem richtigen Bruder Abschalom, der einen furchtbaren Hass Amnon gegenüber entwickelt. David jedoch tut nichts, weil er seinen erstgeborenen Sohn nicht kränken will.

Die Verwendung der familiären Worte „Bruder", „Schwester", „Sohn" enthüllen die Ironie der Tragödie Tamars. Obwohl Tamars „familiäre" Beziehung zu Amnon und David wiederholt erwähnt wird, wird diese Beziehung von beiden Männern entstellt und ignoriert. In Vers 1 steht die *Schwester* zwischen den beiden *Söhnen*. Amnon ist wegen seiner *Schwester* bedrückt (13,2) und sagt seinem Freund, dass er in die *Schwester seines Bruders* verliebt ist (13,4). Sein Freund rät ihm, seinen *Vater* zu bitten, ihm seine *Schwester* zu schicken (13,5). So bittet Amnon den König, seine *Schwester* zu senden, und David schickt sie zu ihrem *Bruder* (13,6–7). Tamar geht zu dem Haus ihres *Bruders* (13,8), backt Kuchen und bringt diese ihrem *Bruder* (13,10). Dieser verlangt jedoch „Schlaf mit mir, meine *Schwester*" (13,11), doch sie lehnt ab: „Nein, mein *Bruder*" (13,12). Nachdem er sie vergewaltigt hat und sie rauswerfen will, protestiert sie: „Nein, *Bruder*" (13,16). Sie flieht zu ihrem *Bruder* Abschalom, der fragt: „Hat dein *Bruder* Amnon mit dir geschlafen? Sprich nicht darüber, meine *Schwester*; er ist dein *Bruder*." „Doch sie blieb einsam im Haus ihres *Bruders*" (13,20). David wollte seinen *Sohn* nicht verletzen (13,21), doch Abschalom hasste Amnon wegen der Vergewaltigung seiner *Schwester* (13,22). Das Wort „Schwester" wird achtmal erwähnt, „Bruder" zehnmal, „Sohn" dreimal, und „Vater" einmal.

Erinnerung an Tamar

Trotz der Vielzahl von Referenzen bezüglich familiärer Beziehungen wird Tamar niemals als Tochter Davids bezeichnet. Als eine Tochter ist sie unbedeutend und sogar entbehrlich. Söhne sind von Bedeutung bei der Suche nach dem nächsten König. Das Wort „Tochter" taucht in dem Abschnitt nicht einmal auf. Die erste Erwähnung geschieht beim Hinweis auf Abschaloms Kinder: „Drei Söhne wurden Abschalom geboren und eine Tochter namens Tamar; sie wurde eine Frau von großer Schönheit" (14,27). Diese Tochter ist zweifellos nach Abschaloms Schwester benannt, vielleicht aus Trauer, vielleicht als eine Art und Weise, Tamar zu ehren.

Tamars Tragödie ist Teil der Bestrafung Davids für seinen Ehebruch mit Batseba und für den Mord an ihrem Ehemann. Sie ist Teil der Gewalt, die, wie Natan vorhergesagt hatte, nie wieder vom Hause Davids weichen würde. Die Tragödie hat gleichfalls eine direkte Auswirkung auf die Thronfolge. Amnon war der mutmaßliche Thronfolger, doch aus Rache für seine Vergewaltigung Tamars ermordet ihn Abschalom (2 Samuel 13,23–33). Danach flieht Abschalom, ein weiterer möglicher Thronfolger (2 Samuel 13,34–38). Selbst nach seiner Rückkehr ist er niemals vollständig mit dem König ausgesöhnt (2 Samuel 13,34–38). Am Ende zettelt er eine Revolte an und vertreibt David aus Jerusalem (2 Samuel 15,1–8). Die Revolte wird niedergeschlagen, und Absalom wird getötet (2 Samuel 18,1–18) und somit ein weiterer Thronfolger beiseite geräumt. Während der gesamten Geschichte trauert David um seine Söhne (2 Samuel 13,39; 18,12; 19,1–5). Nirgends findet sich ein Wort der Trauer über seine Tochter.

Die Königin von Saba

1 Könige 10,1–13
Die Königin von Saba hörte vom Ruf Salomos und kam, um ihn mit Rätselfragen auf die Probe zu stellen. Sie kam nach Jerusalem mit sehr großem Gefolge, mit Kamelen, die Balsam, eine gewaltige Menge Gold und Edelsteine trugen, trat bei Salomo ein und sprach mit ihm über alles, was sie sich vorgenommen hatte. Salomo antwortete auf alle Fragen. Es gab nichts, was dem König verborgen war und was er ihr nicht hätte sagen können. Als nun die Königin von Saba die ganze Weisheit Salomos erkannte, als sie den Palast sah, den er gebaut hatte, die Speisen auf seiner Tafel, die Sitzplätze seiner Beamten, das Aufwarten der Diener und ihre Gewänder, seine Getränke und sein Opfer, das er im Haus des Herrn darbrachte, da stockte ihr der Atem. Sie sagte zum König: Was ich in meinem Land über dich und deine Weisheit vernommen habe, ist wirklich wahr. Ich wollte es nicht glauben, bis ich nun selbst gekommen bin und es mit eigenen Augen gesehen habe. Und wahrlich, nicht einmal die Hälfte hat man mir berichtet, deine Weisheit und deine Vorzüge übertreffen alles, was ich gehört habe. Glücklich sind deine Männer, glücklich diese deine Diener, die allezeit vor dir stehen und deine Weisheit hören. Gepriesen sei Jahwe, dein Gott, der an dir Gefallen fand und dich auf den Thron Israels setzte. Weil Jahwe Israel ewig liebt, hat er dich zum König gemacht, damit du Recht und Gerechtigkeit übst. Sie gab dem König hundertzwanzig Talente Gold, dazu eine sehr große Menge Balsam und Edelsteine. Niemals mehr kam so viel Balsam in das Land, wie die Königin von Saba dem König Salomo schenkte.
Auch die Flotte Hirams, die Gold aus Ofir holte, brachte von dort große Mengen Almuggimholz und Edelsteine. Der König ließ aus dem Almuggimholz Schnitz-

arbeiten für das Haus des Herrn und den königlichen Palast sowie Zithern und Harfen für die Sänger anfertigen. Solches Almuggimholz ist nie wieder in das Land gekommen und bis zum heutigen Tag nicht mehr gesehen worden. König Salomo gewährte der Königin von Saba alles, was sie wünschte und begehrte. Dazu beschenkte er sie reichlich, wie es nur der König Salomo vermochte. Schließlich kehrte sie mit ihrem Gefolge in ihr Land zurück.

Saba ist wahrscheinlich ein Volksstamm im Nordwesten Arabiens. Saba wird von Ijob als ein Nomadenvolk aufgeführt (Ijob 6,19), und die Sabäer nehmen im Prolog Ijobs Haustiere weg (Ijob 1,15; s. Joel 4,8). Sie handeln mit Weihrauch (Jeremia 6,20), Edelsteinen, Gold und Textilien (Ezechiel 27,22–24). Der Reichtum Sabas wird an mehreren Stellen erwähnt: „die Könige von Arabien und Saba überreichen Geschenke" (Psalm 72,10; s. Jesaja 60,6).

Obwohl allgemein Übereinstimmung darin besteht, dass Saba ein arabischer Stamm ist, gibt es eine gegensätzliche Tradition, die Saba bei den Äthiopiern ansiedelt. Genesis 10,7 nennt Saba als einen der Nachkommen von Kusch (Äthiopien). Josephus, ein jüdischer Historiker des ersten Jahrhunderts, nimmt ebenfalls an, dass die Königin aus Äthiopien kommt. Es gibt in Äthiopien eine Tradition, dass die Könige von Salomo und der Königin von Saba abstammen. Diese königliche Linie, „Löwe von Juda" genannt, hatte in Äthiopien bis 1974 Bestand.

Gemäß der biblischen Überlieferung kommt die Königin von Saba zu Salomo, um seine Weisheit zu testen. Tatsächlich kam sie wahrscheinlich zu ihm, um Handelsabkommen zu verlängern, da der Handel ein bedeutender Teil des salomonischen Regierungsprogramms war (s. 1 Könige 9,26–28; 10,14–29). Die Königin kommt mit „Kamelen, die Balsam, eine gewaltige Menge Gold und Edelsteine trugen" (10,2). Bevor sie abreist, gibt sie dem König Schätze im Überfluss (10,10). Salomo gibt ihr ebenfalls Geschenke. Das Handelsabkommen wurde anscheinend geschlossen.

Weisheit jedoch ist ebenfalls ein bedeutender Aspekt an Salomos Charakter. „Er war weiser als alle Menschen ... Sein Name war bekannt bei allen Völkern ringsum. Von allen Völkern kamen Leute, um die Weisheit Salomos zu hören, Abgesandte von allen Königen der Erde, die von seiner Weisheit vernommen hatten" (1 Könige 5,11. 14). Auch die Königin ist weise; sie ist gekommen, Salomo mit subtilen Fragen zu testen (10,1). Doch Salomo ist größer, als sie es sich vorgestellt hatte; sie ist von seiner Weisheit überwältigt. Sie erkennt, dass Salomos Weisheit eine Gabe Gottes ist, ein Zeichen für Gottes Liebe gegenüber Israel (10,9). Sie ist beeindruckt von Salomos

Reichtum und der Kultur an seinem Hof, zusätzliche Beweise seiner Weisheit.

Die Königin von Saba ist ein bedeutender Zeuge für Reichtum und Weisheit Salomos. Sie preist ebenfalls den Herrn, den Gott Israels. Jesus erinnert an ihre Offenheit, von Salomo zu lernen, als einen Gegensatz zu der Hartherzigkeit seiner Zeitgenossen: „Die Königin des Südens wird beim Gericht gegen diese Generation auftreten und sie verurteilen; denn sie kam vom Ende der Erde, um die Weisheit Salomos zu hören. Hier aber ist einer, der mehr ist als Salomo" (Matthäus 12,42; s. Lukas 11,31).

Isebel

Königin Israels

1 Könige 16,29–33
Ahab, der Sohn Omris, wurde König von Israel im achtunddreißigsten Jahr des Königs Asa von Juda. Er regierte in Samaria zweiundzwanzig Jahre über Israel und tat, was dem Herrn missfiel, mehr als alle seine Vorgänger. Es war noch das Geringste, dass er an den Sünden Jerobeams, des Sohnes Nebats, festhielt. Er nahm Isebel, die Tochter Etbaals, des Königs der Sidonier, zur Frau, ging hin, diente dem Baal und betete ihn an. Im Baalstempel, den er in Samaria baute, errichtete er einen Altar für den Baal. Auch stellte er einen Kultpfahl auf und tat noch vieles andere, womit er den Herrn, den Gott Israels, mehr erzürnte als alle Könige Israels vor ihm.

Isebel ist die Tochter Etbaals, des Königs der Phönizier,[29] und die Ehefrau Ahabs, des Königs von Israel. Ahab gehört zum Haus Omris, eines der reichsten Königshäuser Israels. Andere Völker des Alten Orients nannten Israel weiterhin „Haus Omri", lange, nachdem die Dynastie schon verschwunden war.

Phönizien liegt an der Mittelmeerküste, nördlich von Israel. Zwei seiner bedeutendsten Städte waren Tyrus und Sidon. Diese phönizischen Häfen kamen zu Wohlstand durch die Produktion von Purpurwaren wie auch durch den Schiffshandel. Die Phönizier beteten, wie auch die Kanaaniter, den Gott Baal an. Als Isebel nach Israel kam, brachte sie Baalspriester mit sich und ermutigte die Menschen, Baal anzubeten. Ahab baute wie auch Salomo vor ihm einen Tempel für die Anbetung des Gottes seiner Frau (s. 1 Könige 11,4–10).

Die biblischen Geschichten der Könige Israels (des Nordreichs)

---

[29] Die Phönizier werden hier nach einer ihrer großen Städte Sidonier genannt.

sind überliefert von Schriftstellern aus Juda (dem Südreich).[30] Daher werden diese Könige und Königinnen in einem schlechten Licht dargestellt und werden oftmals allein beurteilt auf der Grundlage ihrer Hingabe an den Tempel in Jerusalem und die gottesdienstlichen Vorschriften, die von den Jerusalemer Priestern gemacht wurden.

Widersacher des Elija

1 Könige 18,3–4
Die Hungersnot war groß in Samaria. Daher rief Ahab den Palastvorsteher Obadja. Dieser war sehr gottesfürchtig. Als Isebel die Propheten des Herrn ausrottete, hatte Obadja hundert von ihnen beiseite genommen, sie zu je fünfzig in einer Höhle verborgen und mit Brot und Wasser versorgt.

1 Könige 19,1–3
Ahab erzählte Isebel alles, was Elija getan, auch dass er alle Propheten mit dem Schwert getötet habe. Sie schickte einen Boten zu Elija und ließ ihm sagen: Die Götter sollen mir dies und das antun, wenn ich morgen um diese Zeit dein Leben nicht dem Leben eines jeden von ihnen gleich mache. Elija geriet in Angst, machte sich auf und ging fort, um sein Leben zu retten. Er kam nach Beerscheba in Juda.

Isebel und der Prophet Elija werden Todfeinde. Jeder sieht die unerschütterlich Hingabe des anderen an einen Gott als eine tödliche Bedrohung. Isebel ermordet die Propheten Jahwes; Elija tötet in einem nachahmenden Wettbewerb die Baalspriester (1 Könige 18). Isebel übt ihre königliche Macht aus und verurteilt Elija zum Tode, worauf dieser flieht.

Die Namen der beiden drücken ihre bittere Feindschaft aus. In der Septuaginta (der griechischen Fassung) sagt Isebel zu Elija: „Wenn du Elija bist, dann bin ich Isebel" (19,2).

Der Name „Elija" bedeutet „Jahwe ist mein Gott". Der Name „Isebel" bedeutet wahrscheinlich „der Prinz (Baal) gehört mir". Isebel und Elija sind ein ebenbürtiges Paar, jeder von ihnen zielbewusst seinem oder ihrem Gott ergeben.

---

[30] Nach dem Tod Salomos (922 v. Chr.) wurde das Königreich geteilt. Salomos Sohn Rehabeam wurde König von Juda (und dem Stamm Benjamin, der in Juda aufging), und Jerobeam, der Sohn Nebats, wurde König von Israel (den anderen zehn Stämmen).

Der Mord an Nabot

1 Könige 21,1–26

Danach trug sich Folgendes zu. Nabot aus Jesreel hatte einen Weinberg in Jesreel neben dem Palast Ahabs, des Königs von Samarien. Ahab verhandelte mit Nabot und schlug ihm vor: Gib mir deinen Weinberg! Er soll mir als Gemüsegarten dienen; denn er liegt nahe bei meinem Haus. Ich will dir dafür einen besseren Weinberg geben. Wenn es dir aber lieber ist, bezahle ich dir den Kaufpreis in Geld. Doch Nabot erwiderte: Der Herr bewahre mich davor, dass ich dir das Erbe meiner Väter überlasse. Darauf kehrte Ahab in sein Haus zurück. Er war übel gelaunt und verdrossen, weil Nabot aus Jesreel zu ihm gesagt hatte: Ich werde dir das Erbe meiner Väter nicht überlassen. Er legte sich auf sein Bett, drehte das Gesicht zur Wand und wollte nicht essen. Seine Frau Isebel kam zu ihm herein und fragte: Warum bist du übel gelaunt und willst nicht essen? Er erzählte ihr: Ich habe mit Nabot aus Jesreel verhandelt und ihm gesagt: Verkauf mir deinen Weinberg für Geld, oder wenn es dir lieber ist, gebe ich dir einen anderen dafür. Doch er hat geantwortet: Ich werde dir meinen Weinberg nicht geben. Da sagte seine Frau Isebel zu ihm: Du bist doch jetzt König in Israel. Steh auf, iss, und sei guter Dinge! Ich werde dir den Weinberg Nabots aus Jesreel verschaffen.

Sie schrieb Briefe im Namen Ahabs, versah sie mit seinem Siegel und schickte sie an die Ältesten und Vornehmen, die mit Nabot zusammen in der Stadt wohnten. In den Briefen schrieb sie: Ruft ein Fasten aus, und lasst Nabot oben vor allem Volk Platz nehmen! Setzt ihm aber zwei nichtswürdige Männer gegenüber! Sie sollen gegen ihn als Zeugen auftreten und sagen: Du hast Gott und den König gelästert. Führt ihn dann hinaus, und steinigt ihn zu Tode! Die Männer der Stadt, die Ältesten und Vornehmen, die mit ihm zusammen in der Stadt wohnten, taten, was Isebel ihnen befohlen hatte, was in den Briefen stand, die sie ihnen geschickt hatte. Sie riefen ein Fasten aus und ließen Nabot oben vor allem Volk Platz nehmen. Es kamen aber auch die beiden nichtswürdigen Männer und setzten sich ihm gegenüber. Sie standen vor dem Volk als Zeugen gegen Nabot auf und sagten: Nabot hat Gott und den König gelästert. Sogleich führte man ihn aus der Stadt hinaus und steinigte ihn zu Tode.

Darauf ließen sie Isebel melden: Nabot wurde gesteinigt und ist tot. Sobald sie hörte, dass Nabot gesteinigt wurde und tot war, sagte sie zu Ahab: Auf, nimm den Weinberg Nabots aus Jesreel in Besitz, den er dir für Geld nicht verkaufen wollte; denn Nabot lebt nicht mehr; er ist tot. Als Ahab hörte, dass Nabot tot war, stand er auf und ging zum Weinberg Nabots aus Jesreel hinab, um ihn in Besitz zu nehmen.

Da erging das Wort des Herrn an Elija aus Tischbe: Mach dich auf, und geh Ahab, dem König von Israel, entgegen, der in Samaria seinen Wohnsitz hat. Er ist zum Weinberg Nabots hinabgegangen, um von ihm Besitz zu ergreifen. Sag ihm: So spricht der Herr: Durch einen Mord bist du Erbe geworden? Weiter sag ihm: So spricht der Herr: An der Stelle, wo die Hunde das Blut Nabots geleckt haben, werden Hunde auch dein Blut lecken. Ahab sagte zu Elija: Hast du mich gefunden, mein Feind? Er erwiderte: Ich habe dich gefunden. Weil du dich hergabst, das zu tun, was dem Herrn missfällt, werde ich Unheil über dich bringen.

Ich werde dein Geschlecht hinwegfegen und von Ahabs Geschlecht alles, was
männlich ist, bis zum letzten Mann in Israel ausrotten. Weil du mich zum Zorn
gereizt und Israel zur Sünde verführt hast, werde ich mit deinem Haus verfah-
ren wie mit dem Haus Jerobeams, des Sohnes Nebats, und mit dem Haus Ba-
schas, des Sohnes Ahijas. Und über Isebel verkündet der Herr: Die Hunde werden Isebel an der Mauer von Jesreel auffressen. Wer von der Familie Ahabs in
der Stadt stirbt, den werden die Hunde fressen, und wer auf dem freien Feld
stirbt, den werden die Vögel des Himmels fressen.
Es gab in der Tat niemanden, der sich wie Ahab hergab zu tun, was dem Herrn
missfiel, da seine Frau Isebel ihn verführte. Sein Tun war überaus verwerflich;
er lief den Götzen nach und folgte den Gebräuchen der Amoriter, die der Herr
vor den Israeliten vertrieben hatte.

In der Geschichte von Nabots Weinberg erscheint Isebel als unbarmherzig. Sie versteht nicht die Wichtigkeit von Land für den Israeliten. Sie kennt die Bedeutung von Land als ein Zeichen der Zugehörigkeit zum Bund nicht. Daher kann sie auch Nabots Beharrlich-
keit nicht verstehen, seinen kleinen Weinberg zu behalten. Warum
will er ihn nicht verkaufen oder eintauschen? Ebenso wenig versteht
sie das Verhältnis zwischen König und Gesetz in Israel. Sie sieht
nicht, dass in Israel auch der König dem Gesetz, nämlich dem Gottes,
unterworfen ist. Daher versteht sie das Zögern ihres Ehemannes
nicht. Warum übt er nicht einfach seine königliche Macht aus und be-
mächtigt sich des Weinbergs?

Wenn Ahab schon nicht als König handeln will, dann wird sie als
Königin handeln. Sie nimmt die Angelegenheit selbst in die Hand. So
wie David den Tod Urijas in die Wege geleitet hatte, so kümmert sie
sich um den Tod Nabots. Nach israelitischem Recht konnte ein
Mensch verurteilt werden, wenn das Zeugnis zweier Männer über-
einstimmte. Isebel befiehlt dem Volk, zwei Ankläger zur Verfügung
zu sellen, und Nabot wird hingerichtet. Danach kehrt Isebel zu ihrem
Gatten zurück, um ihm mitzuteilen, dass es für ihn möglich ist, den
begehrten Weinberg in Besitz zu nehmen.

Auf dem Weg zum Weinberg trifft Ahab Isebels Todfeind Elija. Elija kündigt den Untergang des Hauses Ahab wegen des Mordes an Nabot an. Der Untergang konzentriert sich auf Ahab; Isebel wird nur
beiläufig erwähnt. Ahab wird bestraft, weil er auf sie gehört hat; auch
sie wird einen fürchterlichen Tod erleiden. Weil er auf Elijas Ankündigung mit Demut und Reue antwortet, wird Ahab selbst verschont
(1 Könige 21,27–29). Über Isebels Schicksal wird hier nichts weiter
gesagt.

Isebels Tod

2 Könige 9,30–37

Als Jehu nach Jesreel kam und Isebel dies erfuhr, schminkte sie ihre Augen, schmückte ihr Haupt und schaute durch das Fenster hinab. Während dann Jehu an das Tor trat, rief sie ihm zu: Geht es Simri, dem Mörder seines Herrn, gut? Jehu schaute zum Fenster empor und fragte: Ist jemand da, der zu mir hält? Zwei oder drei Hofleute sahen zu ihm herab, und er befahl ihnen: Werft sie herunter! Sie warfen sie herunter, und Isebels Blut bespritzte die Wand und die Pferde, die sie zertraten. Dann ging Jehu hinein, um zu essen und zu trinken. Schließlich befahl er: Seht nach dieser Verfluchten, und begrabt sie; denn sie ist eine Königstochter. Doch als sie hinkamen, um sie zu begraben, fanden sie von ihr nur noch den Schädel, die Füße und die Hände. Und sie kamen zurück, um es ihm zu melden. Er aber sagte: Das ist das Wort, das der Herr durch seinen Knecht Elija aus Tischbe verkündet hat: Auf der Flur von Jesreel werden die Hunde das Fleisch Isebels fressen. Die Leiche Isebels soll wie Mist auf dem Feld in der Flur Jesreels liegen, so dass man nicht mehr sagen kann: Das ist Isebel.

Der Tod Isebels stellt das finale Zusammentreffen zwischen Isebel und Elija dar. Als Elija vor Isebels Zorn floh, ging er zum Berg Sinai (Horeb). Dort sprach Gott zu ihm „in einem sanften, leisen Säuseln" (1 Könige 19,12). Gott beauftragte Elija, drei Menschen zur Macht zu erheben: Elischa als den Propheten nach ihm, Hasael als den König von Syrien und Jehu als den König Israels. Elija beruft Elischa, der die anderen beiden Teile des Auftrags für ihn erledigt. Nachdem Elischa Jehu zum König gesalbt hat, stellt Jehu eine Armee zusammen und tötet die Könige sowohl von Israel als auch von Juda und die meisten Angehörigen der königlichen Familien (2 Könige 9). Unter den Getöteten sind siebzig Nachkommen Ahabs, und so wird Elijas Prophezeiung bezüglich des Hauses Ahab erfüllt (2 Könige 10,1–11). Ahab selbst ist bereits tot.

Jehu geht auch gegen Isebel vor. Sie kleidet sich, wie es sich für eine Königin gebührt, um ihren Gegenspieler zu treffen. Sie begrüßt ihn als Zimri, der Elah, den König Israels, etwas mehr als 30 Jahre zuvor getötet hatte. Zimri selbst regierte nur sieben Tage lang und tötete sich selbst während des Angriffs durch Omri, Isebels Schwiegervater (1 Könige 16,9–15). Königlich bis zum letzten Augenblick verspottet sie Jehu und prophezeit, dass seine Königsherrschaft nur von kurzer Dauer sein wird, eine Prophezeiung, die sich nicht bewahrheiten wird.

Isebel wird von ihren Dienern aus dem Palastfenster geworfen und stirbt. Doch als Jehu sich entschließt, ihr ein Begräbnis einer Königstochter zukommen zu lassen, kommt er zu spät. Wie Elija geweissagt hatte, haben die Hunde sie zerfleischt. „Man kann nicht mehr sagen: Das war Isebel." Elija hat gewonnen.

Erinnerung an Isebel

Isebel ist das Symbol für das Schlimmste geworden, was über Frauen gesagt werden kann. Weil sie sich schminkt und ihre königlichen Gewänder anzieht, um Jehu zu treffen, wird sie als Hure bezeichnet (s. Offenbarung 2,20). Es gibt keinerlei Angabe im Texte dafür, dass diese Identifizierung wahr ist. Als Jehu sie der Unzucht und Hexerei bezichtigt (9,22), geschieht dies wahrscheinlich wegen ihrer Hingabe an den Gott Baal. Sie wird auch als eine machtgierige Frau angesehen, die jeden beiseite räumt, der ihren Plänen im Wege steht. Ihr Handeln gegenüber Nabot bestätigt das. Man muss sich jedoch darüber im Klaren sein, dass sie königliches Hoheitsrecht ausübt, ähnlich dem anderer Könige und Königinnen des Alten Orients, darunter auch David und Salomo. Ihr Beispiel ist keine Entschuldigung für ihre Taten, stellt sie jedoch in einen Zusammenhang. Am Ende geraten sie und Elija über die wichtigste theologische Frage des neunten Jahrhunderts (wie auch anderer Jahrhunderte) in einen unüberbrückbaren Konflikt: Wer ist Gott in Israel? Bei diesem Streit siegt Elija: Jahwe ist Gott in Israel.

7. Die Frau, das Ebenbild Gottes

Vorschlag zur Lektüre: Genesis 1–3; Sprüche 8–9; 31,10–31; Sirach 1; 24; 51; Weisheit 7–9

Die Frauen, die in den vorhergehenden Kapiteln porträtiert wurden, sind Frauenpersönlichkeiten in Israels Geschichte von den Zeiten Abrahams (etwa 1800 v. Chr.) bis hin zu den Zeiten der Könige (zehntes bis sechstes Jahrhundert v. Chr.). Während des zehnten Jahrhunderts, in den Zeiten von David und Salomo, fing Israel an, weitgehendere Sachverhalte zu bedenken. Wie entstand die Welt? Woher kamen die anderen Völker? Was kann über die Natur des Menschen gesagt werden? Was ist der Mann? Was ist die Frau? Was kann über die Natur Gottes gesagt werden? Wie kann man das Verhältnis zwischen Gott und Menschen beschreiben? Das einleitende Kapitel des Buches Genesis stellt Israels Gedanken über diese Fragen dar.

Die Weisen Israels vertieften diese Betrachtung über die menschliche Natur und über die Natur Gottes. Sie beschrieben die Brücke, die Gott und die Menschen verband, als Weisheit. Das Bild, welches sie für Gottes Weisheit benutzten, ist das Bild der Frau. Das Porträt der Frau Weisheit finden wir im Buch der Sprüche, im Buch Sirach und im Buch der Weisheit Salomos.

Das Ideal der Entstehung

Schöpfung

Genesis 1,26–31
Dann sprach Gott: Lasst uns Menschen machen als unser Abbild, uns ähnlich. Sie sollen herrschen über die Fische des Meeres, über die Vögel des Himmels, über das Vieh, über die ganze Erde und über alle Kriechtiere auf dem Land. Gott schuf also den Menschen als sein Abbild; als Abbild Gottes schuf er ihn. Als Mann und Frau schuf er sie. Gott segnete sie, und Gott sprach zu ihnen: Seid fruchtbar und vermehrt euch, bevölkert die Erde, macht sie euch untertan, und herrscht über die Fische des Meeres, über die Vögel des Himmels und über alle Tiere, die sich auf dem Land regen. Dann sprach Gott: Hiermit übergebe ich euch alle Pflanzen auf der ganzen Erde, die Samen tragen, und alle Bäume mit samenhaltigen Früchten. Euch sollen sie zur Nahrung dienen. Allen Tieren des

Feldes, allen Vögeln des Himmels und allem, was sich auf der Erde regt, was Lebensatem in sich hat, gebe ich alle grünen Pflanzen zur Nahrung. So geschah es. Gott sah alles an, was er gemacht hatte: Es war sehr gut. Es wurde Abend, und es wurde Morgen: der sechste Tag.

Die Geschichte der Schöpfung, die das Buch Genesis eröffnet, ist ein Hauptwerk der Theologie. Genesis 1 wurde von dem abschließenden Herausgeber um das sechste Jahrhundert geschrieben als eine Einleitung des gesamten Pentateuch (Genesis bis Deuteronomium). Es stellt ein Bild von Gott vor, eine Beschreibung jeder weiteren dem Autor bekannten Realität und die Beziehung Gottes zu dieser großartigen Welt und seinen Bewohnern. Gott ist mächtig und gebietend, er erschafft alles durch ein Wort. Zunächst erschafft Gott Raum und Zeit – Tag und Nacht, Himmel und Erde, das Land und das Meer (Genesis 1,3–10) – und dann all die Dinge, die zwischen Raum und Zeit existieren (Genesis 1,11–31). Danach ruht Gott aus. Alle Dinge sind geordnet: jedes an seinem eigenen Platz, jedes im gebotenen Verhältnis zu jedem anderen. Alles, was Gott erschaffen hat, ist gut.

Als Höhepunkt seiner schöpferischen Tätigkeit erschafft Gott Menschen. „Dann sprach Gott: Lasst uns Menschen machen als unser Abbild, uns ähnlich" (1,26). Das hebräische Wort *adam* ist ein genereller Begriff, der „menschlich" oder „Menschheit" bedeutet. Gott erschafft die gesamte Menschheit, jedes menschliche Wesen, nach dem göttlichen Abbild und ihm ähnlich. Mann und Frau sind von Gott nach dem göttlichen Abbild geschaffen (1,27).

Weil menschliche Wesen ein Abbild Gottes sind, teilen sie das Leben und die Macht Gottes. Dieses Anteil haben am göttlichen Leben ist das, was Segen bedeutet. Gott gibt ihnen Autorität und Verantwortung für die gesamte Schöpfung (1,26. 28). Sie werden zum Kanal, durch welchen Gottes lebenspendende Liebe zu jeder anderen Kreatur gelangt. Gott gibt ihnen auch die Macht, durch ihre Sexualität die Schöpfung fortzusetzen (1,28). Gott vertraut ihnen die Sorge und das Fortbestehen all dessen, was existiert, an.

Die Theologie, die in Genesis 1 ihren Ausdruck findet, porträtiert die Menschen – Mann und Frau – als lebende Abbilder Gottes, Vertreter und Zeugen der Macht und Liebe Gottes gegenüber der gesamten Schöpfung. Sowohl Frauen als auch Männer tragen diese Verantwortung und teilen diese Größe. Sowohl Frauen als auch Männer sind nach dem Bilde Gottes geschaffen. Frauen wie auch Männer schaffen die Verbindung zwischen Gott und der Welt und ihren Bewohnern. Den Israeliten war es verboten, sich ein Bildnis von Gott zu machen (Exodus 20,4). Sie hatten bereits Abbilder Gottes in ihren Leben: sich selber. Irenäus von Lyon, ein Theologe des zweiten Jahrhunderts, sagte: „Die Ehre Gottes ist der lebendige Mensch." Frauen und Männer sind die Vision der Ehre Gottes auf dieser Erde.

Eva

Erneute Schöpfung

Genesis 2,21–24
Da ließ Gott, der Herr, einen tiefen Schlaf über den Menschen kommen, so dass er einschlief, nahm eine seiner Rippen und verschloss ihre Stelle mit Fleisch. Gott, der Herr, machte aus der Rippe, die er vom Menschen genommen hatte, eine Frau und führte sie dem Menschen zu. Und der Mensch sprach:
Das endlich ist Bein von meinem Bein
und Fleisch von meinem Fleisch.
Frau soll sie heißen;
denn vom Mann ist sie genommen.
Darum verlässt der Mann Vater und Mutter und bindet sich an seine Frau, und sie werden ein Fleisch.

Genesis 2,4b–25 ist ein zweiter, ein älterer Schöpfungsbericht. Er wurde ungefähr um das 10. Jahrhundert v. Chr. verfasst. Der erste Bericht (Genesis 1,1–2,4a) beschreibt Gottes Schöpfung der gesamten Welt. Dieser zweite Bericht konzentriert sich auf die Schöpfung und Wesensart der Menschen. Der Rest der Schöpfung wird nur am Rande erwähnt, im Bezug auf die Menschen.

Dieser Schöpfungsbericht beginnt mit der Erschaffung des Menschen. Gott der Herr gestaltet die menschliche Kreatur, Adam, aus der Erde vom Ackerboden. Das Wort „Mensch" macht keine Angabe über das Geschlecht dieser menschlichen Kreatur durch das gesamte Kapitel hindurch – Anlegen des Gartens, die Anweisung, nicht von dem Baum zu essen, die Erschaffung der Tiere – bis hin zu Gottes zweitem Schöpfungsakt eines menschlichen Wesens.

Gott der Herr lässt einen tiefen Schlaf auf den Menschen fallen, nimmt von seinem Fleisch und lässt Sexualität entstehen (2,21–22). Der erste geschlechtsspezifische Begriff für ein menschliches Wesen erscheint in 2,22[31]: „Gott, der Herr, baute aus der Rippe, die er vom Menschen genommen hatte, eine Frau." Das andere menschliche Wesen, das aus dem einen Fleisch geschaffen wurde, erkennt seine Iden-

---

[31] In Genesis 1,27 wird der Unterschied durch die biologischen Begriffe „männlich" (zakar) und „weiblich" (neqebah) zum Ausdruck gebracht.

tität als Mann erst, als es das andere Wesen, die Frau, erkennt. Die
Freude, die der Mensch ausdrückt, als er dies erkennt, bezeugt das
Eins-Sein im Fleisch zwischen Mann und Frau:

> Das endlich ist Bein von meinem Bein
> und Fleisch von meinem Fleisch.
> Frau soll sie heißen;
> denn vom Mann ist sie genommen. (2,23)

Der nächste Vers stellt es klar heraus: „Darum verlässt der Mann
Vater und Mutter und bindet sich an seine Frau, und sie werden ein
Fleisch." Mann und Frau sind aus einem Fleisch erschaffen und seh-
nen sich danach, zu ihrer ursprünglichen Einheit zurückzukehren.

Ebenso wie Mann und Frau in Genesis 1 füreinander erschaffen
sind zum Abbild Gottes, so sind sie in Genesis 2 füreinander erschaffen, um einander zu helfen. Es ist nicht gut für einen Menschen, allein zu sein. Daher gibt Gott in seiner großen Weisheit Mann und
Frau einander, erschaffen aus dem gleichen Fleisch.

Aufruhr im Garten

Genesis 3,1–7
Die Schlange war listiger als alle Tiere des Feldes, die Gott, der Herr, gemacht
hatte. Sie sagte zu der Frau: Hat Gott wirklich gesagt: Ihr dürft von keinem
Baum des Gartens essen? Die Frau entgegnete der Schlange: Von den Früchten
der Bäume im Garten dürfen wir essen; nur von den Früchten des Baumes, der
in der Mitte des Gartens steht, hat Gott gesagt: Davon dürft ihr nicht essen, und
daran dürft ihr nicht rühren, sonst werdet ihr sterben.
Darauf sagte die Schlange zur Frau: Nein, ihr werdet nicht sterben. Gott weiß
vielmehr: Sobald ihr davon esst, gehen euch die Augen auf; ihr werdet wie Gott
und erkennt Gut und Böse. Da sah die Frau, dass es köstlich wäre, von dem
Baum zu essen, dass der Baum eine Augenweide war und dazu verlockte, klug
zu werden. Sie nahm von seinen Früchten und aß; sie gab auch ihrem Mann, der
bei ihr war, und auch er aß.
Da gingen beiden die Augen auf, und sie erkannten, dass sie nackt waren. Sie
hefteten Feigenblätter zusammen und machten sich einen Schurz.

Die idyllische Situation im Garten ist jedoch nicht vollkommen.
Dem Mann und der Frau war verboten worden, von dem Baum der
Erkenntnis von Gut und Böse zu essen. Von dem Baum essen würde
bedeuten, sowohl Gut als auch Böse zu kennen und zu erfahren. Bei-
de sind vor dem Bösen beschützt, doch sie kennen auch Gut nicht.
Beginnen, Gut und Böse zu kennen ist eine Art, den Übergang vom
Säuglingsalter zu dem dämmernden Bewusstsein der Kindheit zu be-

schreiben oder den von der Kindheit zum Erwachsensein.[32] Gut und Böse zu unterscheiden bedeutet, weise zu sein.[33] Gut und Böse zu kennen bedeutet, wie Gott zu sein.

Die Schlange, das schlaueste aller von Gott erschaffenen Tiere (Genesis 2,25), weist den Mann und die Frau auf diesen Mangel hin. Beide sind zusammen, als die Schlange spricht (Genesis 3,6), obwohl nur die Frau antwortet. Indem die Schlange andeutet, dass Gott sie von allen guten Sachen im Garten fernhält, versucht sie, einen Keil zwischen Gott und die Menschen zu schieben. Die Frau weiß, dass dies nicht wahr ist; nur ein Baum ist für sie verboten. Sie deuten jedoch an, dass sie ihn nicht einmal anrühren dürfen.

Die Schlange konzentriert sich dann auf den verbotenen Baum, den Baum der Erkenntnis von Gut und Böse. Die Schlange, in einer klassischen Darstellung der Versuchung, redet die Wahrheit und täuscht gerade dadurch. Die Schlange stellt drei Punkte heraus: (1) ihr werdet nicht sterben; (2) eure Augen werden geöffnet werden; (3) ihr werdet sein wie Gott (oder wie die Götter – das hebräische Wort kann beides bedeuten). *Ihr werdet nicht sterben:* Die Folge aus 2,17 ist, dass der Tod sofort nach dem Essen von diesem Baum folgen wird. Es ist wahr, die beiden sterben nicht sofort, doch der Tod wird schließlich zu ihnen kommen. *Eure Augen werden geöffnet werden:* Ihre Augen werden geöffnet, um zunächst ihre eigene Verwundbarkeit, ihre Nacktheit zu sehen (Genesis 3,7), und um danach die immer weiter sich öffnende Palette der Entscheidungen zwischen Gut und Böse zu entdecken. *Ihr werdet sein wie Gott:* Indem sie den Unterschied zwischen Gut und Böse kennen, sind sie in der Tat wie Gott (s. 2 Samuel 14,17). Sie erhalten einen flüchtigen Einblick in das, was Gott weiß, doch indem sie sich von Gott abgewandt haben, haben sie sich von der Quelle ihres Lebens abgewandt. Sie haben ihr höchstes Gut gefährdet, den Atem Gottes, der ihr Leben bedeutet (s. Genesis 2,7); sie haben sich ihrer schlechtesten Option geöffnet, dem Tod. Gott bestätigt den Wahrheitsgehalt der Worte der Schlange: „Dann

---

[32] Die Wendung „Kenntnis von Gut und Böse" wird in anderen biblischen Texten benutzt, um Kinder zu beschreiben. Die Kinder, die ins verheißene Land kommen dürfen, werden beschrieben als solche, „die noch nicht Gut und Böse unterscheiden können" (Deuteronomium 1,39). Das Kind, das dem Ahas als Zeichen dienen soll, wird es nicht verstehen, „das Böse zurückweisen und das Gute zu wählen", bis die Bedrohung des Königtums von Ahas vorüber ist (Jesaja 7,15–16).

[33] Die weise Frau von Tekra sagt, David sei wie ein Engel Gottes und kenne Gut und Böse (2 Sam 14,17).

sprach Gott, der Herr: Seht, der Mensch ist geworden wie wir; er erkennt Gut und Böse. Dass er jetzt nicht die Hand ausstreckt, auch vom Baum des Lebens nimmt, davon isst und ewig lebt!" (Genesis 3,22).

Beide, der Mann und die Frau, sind anwesend und hören die Worte der Schlange. Beide treffen ihre Wahl. Beide essen von dem Baum. Beiden wird von Gott mitgeteilt, dass ihr Teilhaben an Gottes Leben und Macht, ihre Fähigkeit, Frucht zu bringen, beschädigt ist. Die Frau soll bei der Schwangerschaft und Geburt ihrer Kinder leiden[34], der Mann wird unter Mühsal den Boden bestellen. Beide werden bei der Teilhabe am Schöpfungsprozess hart arbeiten müssen. Die Geschichte der Kapitel zwei und drei endet in Mehrdeutigkeit. Der Mann nennt die Frau Eva, ein Name, der im Hebräischen wie „Leben" klingt, denn sie ist die Mutter allen Lebens (Genesis 3,20). Sie stand vor der Wahl zwischen Unfruchtbarkeit und Unsterblichkeit einerseits oder Fruchtbarkeit und Sterblichkeit andererseits. Sie beschloss, das Risiko des Todes auf sich zu nehmen, um Kinder zu haben.[35] Paradoxerweise wird sie dadurch ein Zeichen der Hoffnung, ein Zeichen des Lebens im Angesicht Gottes. Gott der Herr hat Mitleid mit ihnen und macht Kleidung aus Fell für sie. Doch Gott verbannt sie auch aus dem Garten und versperrt ihnen den Weg zum Baum des Lebens.

Frau und Mann teilen das gleiche Fleisch und Blut, atmen den gleichen Atem. Frau und Mann sind gleichermaßen verantwortlich für den Bruch des Bundes mit Gott, verantwortlich dafür, dass das menschliche Leben Gut und Böse kennt. Frau und Mann werden beide den Tod erleiden. Zusammen setzen Frau und Mann den Segen fort, selbst unter Kampf, den Segen des fortgesetzten Lebens in der Welt.

---

[34] Die meisten Übersetzungen verdunkeln die Tatsache, dass es in Gen 3,16 drei Begriffe gibt: „harte Arbeit", „Schwangerschaften" und „Kinder gebären". Die wörtliche Übersetzung lautet: „Ich werde deine harte Arbeit und deine Schwangerschaften vermehren; unter Mühsal sollst du Kinder gebären." Der Ausdruck „harte Arbeit" (issabon) taucht auch in Genesis 3,18 auf, nun an den Mann gerichtet: „In harter Arbeit wirst du von ihr (der Erde) essen alle Tage deines Lebens."

[35] Man hat angenommen, dass die beiden Menschen, wenn sie im Garten geblieben wären, unsterblich gewesen wären, aber dann auch keine Kinder gehabt hätten. Der Tod ist es, der Kinder nötig, und angesichts der Begrenztheit des Raums, möglich macht. Vgl. Genesis 1,28, wo nicht davon ausgegangen wird, dass die Menschen unsterblich sind. Ihre Fruchtbarkeit wird deshalb als Segen und als Teilhabe an Gottes Schöpferkraft aufgefasst.

Weisheit (Sophia)

Straßenprediger

Sprüche 8,1–3
Ruft nicht die Weisheit,
erhebt nicht die Klugheit ihre Stimme?
Bei der Stadtburg, auf den Straßen,
an der Wegkreuzung steht sie;
neben den Toren, wo die Stadt beginnt,
am Eingang zu den Häusern ruft sie laut.

In den ersten Kapiteln des Buchs der Sprüche, das von dem abschließenden Autor um das fünfte Jahrhundert v. Chr. geschrieben
wurde, erscheint eine weibliche Gestalt, die die Personifizierung der
Weisheit Gottes ist. Die Weisheit als Frau erscheint zunächst als eine
Prophetin, als ein Straßenprediger. Sie ruft an Straßenecken und an
den Geschäftszentren, an den Stadttoren (s. Sprüche 1,20–21). Sie hat
eine Botschaft für die Menschen. Sie bietet ihnen an, ihren Geist über
sie auszugießen. Sie verspricht Lehre, die besser ist als Silber, und
Wissen, das besser ist als Gold (8,10). Sie ist die Quelle und Kraft aller guten Dinge, die von Menschen hervorgebracht werden (8,12–16),
und der Ursprung aller guten Dinge, über die sie sich freuen
(8,17–21). Wer ist diese Weisheit Frau?

Gottes Erstgeborene

Sprüche 8,22–31
Der Herr hat mich geschaffen im Anfang seiner Wege,
vor seinen Werken in der Urzeit;
in frühester Zeit wurde ich gebildet,
am Anfang, beim Ursprung der Erde.
Als die Urmeere noch nicht waren, wurde ich geboren,
als es die Quellen noch nicht gab, die wasserreichen.
Ehe die Berge befestigt wurden,
vor den Hügeln wurde ich geboren.
Noch hatte er die Erde nicht gemacht und die Fluren
und alle Schollen des Festlands.
Als er den Himmel machte, war ich dabei,
als er den Erdkreis abmaß über den Wassern,
als er droben die Wolken befestigte
und Quellen strömen ließ aus dem Urmeer,
als er dem Meer seine Satzung gab
und die Wasser nicht seinen Befehl übertreten durften,
als er die Fundamente der Erde abmaß,

da war ich als geliebtes Kind bei ihm.
Ich war seine Freude Tag für Tag
und spielte vor ihm allezeit.
Ich spielte auf seinem Erdenrund,
und meine Freude war es, bei den Menschen zu sein.

In Sprüche 8,22–31 singt die Weisheit eine Hymne und beschreibt darin ihren Ursprung und ihr Verhältnis zu Gott und zu den Menschen. Sie ist Gottes Erstgeborene, erschaffen vor aller Schöpfung, geboren vor Erde und Meer. Sie war nicht nur gegenwärtig, als Gott Raum, Zeit und jegliche Kreatur erschuf, sie war Gottes Architektin, die Designerin von Gottes Schöpfung.[36] Durch sie wurden alle Dinge erschaffen.

Die Schlussverse dieses Abschnitts (8,30–31) lassen den Grund ihres großen Wertes erkennen. Sie ist die Brücke zwischen Gott und den Menschen. Zwei Schlüsselbegriffe illustrieren diese Funktion: „Freude" und „spielen". Sie ist Gottes Freude; sie freut sich an Menschen. Sie spielt vor Gott; sie spielt auf der Erde. Sie lebt in beiden Welten: in Gottes Welt wie in der der Menschheit. Ihre Handschrift, die Art und Weise, wie sie erkannt werden kann, liegt im Spiel und in der Freude. Durch diese beiden Merkmale verbindet sie Gott mit der Menschheit. Aufgrund dieser Funktion erhalten wir alle guten Dinge durch sie.

Das Kapitel schließt mit ihrer Ermahnung (8,32–36). Wiederum ruft sie Menschen auf, ihr zuzuhören. Drei Seligpreisungen beschreiben diejenigen, die die Anweisungen befolgen:

Hört die Mahnung und werdet weise,
lehnt sie nicht ab!
Wohl dem, der auf mich hört,
der Tag für Tag an meinen Toren wacht
und meine Türpfosten hütet.

Warum sind diese glücklich zu nennen? Weil diejenigen, die Weisheit finden, auch Leben und Gottes Wohlgefallen finden. Dagegen verletzen diejenigen, die „sie verpassen", ihr Leben. Das Wort „verpassen" stammt von dem hebräischen Wort für Sünde ab. Sündigen bedeutet im Hebräischen buchstäblich „das Ziel verfehlen". Weisheit „verpassen" ist gleichbedeutend mit sündigen, was den Tod nach sich zieht. Diejenigen, die die Weisheit hassen, lieben den Tod (8,35–36).

---

[36] Das hebräische Wort amon kann mit „(Kunst-)Handwerk" oder mit „Lieblingskind" übersetzt werden. In Sprüche 8,30 ist die Weisheit entweder die Designerin von Gottes Schöpfung oder das Kind, das vor Gott spielt.

Das Festmahl

Sprüche 9,1–5
Die Weisheit hat ihr Haus gebaut,
ihre sieben Säulen behauen.
Sie hat ihr Vieh geschlachtet, ihren Wein gemischt
und schon ihren Tisch gedeckt.
Sie hat ihre Mägde ausgeschickt und lädt ein
auf der Höhe der Stadtburg:
Wer ohne Erfahrung ist, kehre hier ein.
Zum Unwissenden sagt sie:
Kommt, esst von meinem Mahl
und trinkt vom Wein, den ich mischte.

Die Frau Weisheit hat Menschen gerufen. Nun bereitet sie das Festmahl, zu dem sie die Menschen einlädt. Sie baut ihr Haus: die Welt. Sie behaut sieben Säulen: die Zahl der Vollkommenheit; ihr Haus wird nicht zusammenbrechen. Sie bereitet das Fleisch zu, mischt den Wein, deckt den Tisch, verschickt die Einladungen. Alles ist fertig.

Die Weisheit als Ehefrau

Sprüche 31,10–31
Eine tüchtige Frau, wer findet sie?
Sie übertrifft alle Perlen an Wert.
Das Herz ihres Mannes vertraut auf sie,
und es fehlt ihm nicht an Gewinn.
Sie tut ihm Gutes und nichts Böses
alle Tage ihres Lebens.
Sie sorgt für Wolle und Flachs
und schafft mit fleißigen Händen.
Sie gleicht den Schiffen des Kaufmanns:
Aus der Ferne holt sie ihre Nahrung.
Noch bei Nacht steht sie auf,
um ihrem Haus Speise zu geben.
Sie überlegt es und kauft einen Acker,
vom Ertrag ihrer Hände pflanzt sie einen Weinberg.
Sie gürtet ihre Hüften mit Kraft
und macht ihre Arme stark.
Sie spürt den Erfolg ihrer Arbeit,
auch des Nachts erlischt ihre Lampe nicht.
Nach dem Spinnrocken greift ihre Hand,
ihre Finger fassen die Spindel.
Sie öffnet ihre Hand für den Bedürftigen
und reicht ihre Hände dem Armen.
Ihr bangt nicht um ihr Haus vor dem Schnee;

denn ihr ganzes Haus hat wollene Kleider.
Sie hat sich Decken gefertigt,
Leinen und Purpur sind ihr Gewand.
Ihr Mann ist in den Torhallen geachtet,
wenn er zu Rat sitzt mit den Ältesten des Landes.
Sie webt Tücher und verkauft sie,
Gürtel liefert sie dem Händler.
Kraft und Würde sind ihr Gewand,
sie spottet der drohenden Zukunft.
Öffnet sie ihren Mund, dann redet sie klug,
und gütige Lehre ist auf ihrer Zunge.
Sie achtet auf das, was vorgeht im Haus,
und isst nicht träge ihr Brot.
Ihre Söhne stehen auf und preisen sie glücklich,
auch ihr Mann erhebt sich und rühmt sie:
Viele Frauen erwiesen sich tüchtig,
doch du übertriffst sie alle.
Trügerisch ist Anmut, vergänglich die Schönheit,
nur eine gottesfürchtige Frau verdient Lob.
Preist sie für den Ertrag ihrer Hände,
ihre Werke soll man am Stadttor loben.

Das Buch der Sprüche endet mit einem Akrostichon von 22 Zeilen.[37] Es ist ein Gedicht des Lobes der heldenhaften Frau, der Frau, die die Kraft *(hayil)* eines Kriegers hat oder die finanziellen Ressourcen *(hayil)* der Reichen. Die Tugenden dieser Frau sind überragend. Sie spinnt; sie webt; sie macht Kleider. Sie kauft Felder; sie verkauft Stoffe; von ihrem Gewinn pflanzt sie einen Weinberg. Sie kümmert sich, nicht nur um ihren eigenen Haushalt, sondern auch um die Armen und die Bedürftigen. Sie lehrt voller Weisheit. Ihr Ehemann und ihre Kinder können nichts anderes als sie rühmen.

Wer ist diese Frau, die sich um alles und um jeden kümmert? Ist sie nicht die Weisheit? Am Anfang des Buches der Sprüche wurde dem jungen Mann geraten, die Weisheit zu suchen, sich um sie zu bemühen, alles, was in seinen Kräften steht, zu tun, um sie zu erlangen. Am Schluss des Buches finden wir eine Beschreibung des Glücks desjenigen, der die Weisheit in seinem Haus aufgenommen hat und mit ihr lebt. Diese Frau, deren Name „Ehrfurcht vor Gott" lautet (s. 31,30),

---

[37] Ein Akrostichon oder alphabetisches Gedicht lässt jeden Vers mit dem nächsten Buchstaben des hebräischen Alphabets beginnen. Die meisten dieser Gedichte haben 22 Verse, entsprechend den 22 Buchstaben des hebräischen Alphabets.

wird ihm jeden Tag neu die Freuden des Lebens bringen.[38] Das Buch
der Sprüche endet mit dem Glück desjenigen, der die Weisheit findet.

Wort Gottes/Atem Gottes

Das Buch Sirach ist auf drei große Säulen aufgebaut, drei Hymnen
der Weisheit, Kapitel 1,24 und 51,13–30.[39] Ben Sirach führt seine Dis-
kussion der Frau Weisheit durch die Wiederholung von Sprüche 8 ein:
Weisheit kommt von Gott, wurde von Gott erschaffen. Gott ist es, der
sie kennt, und er gießt ihre Kraft über der Welt aus (Sirach 1,1–8
[10]). Danach singt der Weise eine Hymne an die Weisheit in Ehrfurcht vor Gott (Sirach 1,9–18 [11–20]). Ehrfurcht vor Gott ist der
Anfang, die Fülle, der Ehrenpreis und die Wurzel der Weisheit. Ehrfurcht Gottes (d.h., Weisheit) bringt alles Gute denen, die bei ihr
wohnen.

Kapitel 24 bringt, ebenso wie Sprüche 8, einen Lobgesang über
sich selbst, gesungen von der Weisheit, in der sie sich selbst beschreibt, ihre Ursprünge, ihr Verhältnis zu Gott und die guten Dinge,
die sie den Menschen tut.

Sirach 24,1–27 [29]
Die Weisheit preist sich selbst,
sie rühmt sich bei ihrem Volk.
Sie öffnet ihren Mund in der Versammlung Gottes,
und rühmt sich vor seinen Scharen:
Ich ging aus dem Mund des Höchsten hervor,
und wie Nebel umhüllte ich die Erde.
Ich wohnte in den Höhen,
auf einer Wolkensäule stand mein Thron.
Den Kreis des Himmels umschritt ich allein,

---

[38] Vers 30 kann folgendermaßen übersetzt werden: „Die Frau, die Gottes-
furcht, ist zu preisen."

[39] Der Jerusalemer Weise, Ben Sirach, schrieb zu Beginn des 2. Jahrhunderts
v. Chr. Das Buch Sirach wurde auf Hebräisch geschrieben und vom Enkel Ben
Sirachs ins Griechische übersetzt. Am Ende des 1. Jahrhunderts n. Chr., als die
jüdische Gemeinde endgültig entschied, welche Bücher zur Bibel gehören, wurde das Buch Sirach nicht aufgenommen. Zur Zeit der Reformation griffen die
Protestanten nur auf die biblischen Bücher zurück, die Bestandteil der hebräischen Bibel sind. Die Katholiken benutzten weiterhin auch die Bücher des griechischen Alten Testaments, also auch das Buch Sirach. Deshalb findet sich dieses Buch in katholischen, nicht aber in protestantischen Bibelübersetzungen.
Auch die Einteilungen in Kapitel und Verse kann unterschiedlich sein.

in der Tiefe des Abgrunds ging ich umher.
Über die Fluten des Meeres und über alles Land,
über alle Völker und Nationen hatte ich Macht.
Bei ihnen allen suchte ich einen Ort der Ruhe,
ein Volk, in dessen Land ich wohnen könnte.
Da gab der Schöpfer des Alls mir den Befehl;
er, der mich schuf, wusste für mein Zelt eine Ruhestätte.
Er sprach: In Jakob sollst du wohnen,
in Israel sollst du deinen Erbbesitz haben.
Vor der Zeit, am Anfang, hat er mich erschaffen,
und bis in Ewigkeit vergehe ich nicht.
Ich tat vor ihm Dienst im heiligen Zelt
und wurde dann auf dem Zion eingesetzt.
In der Stadt, die er genauso liebt wie mich, fand ich Ruhe,
Jerusalem wurde mein Herrschaftsbereich.
Ich fasste Wurzel bei einem ruhmreichen Volk,
im Eigentum des Herrn, in seinem Erbbesitz.
Wie eine Zeder auf dem Libanon wuchs ich in die Höhe,
wie ein wilder Ölbaum auf dem Hermongebirge.
Wie eine Palme in En-Gedi wuchs ich in die Höhe,
wie Oleandersträucher in Jericho,
wie ein prächtiger Ölbaum in der Schefela,
wie eine Platane am Wasser wuchs ich in die Höhe.
Wie Zimt und duftendes Gewürzrohr,
wie beste Myrrhe strömte ich Wohlgeruch aus,
wie Galbanum, Onyx und Stakte,
wie Weihrauchwolken im heiligen Zelt.
Ich breitete wie eine Terebinthe meine Zweige aus,
und meine Zweige waren voll Pracht und Anmut.
Wie ein Weinstock trieb ich schöne Reben,
meine Blüten wurden zu prächtiger und reicher Frucht.
Kommt zu mir, die ihr mich begehrt,
sättigt euch an meinen Früchten!
An mich zu denken ist süßer als Honig,
mich zu besitzen ist besser als Wabenhonig.
Wer mich genießt, den hungert noch,
wer mich trinkt, den dürstet noch.
Wer auf mich hört, wird nicht zuschanden,
wer mir dient, fällt nicht in Sünde.
Dies alles ist das Bundesbuch des höchsten Gottes,
das Gesetz, das Mose uns vorschrieb
als Erbe für die Gemeinde Jakobs.
Es ist voll von Weisheit, wie der Pischonfluss,
wie der Tigris in den Tagen der ersten Ähren;
es strömt über von Einsicht, ähnlich der Flut des Eufrat,
gleich dem Jordan in den Tagen der Ernte;
es fließt von Belehrung über, gleich dem Nil,

gleich dem Gihon in den Tagen der Weinlese.
Wer als erster es erforschte, kam nicht ans Ende,
ebenso wenig ergründet es der letzte.
Übervoll wie das Meer ist sein Sinn,
sein Rat ist tiefer als der Ozean.

Weisheit beginnt mit der Beschreibung ihrer Ursprünge (Sirach 24,3–7). Sie entsprang dem Mund des Allerhöchsten. Sie ist Wort Gottes, Gottes Atem/Geist. Wie der Geist/Wind, der über den Wassern schwebte (Genesis 1,2) und der Nebel/die Feuchtigkeit, die die Erde in den Anfängen bedeckte (s. Genesis 2,6), ist sie bei der Schöpfung gegenwärtig. Sie ist universal; sie ist überall. Doch sucht sie einen Ort, um zu leben, einen Platz, um zu ruhen. Ihr Platz, den Gott ihr ausgesucht hat, ist in Jerusalem mit dem Volk des Bundes Gottes (24,8–12). Dort errichtet sie ihr Zelt; dort dient sie im Angesicht Gottes im Eigentum Gottes, dem Tempel. Sie ist für alle da, jedoch lebt sie beim Volk Israel.

Weisheit als Braut

Sirach 51,13–30
Als ich jung und noch nicht unstet war,
suchte ich mit Eifer die Weisheit.
Sie kam zu mir in ihrer Schönheit,
und bis zuletzt will ich nach ihr streben.
Und wie nach dem Blühen die Trauben reifen,
die das Herz erfreuen,
so schritt mein Fuß auf geradem Weg;
denn schon von Jugend an habe ich sie erkannt.
Nur kurz hörte ich hin,
und schon fand ich Belehrung in Fülle.
Sie ist für mich zur Amme geworden;
meinem Lehrer will ich danken.
Ich hatte im Sinn, Freude zu erleben,
ich strebte rastlos nach Glück.
Ich verlangte brennend nach ihr
und wandte von ihr meinen Blick nicht ab.
Ich richtete mein Verlangen auf sie,
und auf ihren Höhen wanke ich nicht.
Meine Hand öffnete ihre Tore,
und ich nahm sie leibhaftig wahr.
Ich habe ihretwegen meine Hände gereinigt,
und ich fand die Weisheit in ihrer Reinheit.
Einsicht erwarb ich durch sie von Anfang an,
darum lasse ich nicht von ihr.
Mein Herz war erregt, sie zu schauen,

darum erwarb ich sie als kostbares Gut.
Der Herr schenkte meinen Lippen Erfolg,
mit meiner Zunge will ich ihm danken.
Kehrt bei mir ein, ihr Unwissenden,
verweilt in meinem Lehrhaus!
Wie lange noch wollt ihr das alles entbehren
und eure Seele Durst leiden lassen?
Ich öffne meinen Mund und sage von ihr:
Erwerbt euch Weisheit, es kostet nichts.
Beugt euren Nacken unter ihr Joch,
und nehmt ihre Last auf euch!
Denen, die sie suchen, ist sie nahe,
und wer sich ihr ganz hingibt, findet sie.
Seht mit eigenen Augen, dass ich mich nur wenig bemühte,
aber viel Ruhe gefunden habe.
Hört auf meine knapp bemessene Lehre!
Durch sie werdet ihr viel Silber und Gold erwerben.
Eure Seele freue sich an meinem Lehrstuhl,
meines Liedes sollt ihr euch nicht schämen.
Tut eure Werke vor der Zeit,
so wird er euch den Lohn geben zur rechten Zeit.

Das Buch Jesus Sirach endet mit einem Akrostichon, einem Lied des Jubels von einem, der Weisheit gefunden hat. Dieses Gedicht ist ein leidenschaftliches Liebeslied. In der ersten Hälfte beschreibt der Autor seine eigene Erfahrung. Er begehrte Weisheit als ein junger Mann. Er folgte ihr mit Ergebenheit. Er umwarb sie mit brennendem Verlangen. Er reinigte sein ganzes Leben um ihretwillen. Sie kam in Schönheit zu ihm. Sie hat den Mittelpunkt seines Lebens in Aufruhr versetzt. Sie wurde der Gegenstand jedes einzelnen Gedankens, das Ziel, auf das sein ganzes Leben ausgerichtet war.

In der zweiten Hälfte des Gedichts (51,23–30) macht Ben Sirach anderen jungen Männern ein Angebot. (Geregelte Ausbildung war zu damaliger Zeit auf Männer beschränkt.) Wenn diese zu seiner Schule kommen, werden auch sie das finden, was er bereits gefunden hat. Sie wird ihren Hunger und Durst stillen. Sie wird ihnen Silber und Gold bringen. Sie ist die Gabe Gottes.

Das Ebenbild Gottes

Weisheit 7,22–8,1

Es lehrte mich die Weisheit, die Meisterin aller Dinge.
In ihr ist ein Geist
voll Gedanken, heilig, einzigartig,
vielfältig, zart, beweglich,
durchdringend, unbefleckt, klar,
unverletzlich, das Gute liebend, scharf,
nicht zu hemmen, wohltätig, menschenfreundlich,
fest, sicher, ohne Sorge,
alles vermögend, alles überwachend
und alle Geister durchdringend,
die denkenden, reinen und zartesten.
Denn die Weisheit ist beweglicher als alle Bewegung;
in ihrer Reinheit durchdringt und erfüllt sie alles.
Sie ist ein Hauch von Gottes Kraft
und reiner Ausfluss der Herrlichkeit des Herrschers über das All;
darum fällt kein Schatten auf sie.
Sie ist der Widerschein des ewigen Lichts,
der ungetrübte Spiegel von Gottes Kraft,
das Bild seiner Vollkommenheit.
Sie ist nur eine und vermag doch alles;
ohne sich zu ändern, erneuert sie alles.
Von Geschlecht zu Geschlecht tritt sie in heilige Seelen ein
und schafft Freunde Gottes und Propheten;
denn Gott liebt nur den,
der mit der Weisheit zusammenwohnt.
Sie ist schöner als die Sonne
und übertrifft jedes Sternenbild.
Sie ist strahlender als das Licht;
denn diesem folgt die Nacht,
doch über die Weisheit siegt keine Bosheit.
Machtvoll entfaltet sie ihre Kraft von einem Ende zum andern
und durchwaltet voll Güte das All.

Die Beschreibung des Weibes Weisheit in dem Buch Weisheit des
Salomo ist die intensivste und dramatischste der ganzen Bibel.[40] Dieser Weise des ersten Jahrhunderts schreibt, unter dem Pseudonym Salomos, des Königs Israels während des 10. Jahrhunderts v. Chr. In
dem Abschnitt zwischen 6,22 und 9,18 beschreibt er Salomos Erfah-

---

[40] Das Buch der Weisheit Salomos wurde von einem Weisen aus Alexandria
auf Griechisch geschrieben, ca. Mitte des 1. Jahrhunderts v. Chr. Wie das Buch
Sirach wurde es ebenfalls nicht in die hebräische Bibel aufgenommen. Deshalb
ist es Bestandteil des katholischen, nicht aber des protestantischen Kanons.

rung mit der Weisheit. Nach einer Einleitung (6,22–25) finden wir zwei Abschnitte über Salomos persönliche Erfahrung (7,1–22 a; 8,2–21), die um eine ekstatische Beschreibung der Weisheit selbst kreisen (7,22 b–8,1). Der Abschnitt schließt mit einem Gebet (9,1–18).

Salomo fängt damit an, dass er verspricht, alles, was er über die Weisheit weiß, zu teilen (6,22–25). Er erkennt an, dass er ein menschliches Wesen ist, wie jeder andere auch, auf natürlichem Wege geboren (7,1–6). Doch er betete und flehte um Weisheit, weil er erkannte, dass ihr Wert alles andere bis auf Staub reduzierte (7,7–9). „Zugleich mit ihr kam alles Gute zu mir" (7,11). Er erfreute sich an Weisheit, Mutter all dessen, was gut ist (7,12).[41] Er verspricht, die Weisheit freimütig mit jedem zu teilen, und bittet darum, gut von ihr zu sprechen (7,13–16). Er spricht von der Weisheit als der, die ihm Wissen über alle bedeutenden Bereiche der griechischen Erziehung gibt: Astronomie, Physik, Zoologie und Botanik, Medizin (7,17–22a). All diese Dinge lernte er, weil die Weisheit, Ursprung *(technitis)* allen Lebens, ihn lehrte (s. Sprüche 8,30).

Die Beschreibung der Weisheit (7,22 b–8,1) beginnt mit 21 Eigenschaften ihres Geistes. 21 ist das Produkt von zwei Zahlen, die Vollkommenheit bedeuten, drei und sieben. Weisheit ist Perfektion, multipliziert mit Perfektion. Aber das reicht als ihre Beschreibung noch nicht aus. Sie ist der Antrieb all dessen, das sich bewegt; sie durchdringt alles, was existiert. Sie ist besser als Licht. Sie regiert alle Dinge. Am wichtigsten in ihrer Beschreibung ist jedoch ihr Verhältnis zu Gott wie ihr Verhältnis zu den Menschen.

Diese Beschreibung der Beziehung der Weisheit zu Gott ist deutlicher und intensiver als bei den Sprüchen oder in Sirach dargestellt. Sie ist ein Atem der Macht Gottes, der Ausfluss des Ruhmes Gottes. Sie ist das Strahlen des Lichtes Gottes. Sie ist die vollkommene Reflexion der Macht und Güte Gottes. Sie kann alles tun. Wer ist diese Frau Weisheit? Ist es wahr, dass wir alles, was wir über Gott sagen können, auch von ihr sagen können?

Ihr Verhältnis zu menschlichen Wesen ist für uns von großem Nutzen. Sie füllt die Propheten mit den Worten Gottes. Sie ist diejenige, die uns zu Freunden Gottes macht. Gott liebt die, die mit der Weisheit leben. Der Rat, sie zu suchen, ist in der Tat ein guter Rat.

---

[41] Um die Weisheit zu beschreiben, erfindet der begabte Autor des Buches ein neues griechisches Wort: genetis, d.h. Schöpferin, Hervorbringerin, Mutter. Die männliche Form war bereits gebräuchlich, aber die weibliche erscheint hier zum ersten Mal.

Dem Zeugnis Salomos über seine eigene Erfahrung geht sowohl die Beschreibung der Weisheit voraus (7,1–22 a), und sie folgt ihr ebenso (Weisheit 8,2–21). Salomo ist der weise junge Mann, der die Weisheit als seine Braut sucht. Sie wird ihn alles lehren, was er für ein erfülltes Leben braucht (Weisheit 8,2–8). Sie gibt ihm nicht nur Freude und Frieden; um ihretwillen werden wir Unsterblichkeit haben (Weisheit 8,9–16). Das Konzept der Unsterblichkeit wird sehr spät in der Zeitspanne des Alten Testaments aufgegriffen. Die gute Nachricht der Unsterblichkeit wird erst in diesem Buch aus dem ersten Jahrhundert v. Chr. vollständig beschrieben. Hier (Weisheit 8,13) verkündet der Autor, dass diese Gabe der Unsterblichkeit von der Weisheit kommt. Die Weisheit selbst ist ein Geschenk Gottes. Daher sucht Salomo, der als ein Vorbild für uns alle angeführt wird, mit all seiner Kraft nach ihr (Weisheit 8,17–21)

Der Abschnitt endet mit einem wundervollen Gebet für die Gabe der Weisheit (Weisheit 9,1–18), das hinführt zu einer Aufzählung der Geschichte Israels, betrachtet durch die Augen der Macht der Weisheit zur Rettung (Weisheit 10,1–19,22).

Zusammenfassung

Im Buch der Weisheit finden wir die Personifizierung der Weisheit Gottes in einer Frau. Sie ist wunderschön und begehrenswert. Jungen Männern (wie auch uns) wird geraten, sie zu suchen, ihr zu huldigen, sie dazu zu bringen, mit ihnen zu leben. Was sie angeht, sucht sie aktiv Liebhaber. Sie verspricht nicht weniger als das Leben. Die letzten Kapitel der Sprüche und Sirachs stellen die Weisheit als Ehefrau dar. Die Person, die sie erfolgreich als Ehefrau gewonnen hat, wird mit all dem Guten und der Freude belohnt, die das Leben bieten kann.

Das Buch der Weisheit stellt klar heraus, was die Sprüche und Sirach angedeutet haben. Die Weisheit als Frau ist ein Bild Gottes. Wenn wir von ihr sprechen, sprechen wir von Gott. Damit ist die Weisheit als Frau die bedeutendste Bestätigung der Schrift von der Wahrheit der Schöpfung: „Gott schuf also den Menschen als sein Abbild; als Abbild Gottes schuf er ihn. Als Mann und Frau schuf er sie" (Genesis 1,27). Der Mann ist ein Abbild Gottes; die Frau ist ein Abbild Gottes. Es gibt keinen Vorrang des einen vor dem anderen als Abbild. Beide zusammen sind das beste Abbild Gottes in der gesamten Schöpfung.

8. Frauen mit Mut und Stärke

Vorschlag zur Lektüre: Judit 8–16; Daniel 13

Judit

Der Schauplatz

In den ersten acht Kapiteln des Buches Judit hören wir von der Not der Bevölkerung in einer kleinen Stadt in Israel mit Namen Betulia. Um die Größe ihrer Gefahr zu unterstreichen, hat der Autor die bedeutendsten Feinde Israels während seiner Geschichte aufgeführt und zusammengefasst: die Assyrer, schreckliche Eroberer, die die zehn Stämme des Nordreichs 722 von Christus gefangen nahmen; und Nebukadnezzar, König der Babylonier, der Jerusalem im Jahre 587 v. Chr. zerstörte und die Bevölkerung des Südreiches in die Verbannung führte. Diese beiden Völker symbolisieren die größtmögliche Bedrohung für das Volk Gottes. Das Buch führt an, dass die Gefahr, mit der das Volk der Judit konfrontiert ist, genauso groß ist wie die Gefahr, die von den beiden mächtigen Völkern zusammengenommen ausgeht.

Der Verfasser des Buches Judit hat die historischen Personen aus freien Stücken verändert. Nebukadnezzar (in Wirklichkeit König Babylons) wird als König der Assyrer bezeichnet. In dieser Geschichte hat die Armee der Assyrer im Namen von König Nebukadnezzar und unter dem Befehl von General Holofernes den gesamten Nahen Osten des Altertums erobert, abgesehen von dem kleinen Land Judäa. Die Israeliten scheinen eine leichte Beute für diese Großmacht zu sein.

Doch der Autor gibt uns zahlreiche Hinweise darauf, dass das Volk Gottes nicht so leicht zu besiegen ist. Dabei verändert er erneut historische Daten. Das Jahr, das in der Geschichte angegeben wird, scheint sich auf die Babylonische Gefangenschaft zu beziehen (587–539 v. Chr.), nicht auf die Gefangenschaft unter den Assyrern, die im Jahr 722 v. Chr. begann. Das Buch Judit sagt, dass Nebukadnezzar (der König der Assyrer) seinen furchtbaren Eroberungsfeldzug der gesamten Welt im achtzehnten Jahr seiner Herrschaft am zweiundzwanzigsten Tag des ersten Monats begann (Judit 2,1). Das achtzehnte Jahr der tatsächlichen Herrschaft Nebukadnezzars (in Babylon) war 587 v. Chr., das Jahr der Zerstörung Israels und der Beginn der Verbannung, der schlimmste Augenblick in der Geschichte Israels. Der Gebrauch dieses Datums lässt vermuten, dass Nebukadnezzar in der Tat erfolgreich sein wird.

Doch die Wahl des Verfassers, der Nisan als den Monat bestimmt, in dem Nebukadnezzars Eroberung begann, ist ein Symbol dafür, dass Israel nicht vor diesem schrecklichen Feind fallen wird. Der erste Monat nach der jüdischen Zeitrechnung im Jahr ist der Nisan (März–April), der Monat der Leidenszeit, wo die Befreiung der Israeliten durch Gott gefeiert wird in einer Zeit größter Hilflosigkeit, der bedeutendste Augenblick in Israels Geschichte. Der tatsächliche Monat der Eroberung Jerusalems durch Nebukadnezzar und des Beginns der Babylonischen Gefangenschaft war der Monat Av (etwa August).

Doch falls wir uns immer noch nicht bewusst sind, dass Gott sie retten wird, wie groß die Schwierigkeit auch sei, gibt uns der Autor noch einen weiteren Hinweis. Wiederum sind die Daten vertauscht, und erneut wird auf ein anderes Jahr angespielt. Das Buch teilt uns mit, dass das Volk erneut gerade von Gott gerettet worden ist; es ist gerade aus dem Exil zurückgekehrt (539 v. Chr.; Judit 4,3). Obwohl also Kapitel 2 sagt, dass sein schlimmster Augenblick im Jahre 587 war, beschreibt Kapitel 4, dass es in der Tat das Jahr 539 war, der Augenblick seiner Befreiung. Wie können wir daran zweifeln, dass Gott sein Volk nicht weiterhin aus der Hand seiner Feinde befreien wird?

Diese Vermischung von Daten, Jahren und Ländern mag uns verwirrend erscheinen, doch ist es nicht die Absicht des Autors, uns eine historische Realität zu präsentieren. Vielmehr erzählt der Verfasser eine Geschichte, die breiter angelegt ist als das Leben. Israels größte Feinde und schlimmste Niederlagen sind alle in einem „Super-Feind" zusammengefasst. Das dramatischste Beispiel der Rettung durch Gott in der gesamten Geschichte des Volkes ist in einer „Super-Rettung" zusammengefasst. Was bringt einen Verfasser dazu, so etwas zu tun? Er möchte das Volk des zweiten Jahrhunderts v. Chr. (der Zeit, als das Buch verfasst wurde) ermutigen, daran zu glauben und festzuhalten, dass Gott es erneut erretten wird, dass kein Feind es besiegen kann, wenn es sich an Gott hält. Im zweiten Jahrhundert wird das Volk durch König Antiochus von Syrien bedroht. Die Menschen fürchten um ihr Leben und um den Verlust ihrer jüdischen Tradition. Die Geschichte Judits wurde aufgeschrieben, um den Glauben der damaligen Gläubigen zu stärken.

Eine heilige Witwe

Judit 8,1–8

Davon hörte in jenen Tagen Judit, die Tochter Meraris, des Sohnes des Uz, des Sohnes Josefs, des Sohnes Usiëls, des Sohnes Hilkijas, des Sohnes Hananjas, des Sohnes Gideons, des Sohnes Rafains, des Sohnes Ahitubs, des Sohnes Elijas, des Sohnes Hilkijas, des Sohnes Eliabs, des Sohnes Natanaels, des Sohnes Schelumiëls, des Sohnes Zurischaddais, des Sohnes Simeons, des Sohnes Israels. Ihr Mann Manasse, der aus ihrem Stamm und ihrer Sippe war, war zur Zeit der Gerstenernte gestorben. Als er nämlich bei den Garbenbindern auf dem Feld stand, traf ihn ein Hitzschlag; er musste sich zu Bett legen und starb in seiner Heimatstadt Betulia. Man begrub ihn bei seinen Vätern auf dem Feld zwischen Dotan und Jibleam. Nun lebte Judit schon drei Jahre und vier Monate als Witwe in ihrem Haus. Sie hatte für sich auf dem flachen Dach ihres Hauses ein Zelt aufschlagen lassen, hatte ein Trauergewand angelegt und trug die Kleider einer Witwe. Sie fastete, seit sie Witwe war, alle Tage, außer am Sabbat und am Vortag des Sabbats, am Neumond und am Vortag des Neumonds und an den Festen und Freudentagen des Hauses Israel. Sie war von schöner Gestalt und blühendem Aussehen. Ihr Gatte Manasse hatte ihr Gold und Silber, Knechte und Mägde, Vieh und Felder hinterlassen, die sie in ihrem Besitz hielt. Niemand konnte ihr etwas Böses nachsagen; denn sie war sehr gottesfürchtig.

Für den Leser ist es eine Überraschung, dass Judit in dem Buch, das ihren Namen trägt, im achten Kapitel zum ersten Mal erwähnt wird. Die ersten sieben Kapitel sind den Beschreibungen und ausschmückenden Schilderungen ihres Hauptgegners Holofernes vorbehalten, dem Heeresführer von Nebukadnezzar. Judit, deren Name „Jüdin" bedeutet, wird durch eine Ahnentafel von sechzehn Vorfahren eingeführt. Diese Ahnentafel geht zurück bis auf Israel/Jakob. Diese Genealogie gibt einen Hinweis auf die Bedeutung ihre Geschichte in der Tradition Israels. Sie ist eine Witwe und daher scheinbar hilflos in der israelitischen Gesellschaft. Jedoch ist sie auch wohlhabend, und das hat sie der Weitsicht ihres toten Ehemanns zu verdanken. Schließlich ist sie eine heilige Frau. Sie fastet; sie hält die entsprechenden Feste ein. Sie ist freundlich zu jedermann und gottesfürchtig. Selbst der Hinweis auf ihre Schönheit ist ein Zeichen dafür, dass sie auch heilig ist. Es kommt in der Bibel selten vor, dass jemand als schön bezeichnet wird, der nicht auch tugendhaft ist.

Judit 8,9–27

Judit hörte von den Vorwürfen des Volkes gegen das Stadtoberhaupt, als es wegen des Wassermangels mutlos wurde. Ebenso erfuhr sie, was Usija den Leuten geantwortet hatte und dass er ihnen unter Eid versprochen hatte, nach fünf Tagen die Stadt an die Assyrer auszuliefern. Da ließ sie durch ihre Dienerin, die

ihrem ganzen Haus vorstand, die Ältesten ihrer Heimatstadt, Kabri und Karmi,
zu sich holen.
Als sie zu ihr kamen, sagte sie zu ihnen: Hört mich an, ihr Vorsteher der Einwohner von Betulia! Es war nicht recht, was ihr heute vor dem Volk gesagt habt.
Durch diesen Eid, den ihr geschworen habt, habt ihr Gott und euch selbst festgelegt; denn ihr habt erklärt, dass ihr die Stadt unseren Feinden ausliefern wollt,
wenn der Herr euch nicht inzwischen Hilfe schickt. Wer seid ihr denn, dass ihr
am heutigen Tag Gott auf die Probe stellt und euch vor allen Leuten an die Stelle Gottes setzt? Ihr wollt den Herrn, den Allmächtigen, auf die Probe stellen und
kommt doch ewig zu keiner Erkenntnis. Nicht einmal die Tiefe des Menschen-
herzens könnt ihr erforschen und die Gedanken seines Geistes erfassen. Wie
wollt ihr dann Gott ergründen, der das alles geschaffen hat? Wie wollt ihr seine
Gedanken erkennen und seine Absichten verstehen? Nein, meine Brüder, reizt
den Herrn, unseren Gott, nicht zum Zorn! Auch wenn er nicht gewillt ist, uns in
diesen fünf Tagen Hilfe zu schaffen, so hat doch er zu bestimmen, zu welcher
Zeit er uns helfen oder uns vor den Augen unserer Feinde vernichten will. Versucht nicht, die Entscheidung des Herrn, unseres Gottes, herbeizuzwingen; denn
Gott ist nicht wie ein Mensch, dem man drohen kann, und wie ein Menschen-
kind, das man beeinflussen kann. Darum wollen wir die Rettung von ihm erwarten und ihn um Hilfe bitten. Er wird unser Flehen erhören, wenn es seinem
Willen entspricht. Denn eines gab es bei uns nicht und gibt es auch heute nicht:
Es gibt weder einen Stamm noch eine Familie, weder einen Gau noch eine Stadt,
die von Menschen gemachte Götter anbeten, wie es in früherer Zeit der Fall war.
Damals wurden unsere Väter dem Schwert und der Plünderung ausgeliefert und
mussten vor den Augen unserer Feinde schwere Niederlagen erleiden. Wir aber
kennen keinen anderen Gott als ihn allein. Daher dürfen wir hoffen, dass er uns
und unser Volk nicht im Stich lassen wird. Wenn wir nämlich besiegt werden,
dann wird auch ganz Judäa erobert und unser Heiligtum geplündert werden. Von
uns aber wird Gott für die Entweihung des Heiligtums blutige Rechenschaft fordern. Uns wird er die Ermordung unserer Brüder, die Entvölkerung des Landes,
die Verwüstung unseres Erbteils zur Last legen, inmitten der Heiden, bei denen
wir als Sklaven dienen und unseren Herren Anlass zu Spott und Verachtung sein
werden. Unsere Knechtschaft wird dann nicht mehr zum Guten gewendet werden, sondern der Herr, unser Gott, wird sie für uns zur Schande werden lassen.
Daher, liebe Brüder, wollen wir jetzt unseren Stammesbrüdern beweisen, dass
wir für ihr Leben eintreten und dass das Heiligtum, der Tempel und der Altar,
sich auf uns verlassen können. Bei alldem aber lasst uns dem Herrn, unserem
Gott, danken, dass er uns ebenso auf die Probe stellt wie schon unsere Väter.
Denkt daran, was er mit Abraham machte, wie er Isaak prüfte und was Jakob im
syrischen Mesopotamien erlebte, als er die Schafe Labans, des Bruders seiner
Mutter, hütete. Denn wie er diese Männer im Feuer geläutert hat, um ihr Herz zu
prüfen, so hat er auch mit uns kein Strafgericht vor, sondern der Herr züchtigt
seine Freunde, um sie zur Einsicht zu bringen.

Judit hat von dem Elend ihres Volkes gehört. Holofernes hat die
Stadt belagert und die Wasserversorgung unterbrochen. Das Volk
fängt an, vor Durst zusammenzubrechen. Sie hat auch gehört, was die

Stadtältesten getan haben. Sie haben unter der Führung Usijas Gott eine Frist von fünf Tagen gesetzt, um sie zu befreien, indem er ihnen Hilfe senden sollte. Falls in dieser Zeit kein Hilfe kommt, wollen sie den Assyrern die Stadt übergeben. Judit sieht das Handeln der Ältesten als einen Akt der Verzweiflung. Daher bestellt sie die Ältesten ein, straft sie für ihr mangelndes Vertrauen auf Gott, erinnert sie an Gottes Handeln in der Vergangenheit und ermahnt sie, Mut und Zuversicht zu bewahren. Ihre Rede macht deutlich, dass sie nicht nur bevollmächtigt beten kann, sondern auch weise ist. Sie versteht das Handeln Gottes. Sie ist auch furchtlos.

Judit 8,28–36
Da sagte Usija zu ihr: Alles, was du gesagt hast, kam aus einem edlen Herzen, und es gibt niemanden, der deinen Worten widersprechen kann. Deine Weisheit wird ja nicht erst heute offenbar, sondern schon von deiner frühesten Jugend an kennt das ganze Volk deine Einsicht und weiß, wie edel die Gedanken deines Herzens sind. Aber das Volk leidet furchtbaren Durst; sie zwangen uns zu tun, was wir ihnen versprochen haben, und einen Eid auf uns zu nehmen, den wir nicht brechen dürfen. Doch bete du jetzt für uns, denn du bist eine gottesfürchtige Frau. Dann wird der Herr Regen senden, um unsere Zisternen zu füllen, und wir brauchen nicht zu verschmachten.
Da sagte Judit zu ihnen: Hört mich an! Ich will eine Tat vollbringen, von der man noch in fernsten Zeiten den Kindern unseres Volkes erzählen wird. Kommt diese Nacht an das Tor, wenn ich mit meiner Dienerin hinausgehe. Bevor die Frist abgelaufen ist, die ihr für die Übergabe der Stadt an unsere Feinde gesetzt habt, wird der Herr durch meine Hand Israel gnädig Hilfe bringen. Fragt nicht danach, was ich vorhabe; denn ich werde euch nichts sagen, bevor das vollendet ist, was ich tun will.
Da sagten Usija und die Stadtältesten zu ihr: Geh in Frieden! Gott, der Herr, sei dein Führer bei dem Strafgericht an unseren Feinden. Dann verließen sie das Zelt und kehrten auf ihre Posten zurück.

Usija kann immer noch nicht die Wahrheit begreifen, dass Gottes Wege nicht unsere Wege sind. Er lobt Judit ihrer Worte wegen, und dann bittet er sie, dafür zu beten, dass Gott so antworten solle, wie sie es wünschen, und Regen schicken möge. Judit aber hat verstanden, dass Gottes Wege oftmals überraschend sind. Sie akzeptiert auch, dass unser Mitwirken mit Gott manchmal ungewöhnliche Risiken in sich birgt. Sie wird Usija ihren Plan nicht verraten. Sie gibt ihm nur die für seine Rolle notwendige Information. Er muss ihr die Erlaubnis geben, die Stadt zusammen mit ihrer Magd zu verlassen. Sie versichert ihm, dass der Eid, den er dem Volk geschworen hat, respektiert wird, dass Gott sie zu der von ihm festgesetzten Zeit befreien wird.

Ihr Gebet

Judit 9,1–14

Judit warf sich auf ihr Gesicht nieder, streute sich Asche auf das Haupt und öffnete das Bußgewand, das sie trug. Es war gerade die Zeit, zu der man an jenem Abend in Jerusalem im Haus Gottes das Rauchopfer darbrachte. Und Judit schrie laut zum Herrn; sie sagte: Herr, du Gott meines Stammvaters Simeon! Du hast ihm das Schwert in die Hand gegeben zur Bestrafung der Fremden, die den Gürtel der Jungfrau lösten, um sie zu beflecken, die ihre Schenkel entblößten, um sie zu schänden, und ihren Schoß entweihten zu ihrer Schande. Du hattest nämlich geboten: Das darf nicht geschehen. Und dennoch taten sie es. Deswegen liefertest du ihre Fürsten Mördern aus und tauchtest zur Vergeltung das Lager, das ihrer Arglist gedient hatte, in Blut; du erschlugst die Knechte samt ihren Herren, ja auch die Herren auf ihren Thronen. Du gabst ihre Frauen dem Raub und ihre Töchter der Gefangenschaft preis, und ihren ganzen Besitz gabst du deinen geliebten Söhnen; denn sie glühten vor Eifer für dich, hatten Abscheu vor der Befleckung ihres Blutes und riefen zu dir um Hilfe. Gott, mein Gott, erhöre auch mich, die Witwe! Du hast bewirkt, was damals war und auch was vorher und später geschah. Doch auch was jetzt geschieht und noch kommen wird, hast du erdacht, und es ist eingetroffen, was du geplant hast. Deine Beschlüsse standen da und sagten: Hier sind wir! Denn alle deine Wege sind schon gebahnt, und dein Gericht ist eine beschlossene Sache. Sieh doch auf die Assyrer! Sie haben ein gewaltiges Heer, brüsten sich mit ihren Rossen und Reitern, sind stolz auf die Schlagkraft ihres Fußvolkes, vertrauen auf ihre Schilde und Speere, ihre Bogen und Schleudern und wollen nicht erkennen, dass du der Herr bist, der den Kriegen ein Ende setzt. „Herr" ist dein Name. Brich ihre Stärke mit deiner Macht, und vernichte ihre Kraft in deinem Zorn! Denn sie haben beschlossen, dein Heiligtum zu entweihen, das Zelt, in dem dein herrlicher Name wohnt, zu beflecken und die Hörner deines Altars mit dem Schwert abzuschlagen. Sieh ihren Übermut, und lass deinen Zorn auf ihr Haupt herabfahren! Schenke mir, der Witwe, die Kraft zu der Tat, die ich plane. Schlag den Knecht wie den Herrn und den Herrn wie den Diener durch meine listigen Worte; brich ihren Trotz durch die Hand einer Frau! Denn deine Macht stützt sich nicht auf die große Zahl, deine Herrschaft braucht keine starken Männer, sondern du bist der Gott der Schwachen und der Beistand der Geringen; du bist der Helfer der Armen, der Beschützer der Verachteten und der Retter der Hoffnungslosen. Ja, du Gott meines Vaters und Gott deines Erbteils Israel, du Herr des Himmels und der Erde, Schöpfer der Meere und König deiner ganzen Schöpfung, erhöre mein Gebet! Lass meine listigen Worte Wunden und Striemen schlagen bei denen, die gegen deinen Bund und dein heiliges Haus, gegen den Berg Zion und den Wohnsitz deiner Söhne Böses im Sinn haben. Lass dein ganzes Volk und alle Stämme erkennen und wissen, dass du der wahre Gott bist, der Gott aller Macht und Stärke, und dass es für dein Volk Israel keinen anderen Beschützer gibt als dich allein.

Judit ist eine Frau des Gebetes. Sie kennt die besonderen Rituale für Klage- und Bittgebete. Sie legt ein Bußgewand an und kleidet sich in Sack und Asche. Sie wirft sich vor Gott nieder und tritt so an den großen Gott in einer Haltung der Demut und Unterwerfung heran. Sie betet zu einer bestimmten Gebetszeit, zur Stunde, wenn der Weihrauch im Jerusalemer Tempel dargebracht wird. Sie hat sich sorgfältig und bedacht auf das Gebet vorbereitet.

Der Inhalt ihres Gebetes ist ebenfalls sorgfältig gestaltet. Sie beginnt mit der traditionellen Form der Klage und schreit zu Gott (9,2). Sie ruft Ereignisse der Vergangenheit in Erinnerung, als das Bundesvolk durch Gottes Hilfe siegreich war (9,2–4). Judit, eine Nachfahrin Simeons, erzählt die Geschichte der Vergewaltigung von Jakobs Tochter Dina durch Sichem, die durch ihre Brüder Simeon und Levi gerächt wurde (Gen 34; s. auch weiter oben). Es ist üblich, beim Klagegebet die Geschichte von Gottes befreiendem Handeln in der Vergangenheit zu erzählen, um Gott dazu zu bewegen, dem Volk auch in der gegenwärtigen Situation zu helfen.

Dann kommt Judit zum Hauptanliegen ihrer Bitte: „Gott, mein Gott, höre auch mich, die Witwe!" Ihre Bitte ist geprägt vom Gegensatz zwischen ihrer eigenen Schwachheit und Gottes Macht. Gott ist der Herr aller Zeiten, Gott ist der große Krieger, und nicht diese prahlerischen Assyrer (9,7–9). Dieser große Gott setzt seine Macht ein, nicht um des Ruhmes willen, sondern aus Liebe zu den Niedrigen. Die Stärke dieses großen Gottes wird nicht durch die Mächtigen, sondern durch die Schwachen erwiesen (9,11–12). Deshalb zählt sie darauf, dass Gott sie, die Witwe, benutzt, um die mächtigen Assyrer zu schlagen (9,9–10).

Der Abschluss ihres Gebetes fügt alles nochmals zusammen (9,12–14). Sie nennt Gott mit fünf ruhmreichen Namen, die seine Beziehung zu ihr, zum Volk Israel und zur ganzen Schöpfung zum Ausdruck bringen, und bewegt ihn so zu handeln. Darüber hinaus weist sie darauf hin, dass der Feind tatsächlich Gott angreift – Gottes Bund, Gottes Tempel, Gottes Volk. Sie anerkennt, dass das Volk keine andere Hilfe hat als Gott. Schließlich appelliert sie an die Ehre Gottes. Durch seinen Sieg werden alle erkennen, dass Israels Gott der Gott aller Kraft und Macht ist. Aus all diesen Gründen soll Gott ihre Bitte erfüllen und ihre listige Sprache und ihre starke Hand dazu benutzen, den Feind zu schlagen. Da sie eine Frau und Witwe ist, wird es offen zutage liegen, dass der Sieg in Wirklichkeit nur Gottes Sieg ist.

Judits Gebet macht die Tiefe ihrer Heiligkeit und Weisheit sichtbar. Sie hat ein klares Verständnis davon, dass nur Gott Gott ist und nicht sie selbst. Sie weiß auch um Gottes Fürsorge um sie und ihr Volk. Sie kennt ihren eigenen Wert. Sie will und kann Gottes Werkzeug sein.

Ihre Schönheit

Judit 10,1–10

Als sie ihr flehentliches Bitten zu dem Gott Israels beendet und alles gesagt hatte, stand sie auf, rief ihre Dienerin und ging in das Haus hinab, wo sie sich am
Sabbat und an den Festtagen aufzuhalten pflegte. Dort legte sie das Bußgewand
ab, das sie trug, zog ihre Witwenkleider aus, wusch ihren Körper mit Wasser
und salbte sich mit einer duftenden Salbe. Hierauf ordnete sie ihre Haare, setzte ein Diadem auf und legte die Festkleider an, die sie zu Lebzeiten ihres Gatten Manasse getragen hatte. Auch zog sie Sandalen an, legte ihre Fußspangen,
Armbänder, Fingerringe, Ohrgehänge und allen ihren Schmuck an und machte
sich schön, um die Blicke aller Männer auf sich zu ziehen. Ihrer Dienerin gab
sie einen Schlauch Wein und ein Gefäß mit Öl; sie füllte einen Sack mit Gers-
tenmehl, getrockneten Feigen und reinen Broten, verpackte all diese Dinge
sorgfältig und lud sie ihrer Dienerin auf. Darauf gingen sie zum Stadttor von
Betulia hinaus. Dort fanden sie Usija sowie Kabri und Karmi, die Ältesten der
Stadt, auf ihrem Posten. Als sie Judits verwandeltes Aussehen sahen und die
Kleider, die sie angelegt hatte, kamen sie aus dem Staunen über ihre Schönheit
nicht mehr heraus und sagten zu ihr: Der Gott unserer Väter mache dich zu einem Werkzeug seiner Gnade und lasse deinen Plan gelingen, zum Ruhm Israels
und zur Verherrlichung Jerusalems. Sie aber neigte sich vor Gott im Gebet und
sagte dann zu ihnen: Befehlt, dass mir das Stadttor geöffnet wird; ich will hinausgehen und tun, was ihr mit mir besprochen habt. Da befahlen sie den jungen
Männern, das Tor für sie zu öffnen, wie sie es gewünscht hatte. Man öffnete das
Tor, und Judit ging mit ihrer Dienerin hinaus. Die Männer in der Stadt aber sahen ihr nach, bis sie den Berg hinabgestiegen und durch das Tal gegangen war
und man sie nicht mehr sehen konnte.

Nachdem Judit die wichtigsten Vorbereitungen getroffen hat, wendet sie sich nun anderen Dingen zu, die notwendig sind, um ihren
Plan durchzuführen. Sie wird die Waffen der Schönheit und Anmut
benutzen, um Gottes Volk vom Feind zu befreien. Sie bekleidet sich
mit Sorgfalt, um „die Blicke aller Männer, die sie sehen würden, zu
fesseln". Ihre Vorbereitungen führen zum Erfolg. Die Männer ihrer
Stadt sind bezaubert von ihrer Schönheit. Sie nimmt auch die Hilfe
ihrer Magd in Anspruch und bereitet Proviant vor, um nicht die jüdischen Speisevorschriften übertreten zu müssen, indem sie die Speise
des Feindes isst. So bewaffnet, macht sie sich auf den Weg zum Lager des Feindes.

Ihrem furchtsamen Volk ist sie ein Beispiel an Mut und Gottver-
trauen. Sie und ihre Magd gehen ins Lager des Feindes und sind völlig abhängig von Gottes Kraft. So wie Israel keinen anderen Schutz
als Gott im Roten Meer hatte, so hat auch Judit außer Gott niemanden, der sie im Lager der Assyrer beschützen könnte. Sie hat sich die
Worte von Psalm 20,8–9 zu Herzen genommen: „Die einen vertrauen

auf Wagen, andere auf Rosse (Armeefahrzeuge im Altertum), aber wir vertrauen auf den Namen des Herrn, unseres Gottes. Sie fallen um und vergehen, aber wir stehen stark und fest."

Ihr Witz

Judit 10,11–19
Als sie im Tal weitergingen, begegneten ihr assyrische Vorposten. Sie hielten sie fest und fragten: Zu welchem Volk gehörst du? Woher kommst du, und wohin gehst du? Sie antwortete: Ich gehöre zum Volk der Hebräer und laufe von ihnen fort, weil sie euch doch bald zum Fraß vorgeworfen werden. Ich will zu Holofernes, dem Oberbefehlshaber eures Heeres, gehen und ihm eine zuverlässige Nachricht bringen; ich will ihm zeigen, welchen Weg er nehmen muss, um das ganze Bergland in seinen Besitz zu bringen, ohne dass dabei einer von seinen Leuten getötet wird. Als die Männer ihre Worte hörten und ihr Gesicht betrachteten, dessen Schönheit sie betörte, sagten sie: Du hast dein Leben gerettet, weil du dich beeilt hast, von dort oben unserem Herrn entgegenzugehen. Komm jetzt zu seinem Zelt! Einige von uns werden dich begleiten und dich ihm übergeben. Hab keine Angst, wenn du vor ihm stehst. Sag ihm, was du zu sagen hast, dann wird er dich gnädig behandeln. Darauf bestimmten sie von ihren Leuten hundert Männer zum Geleit für Judit und ihre Dienerin; diese führten sie zum Zelt des Holofernes.
Im ganzen Lager entstand eine große Unruhe; denn die Nachricht von Judits Ankunft hatte sich schon in den Zelten herumgesprochen. Die Leute kamen herbei und umringten sie, als sie vor dem Zelt des Holofernes stand, bis man sie angemeldet hatte. Sie bewunderten ihre Schönheit und übertrugen ihre Bewunderung auch auf die Israeliten. Einer sagte zum anderen: Wer kann dieses Volk verachten, das solche Frauen hat? Es wäre nicht klug, auch nur einen einzigen Mann von ihnen übrig zu lassen; wenn man sie laufen lässt, sind sie imstande, noch die ganze Welt zu überlisten.

Nicht nur die Männer Israels sind von Judits Schönheit betört. Auch die assyrischen Männer sind bezaubert. Um ihrer Schönheit willen bewundern sie ihr ganzes Volk: „Wer kann dieses Volk verachten, das solche Frauen in seiner Mitte hat?" Ihre Schönheit hat ihr die Aufnahme im Lager der Feinde verschafft.

Judit hat auch um eine zweite Waffe gebeten: listige Rede. Sie beginnt ihr Gewebe aus Täuschung und Lüge zu weben, indem sie andeutet, dass Holofernes erfolgreich sein wird. Sie kann ihm tatsächlich einen Weg zeigen, wie er die Stadt erobern kann. Er wird allerdings nicht dazu in der Lage sein, denn die erfolgreiche Ausführung ihres Plans wird ihn tot zurücklassen.

Judit 10,20–11,23

Schließlich kamen die Leibwächter des Holofernes und sein ganzes Gefolge heraus und führten sie in das Zelt. Holofernes lag in seinem Lager unter einem Mückennetz aus Purpur und Gold, in das Smaragde und andere Edelsteine eingewebt waren. Als man ihm Judit anmeldete, trat er in den Vorraum des Zeltes hinaus, wobei ihm silberne Leuchter vorangetragen wurden. Sobald er und sein Gefolge Judit erblickten, gerieten sie alle in Erstaunen über die Schönheit ihres Gesichts. Sie warf sich vor ihm zu Boden und huldigte ihm, doch seine Diener richteten sie wieder auf.

Holofernes sagte zu ihr: Nur Mut, Frau, fürchte dich nicht! Ich habe noch keinem Menschen etwas zuleid getan, der sich für den Dienst Nebukadnezzars, des Königs der ganzen Erde, entschieden hat. Ich hätte auch jetzt gegen dein Volk, das im Bergland wohnt, nie meinen Speer erhoben, wenn es mir nicht seine Verachtung gezeigt hätte; das haben sie sich selbst zuzuschreiben. Sag mir jetzt, warum du vor ihnen geflohen und zu uns übergelaufen bist. Es war deine Rettung, dass du hergekommen bist. Sei ohne Sorge, du wirst heute nacht und auch weiterhin am Leben bleiben. Niemand wird dir ein Leid antun. Im Gegenteil, man wird dich gut behandeln, wie es die Diener meines Herrn, des Königs Nebukadnezzar, gewöhnt sind.

Judit sagte zu ihm: Nimm die Worte deiner Sklavin gnädig auf, und erlaube deiner Magd, vor dir zu sprechen. Ich erzähle meinem Herrn in dieser Nacht keine Lüge. Wenn du dem Rat deiner Magd folgst, dann wird Gott dein Unternehmen zu einem guten Ende führen, und mein Herr wird sein Ziel nicht verfehlen. Denn so wahr Nebukadnezzar lebt, der König der ganzen Erde, und so wahr die Macht dessen gilt, der dich aussandte, um alle Welt zur Ordnung zu rufen: Du unterwirfst ihm nicht nur die Menschen; auch die wilden Tiere, das Vieh und die Vögel werden dank deiner Tatkraft unter der Herrschaft Nebukadnezzars und seines ganzen Hauses leben. Wir haben nämlich von deiner Weisheit und von den großartigen Geistesgaben gehört; aller Welt ist bekannt, dass du allein im ganzen Reich tüchtig bist, erfolgreich durch dein Wissen und bewundernswert in der Kriegführung. Was die Rede betrifft, die Achior in deinem Kriegsrat gehalten hat, so sind uns deine Ausführungen zu Ohren gekommen; denn die Männer von Betulia haben ihn am Leben gelassen, und er hat ihnen alles berichtet, was er bei dir gesprochen hat. Darum sage ich dir, mein Herr und Gebieter, verachte seine Rede nicht, sondern nimm sie dir zu Herzen! Sie entspricht nämlich der Wahrheit: Unser Volk kann tatsächlich nur dann bestraft werden, und das Schwert hat nur dann Gewalt über sie, wenn sie sich gegen ihren Gott versündigt haben. Jetzt aber ist es so, dass mein Herr nicht unverrichteter Dinge wieder abziehen muss. Der Tod wird über sie kommen; denn eine Sünde hat von ihnen Besitz ergriffen, und sie werden ihren Gott zum Zorn reizen, sobald sie das Unerlaubte wirklich tun. Als ihnen nämlich die Nahrungsmittel ausgingen und der Wasservorrat immer knapper wurde, beschlossen sie, sich über ihr Vieh herzumachen, und sie sind entschlossen, all das zu essen, was Gott ihnen in seinem Gesetz als Nahrung verboten hat. Auch die Erstlingsfrüchte des Getreides und den Zehnten von Wein und Öl, die sie als Weihegaben für die Dienst tuenden Priester unseres Gottes in Jerusalem aufbewahrt haben, beschlossen sie, restlos zu verzehren; dabei darf keiner aus dem Volk die Weihegaben auch nur mit den Händen berühren.

Sie haben Boten nach Jerusalem geschickt, weil die dortige Bevölkerung ebenso gehandelt hat; nun sollen die Boten ihnen den Schulderlass des Ältestenrates besorgen. Doch Folgendes wird geschehen: Sobald ihnen der Schulderlass mitgeteilt ist und sie zur Tat schreiten, werden sie dir noch am gleichen Tag ausgeliefert. Daher bin ich, deine Sklavin, von ihnen weggelaufen, nachdem ich das alles erkannt hatte. Ja, Gott hat mich gesandt, damit ich mit dir die Dinge vollbringe, über die alle Welt, wenn sie davon erfährt, staunen wird. Deine Sklavin ist eine gottesfürchtige Frau und dient Tag und Nacht dem Gott des Himmels. Jetzt will ich bei dir bleiben, mein Herr; doch in der Nacht wird deine Sklavin in die Schlucht hinausgehen. Ich will zu Gott beten, und er wird mir sagen, wann sie ihre Sünden begangen haben. Dann will ich kommen und es dir mitteilen. Du aber wirst mit deinen Truppen ausziehen, und keiner von ihnen wird dir Widerstand leisten. Ich werde dich quer durch Judäa bis nach Jerusalem führen und dort mitten in der Stadt deinen Feldherrnstuhl aufrichten. Du wirst sie wegführen wie Schafe, die keinen Hirten haben, und kein Hund wird dich anbellen. Das wurde mir kraft meiner Sehergabe offenbart, und ich bin hergesandt worden, um es dir mitzuteilen. Ihre Worte gefielen Holofernes und seinem ganzen Gefolge. Sie staunten über die Weisheit und sagten: Es gibt von einem Ende der Erde bis zum andern keine zweite Frau, die so bezaubernd aussieht und so klug reden kann. Holofernes sagte zu ihr: Dein Gott hat wohl daran getan, dass er dich aus deinem Volk hersandte; so wird uns der Sieg zuteil, aber jene, die meinen Herrn verachtet haben, werden verderben. Wahrhaftig, du bist wunderschön und verstehst ausgezeichnet zu reden. Wenn du tust, was du versprochen hast, dann soll dein Gott auch mein Gott sein; du sollst im Palast des Königs Nebukadnezzar wohnen und in aller Welt berühmt sein.

Die ersten beiden Waffen in Judits Arsenal, Schönheit und Witz, erweisen sich als wunderbar wirkungsvoll. Wie die anderen assyrischen Männer bewundert auch Holofernes ihre Schönheit. Ihre Worte, eine Mischung aus Wahrheit und Täuschung, sind noch mächtiger. Der General ist so eitel, dass er alles, was er sagt, zu seinem eigenen Vorteil auslegt. Wenn sie sagt, dass sie ihren Herrn nicht anlügen wird und dass ihr Herr bei keiner seiner Unternehmungen scheitern wird, glaubt Holofernes, sie spricht von ihm. Doch ihr Herr, der nicht scheitern wird, ist Gott. Sie sagt Holofernes, dass Gott ihm vollen Erfolg zuteil werden lassen wird, wenn er ihren Worten folgt. Es stimmt: Wenn er ihren Worten folgt und dem Gesetz Gottes gemäß lebt, wird er Erfolg haben. Doch sie weiß, dass er dies nicht tun wird. Sie berichtet, dass Achiors Zeugnis verlässlich ist: Israel wird nur geschlagen werden, wenn es sündigt. Sie ermahnt Holofernes, diesem Wort Glauben zu schenken. Doch dann insinuiert sie, dass das Volk tatsächlich sündig ist und dass Holofernes es deshalb wird erobern können. Er hört, was er hören will. Er lässt die Möglichkeit außer Acht, dass sie Gott treu sein könnten.

Das Buch Judit hat die Theologie des Buches der Richter zur Grundlage: Wenn das Volk gläubig ist, dann ist es auch siegreich, wenn es sündigt, dann wird es geschlagen. Judit hat den Ältesten bereits erklärt, dass sie den Sieg erwartet, weil sich das Volk nicht vom Herrn abgewandt und anderen Göttern zugewandt hat (Judit 68, 17–20). Der Leser kann also annehmen, dass das Volk Gott treu geblieben ist, auch wenn Judit dem Holofernes einredet, es hätte die Speisevorschriften gebrochen, weil sie sonst nichts zu essen hätten (Judit 11,12–13). Es gibt Hinweise darauf, dass sie in Wirklichkeit immer noch Nahrung haben, die sie essen dürfen, da ja auch Judit in der Lage war, genügend eigene Nahrung als Proviant ins feindliche Lager mitzunehmen. Judits Hinweis Holofernes gegenüber, dass die Israeliten Gott untreu seien, kann als Teil ihres Täuschungsmanövers angesehen werden.

Schließlich sagt Judit zu ihm: „Gott hat mich gesandt, um mit dir solche Taten auszuführen, dass die Menschen auf der ganzen Welt staunen werden, wenn sie davon hören." Sie warnt ihn noch einmal, dass sie gottesfürchtig und eine Frau des Gebetes ist. Sie sagt ihm klar, was die Quelle ihrer Kraft ist. Sie ist gläubig, und deshalb wird Gott ihr den Sieg schenken. Er versteht immer noch nicht. Ohne Ahnung davon, dass er von seinem eigenen Untergang spricht, beschließt er die Begegnung mit den Worten: „Gott hat wahrlich gut daran getan, dich aus deinem Volk hierher zu senden."

Judit 12,1–9
Dann ließ er sie in den Raum führen, wo ein silbernes Tafelgerät aufgestellt war, und befahl, ihr von den feinen Speisen auf seinem Tisch vorzusetzen und von seinem Wein zu trinken zu geben. Doch Judit sagte: Ich werde nichts davon nehmen, damit ich kein Ärgernis errege. Man soll mir stattdessen von meinem Vorrat zu essen geben, den ich mitgebracht habe. Da fragte Holofernes: Wenn aber dein Vorrat aufgezehrt ist, woher sollen wir dann solche Nahrungsmittel beschaffen? Wir haben ja niemanden aus deinem Volk bei uns. Judit erwiderte: Bei deinem Leben, mein Herr, noch bevor deine Magd ihren Vorrat aufgebraucht hat, wird der Herr durch meine Hand vollbringen, was er beschlossen hat. Darauf führten die Diener des Holofernes sie in das Zelt, wo sie bis Mitternacht schlief. Um die Zeit der Morgenwache stand sie auf, sandte einen Boten zu Holofernes und ließ ihm sagen: Möge mein Herr die Order erteilen, dass man deine Sklavin zum Gebet hinausgehen lässt. Da befahl Holofernes seinen Leibwächtern, sie nicht daran zu hindern. So verbrachte sie drei Tage im Lager und ging jede Nacht in die Schlucht von Betulia hinaus, um im Lager an der Wasserquelle zu baden. Wenn sie aus dem Bad herausstieg, flehte sie zu dem Herrn, dem Gott Israels, er möge ihren Plan gelingen lassen und ihrem Volk wieder aufhelfen. Dann kehrte sie im Zustand der Reinheit zurück und blieb in dem Zelt, bis sie gegen Abend ihr Essen zu sich nahm.

Judit ist weiterhin ihren religiösen Praktiken treu und täuscht Holofernes sogar dann, wenn sie die Wahrheit sagt. Sie hält die jüdischen Speisevorschriften peinlich genau ein. Sie sagt die Wahrheit, wenn sie dem General versichert, dass ihre Nahrung nicht zur Neige gehen wird, bis Gott durch sie seinen Willen vollbringen wird. Sie verlässt auch jeden Abend das Lager, um zu baden und zu beten. Diese Praxis zeigt nicht nur ihre Treue, sie wird auch ihrer Flucht dienen. Ihr Tagesrhythmus verschafft ihr die Möglichkeit, das Lager zu verlassen, ohne bei den Wachen Verdacht zu erregen. Ihr Witz ist nach wie vor eine ausgezeichnete Waffe.

Ihre starke Hand

Judit 12,10–13,3
Am vierten Tag gab Holofernes ein Gastmahl nur für seine Dienerschaft; von den Männern, die sonst um ihn waren, lud er keinen ein. Dem Eunuchen Bagoas, der sein ganzes Eigentum zu verwalten hatte, gab er den Befehl: Geh und rede der Hebräerin zu, die deinem Schutz befohlen ist, dass sie zu uns kommt und mit uns isst und trinkt. Es wäre wahrhaftig eine Schande für uns, wenn wir eine solche Frau gehen ließen, ohne mit ihr zusammengewesen zu sein. Sie selber würde uns auslachen, wenn wir sie nicht an uns rissen.
Bagoas ging weg, trat bei Judit ein und sagte: Möge das schöne Mädchen nicht zögern, zu meinem Herrn zu kommen; sie soll ihm gegenüber den Ehrenplatz einnehmen, mit uns Wein trinken und fröhlich sein und heute den assyrischen Mädchen gleichen, die im Palast Nebukadnezzars dienen. Judit entgegnete: Wer bin ich, dass ich meinem Herrn widersprechen dürfte? Ich will sofort alles tun, was er wünscht; das soll mir eine Freude sein bis zum Tag meines Todes.
Judit stand auf, legte ihr bestes Kleid und ihren ganzen Schmuck an. Ihre Dienerin eilte voraus und legte für sie gegenüber von Holofernes die Teppiche auf den Boden, die sie von Bagoas als Lager für ihre täglichen Mahlzeiten erhalten hatte. Darauf trat Judit ein und nahm Platz. Holofernes aber war über sie ganz außer sich vor Entzücken. Seine Leidenschaft entbrannte, und er war begierig danach, mit ihr zusammenzusein. Denn seit er sie gesehen hatte, lauerte er auf eine günstige Gelegenheit, um sie zu verführen. Als Holofernes sie aufforderte: Trink doch, und sei vergnügt mit uns!, erwiderte Judit: Gern will ich trinken, Herr, denn mir wurde in meinem ganzen Leben noch keine solche Ehre zuteil wie heute. Sie griff zu, aß und trank vor seinen Augen, was ihre Dienerin zubereitet hatte. Holofernes wurde ihretwegen immer fröhlicher und trank so viel Wein, wie er noch nie zuvor in seinem Leben an einem einzigen Tag getrunken hatte.
Als es dann Nacht geworden war, brachen seine Diener eilig auf. Bagoas schloss von außen das Zelt und trennte so die Diener von seinem Herrn. Sie suchten ihr Nachtlager auf, denn sie waren alle von dem ausgedehnten Mahl ermüdet. Nur Judit blieb in dem Zelt zurück, wo Holofernes, vom Wein über-

mannt, vornüber auf sein Lager gesunken war. Judit hatte ihrer Dienerin befohlen, draußen vor ihrem Schlafgemach stehen zu bleiben und wie alle Tage zu
warten, bis sie herauskäme; sie werde nämlich zum Gebet hinausgehen. Im gleichen Sinne hatte sie auch mit Bagoas gesprochen.

Die Assyrer haben Judit auf fatale Weise missverstanden. Sie haben
nur ihre Schönheit, nicht aber ihre Weisheit gesehen. Holofernes sendet seinen Diener, um Judit an seine Tafel und an sein Bett zu bringen, und erklärt, es wäre Undank, sich einer solchen Schönheit nicht
zu erfreuen und nicht Besitz von ihr zu ergreifen. Er wartet auf den
richtigen Moment, um sie zu verführen. Er ist von ihrer Schönheit so
infiziert, dass er völlig trunken vom Wein wird. Es geht um die altbe-
kannte Geschichte von Begierde und sexueller Eroberung, in der die
Frau einfach zum Objekt wird, um die Lust des Mannes zu befriedi-
gen (vgl. Amnon und Tamar). In dieser Geschichte jedoch wird der
Mann selbst durch sein eigenes Handeln zerstört. Holofernes' Fixie-
rung auf Judits Schönheit und seine Missachtung ihrer Geistesstärke
wird sein Untergang sein.

Judit ihrerseits gebraucht weiterhin beide Waffen: Schönheit und
Geisteskraft. Sie schmückt sich für die Begegnung. Sie sagt wahre
Dinge, die Holofernes warnen könnten, wenn er nicht von seiner
eigenen Überheblichkeit so verblendet wäre. Sie erklärt, dass es für
sie eine immerwährende Freude sei, ihrem Herrn zu gefallen, und
Holofernes nimmt an, dass er selbst der Herr sei. Sie ruft aus, dass
dies der glücklichste Tag ihres Lebens sei. Holofernes bemerkt nicht,
dass es sein bevorstehender Tod ist, der sie mit solcher Freude erfüllt. Er ließ sich dazu hinreißen, seinen Feind völlig zu unterschät-
zen.

Judit 13,4–10
Inzwischen hatte sich die ganze Gesellschaft entfernt, und es befand sich kein
Mensch mehr im Schlafgemach des Holofernes. Judit trat an das Lager des Holofernes und betete still: Herr, du Gott aller Macht, sieh in dieser Stunde gnädig
auf das, was meine Hände zur Verherrlichung Jerusalems tun werden. Jetzt ist
der Augenblick gekommen, dass du dich deines Erbteils annimmst und dass ich
meinen Plan ausführe, zum Verderben der Feinde, die sich gegen uns erhoben
haben. Dann ging sie zum Bettpfosten am Kopf des Holofernes und nahm von
dort sein Schwert herab. Sie ging ganz nahe zu seinem Lager hin, ergriff sein
Haar und sagte: Gib mir Kraft, Herr, du Gott Israels, am heutigen Tag! Und sie
schlug zweimal mit ihrer ganzen Kraft auf seinen Nacken und hieb ihm den
Kopf ab. Dann wälzte sie seinen Rumpf von dem Lager und riss das Mückennetz von den Tragstangen herunter. Kurz danach ging sie hinaus und gab den
Kopf des Holofernes ihrer Dienerin, die ihn in einen Sack steckte. Sie machten
sich dann beide wie gewöhnlich auf den Weg, als wollten sie zum Beten gehen.

Schließlich kommt der entscheidende Moment. Holofernes liegt betrunken auf seinem Bett. Alle anderen sind fort. Die Zeit ist für Judit gekommen, ihre dritte Waffe zu gebrauchen, ihre starke Hand. Sie bereitet sich im Gebet vor und bringt so abermals ihre Überzeugung zum Ausdruck, dass sie durch Gottes Kraft handelt. Von Gott gestärkt, nähert sie sich Holofernes. Sie benutzt sein eigenes Schwert, die Waffe, die so viele Menschen getötet und unterworfen hat. Sie hat vollendet, wozu sie aufgebrochen ist. Sie hat den Feind ihres Volkes getötet. Durch sie hat Gott Israel errettet.

Als Judit aus dem Zelt des Holofernes heraustritt, übergibt sie das Haupt ihrer Magd, die es in den Vorratssack steckt. Die Magd ist eine ebenbürtige Gefährtin bei Judits mutigem Unternehmen. Die Magd war es, die zuerst die Ältesten in Judits Haus zusammenrief. Die Magd hilft bei den anfänglichen Vorbereitungen. Die Magd begleitet sie ins feindliche Lager und geht jeden Abend mit ihr zum Gebet hinaus. Die Magd bereitet sie auf ihre letzte Begegnung mit Holofernes vor und steht dann Wache. Nun nimmt diese tapfere Frau das abgetrennte Haupt des Feindes aus der Hand ihrer Herrin entgegen und verstaut es still für die Rückkehr aus dem Lager. Die Magd ist, obwohl oftmals unsichtbar und unbeachtet, an Judits Erfolg wesentlich beteiligt.

Gesegnet unter den Frauen

Judit 13,10–20

Sie gingen jedoch, nachdem sie das Lager durchquert hatten, um die Schlucht herum, stiegen den Berg nach Betulia hinauf und gelangten vor das Stadttor. Schon von weitem rief Judit den Wächtern am Tor zu: Öffnet, öffnet schnell das Tor! Gott ist mit uns, ja, unser Gott ist mit uns. Er offenbart in Israel seine segensreiche Macht, an unseren Feinden aber seine strafende Gewalt. Das hat er auch heute bewiesen. Als die Männer in der Stadt ihre Stimme hörten, liefen sie zum Stadttor hinunter und riefen die Ältesten der Stadt zusammen. Alle eilten herbei, vom Kleinsten bis zum Größten, denn sie konnten es nicht fassen, dass Judit zurückgekommen war. Sie öffneten das Tor und ließen die beiden Frauen herein. Dann machten sie ein Feuer, um den Platz zu beleuchten, und umringten sie. Judit aber rief ihnen laut zu: Lobt Gott, ja, lobt ihn! Lobt Gott! Er hat dem Haus Israel sein Erbarmen nicht verwehrt, sondern er hat in dieser Nacht unsere Feinde durch meine Hand vernichtend getroffen. Dann zog sie den Kopf aus dem Sack und zeigte ihn den Männern mit den Worten: Seht, das ist der Kopf des Holofernes, des Oberbefehlshabers der assyrischen Truppen, und hier ist das Mückennetz, unter dem er in seinem Rausch lag. Der Herr hat ihn durch die Hand einer Frau erschlagen. So wahr der Herr lebt, der mich auf dem Weg beschützt hat, den ich gegangen bin: Zwar hat ihn mein Anblick verführt und in das Verderben gestürzt, aber er hat mich durch keine Sünde befleckt oder geschändet. Das Volk war zutiefst ergriffen; sie verneigten sich, warfen sich vor Gott zu Boden und riefen einmütig: Gepriesen seist du, unser Gott, der du am heutigen Tag die Feinde deines Volkes vernichtet hast.

Usija aber sagte: Meine Tochter, du bist von Gott, dem Allerhöchsten, mehr gesegnet als alle anderen Frauen auf der Erde. Gepriesen sei der Herr, unser Gott, der Himmel und Erde geschaffen hat. Durch seine Hilfe ist es dir gelungen, dem Anführer unserer Feinde den Kopf abzuschlagen. Die Erinnerung an dein Vertrauen soll in Ewigkeit nicht aus den Herzen der Menschen weichen, die sich an die Macht Gottes erinnern. Gott möge dir ewigen Ruhm schenken und dich reich mit seinem Segen belohnen. Denn in der Not unseres Volkes hast du dein Leben nicht geschont; nein, du hast entschlossen unseren Untergang von uns abgewendet, du bist vor unserem Gott auf geradem Weg gegangen. Und alles Volk rief: Amen, amen.

Als die beiden Frauen zum Stadttor von Betulia kommen, können es die Bewohner kaum glauben, dass sie vom Feind befreit sind. Selbst als Judit die Wahrheit von Holofernes' Tod beweist, fordert sie das Volk auf, an den eigentlichen Befreier zu denken: „Preist den Herrn!" Das Volk folgt ihrer Aufforderung und betet in Danksagung und Lob. Sie erinnert es daran, dass Gott den Rechtschaffenen zum Sieg verhilft. Sie versichert ihnen, dass sie mit Holofernes nicht gesündigt habe (13,16). Usija, der dachte, dass Befreiung nur in Form von Regen kommen könne, fügt seinem Lob Gottes das Lob der Judit hinzu. Er ehrt sie dafür, dass sie ihr Leben aufs Spiel gesetzt hat und dass sie als Werkzeug von Gottes erlösendem Handeln gedient hat. Er nennt sie „gesegnet unter den Frauen" und erinnert damit an Jaël, die auch einen feindlichen General getötet hat. Die Zustimmung des Volkes drückt sich im „Amen" aus.

Die Gewalttätigkeit von Judits Tat und die Freude des Volkes an ihrem Erfolg mögen heutige Leser erschrecken und abstoßen. Es ist daher gut, an den tieferen Sinn zu erinnern, den der Autor vermitteln will: Wie hilflos Gottes Volk auch angesichts seiner Feinde sein mag, Gott wird es befreien. Christen sehen die größte Befreiungstat Gottes in Tod und Auferstehung Jesu, einem Ereignis, in dem schreckliche Gewalt durch absoluten Glauben und unsterbliche Liebe besiegt wird.

Der Sieg

Judit 14,1–10

Da sagte Judit zu ihnen: Hört mich an, meine Brüder! Nehmt diesen Kopf, und hängt ihn an der Zinne eurer Stadtmauer auf! Wenn dann der Morgen anbricht und die Sonne über der Erde aufgeht, greift alle zu den Waffen, und rückt mit allen wehrfähigen Männern zum Stadttor hinaus! Ihr müsst einen Anführer an ihre Spitze stellen und dann so tun, als ob ihr hinabsteigen und die assyrischen Vorposten in der Ebene angreifen wollt; in Wirklichkeit aber dürft ihr nicht hinabgehen. Dann werden die feindlichen Vorposten sich zum Kampf bereiten, in ihr Lager eilen und die Anführer der assyrischen Truppen wecken. Wenn sie vor dem Zelt des Holofernes zusammenströmen, ihn aber nicht finden, werden sie, von Schrecken gepackt, vor euch fliehen. Ihr aber und die Bewohner des ganzen Landes Israel verfolgt sie, und macht sie auf der Flucht nieder! Doch zuvor ruft mir noch den Ammoniter Achior, damit er sich den Mann ansieht und ihn wiedererkennt, der das Haus Israel verachtet und der ihn als einen Todgeweihten zu uns geschickt hat.

Da rief man Achior aus dem Haus des Usija herbei. Als er kam und in der Hand eines Mannes aus der Volksmenge den Kopf des Holofernes erblickte, fiel er ohnmächtig um. Nachdem man ihn wieder aufgerichtet hatte, warf er sich Judit zu Füßen, verneigte sich vor ihr und sagte: Gepriesen seist du in allen Zelten Judas und bei allen Völkern. Wer immer deinen Namen hört, wird vor Schrecken erzittern. Doch jetzt erzähl mir, was du in diesen Tagen getan hast. Judit berichtete ihm vor dem ganzen Volk alles, was sie getan hatte, angefangen von dem Tag ihres Weggangs bis zu dem Augenblick ihres jetzigen Gesprächs. Als sie mit ihrem Bericht fertig war, brach das Volk in lauten Jubel aus und erhob in der Stadt ein Freudengeschrei. Achior aber, der begriff, dass der Gott Israels diese Tat vollbracht hatte, glaubte aus ganzem Herzen an Gott; er ließ sich beschneiden und wurde von da an dem Haus Israel zugerechnet, und so ist es bis auf den heutigen Tag geblieben.

Der Sieg ist aber noch nicht vollständig errungen. Das assyrische Heer lagert immer noch vor der Stadt. Judit übernimmt die Rolle eines Generals und entwirft den Angriffsplan. Sie schickt auch nach Achior, den Führer von Israels Nachbarn, den Ammonitern. Achior war von Holofernes einbestellt worden, als die Assyrer Betulia erreichten, um ihm einige Informationen über die Israeliten zu geben. Achior hatte berichtet, dass die Israeliten siegreich seien, wenn sie Gott treu seien, dass sie aber geschlagen werden könnten, wenn sie sündigten (5,5–24). Judit braucht ihn nun, um vor ihren Mitbewohnern zu bezeugen, dass der Mann, den sie enthauptet hat, tatsächlich Holofernes ist. Als Achior das Haupt wiedererkennt, fällt er in Ohnmacht, dann aber stimmt er in den Lobpreis Judits ein. Ihre Geschichte führt ihn zum Glauben an den Gott Israels. Achior ist eine Gegenfigur zu Judit: Der Militärführer wird ohnmächtig, während die von Gott gestärkte Frau den Feind überwindet.

Judit 14,11–15,3
Sobald der Morgen anbrach, hängte man den Kopf des Holofernes an der Mauer auf. Alle Männer griffen zu den Waffen und zogen in Scharen zu den Wegen, die in das Gebirge hinaufführten. Als die Assyrer sie sahen, meldeten sie es ihren Anführern; diese liefen zu den Feldherren, Obersten und allen Offizieren.

Sie trafen sich beim Zelt des Holofernes und sagten zu dem Verwalter seines gesamten Eigentums: Weck doch unseren Herrn! Diese Sklaven wagen es herabzukommen und fordern uns zum Kampf heraus, um vollends in ihr Verderben zu rennen. Da ging Bagoas hinein und klatschte vor dem Zeltvorhang; denn er war der Meinung, Holofernes schlafe mit Judit. Als niemand reagierte, schlug er den Vorhang zurück und trat in das Schlafgemach ein. Da fand er Holofernes tot ausgestreckt auf der Schwelle liegen und sah, dass ihm der Kopf abgeschlagen worden war. Er stieß einen lauten Schrei aus und zerriss unter Weinen, Stöhnen und lauten Klagen seine Kleider. Dann eilte er in das Zelt, wo Judit untergebracht war; als er sie nicht mehr vorfand, stürzte er zu den Soldaten hinaus und schrie: Diese Sklaven haben Verrat geübt! Eine einzige Hebräerin hat Schande über das ganze Haus des Königs Nebukadnezzar gebracht. Seht her: Holofernes liegt am Boden, und er hat keinen Kopf mehr. Als sie das hörten, zerrissen die Führer des assyrischen Heeres ihre Kleider; tiefe Bestürzung ergriff sie, und ihr Klagegeschrei schallte laut durch das Lager.
Als die Männer in den Zelten hörten, was geschehen war, packte sie das Entsetzen. Furcht und Schrecken überfiel sie, und keiner wollte mehr bei dem andern bleiben. Sie stoben auseinander und liefen auf allen Wegen in der Ebene und im Gebirge davon. Auch die, die auf den Berghöhen rings um Betulia ihr Lager hatten, flohen. Nun aber machten sich die wehrfähigen Israeliten über sie her.

Die Assyrer bemerken zu spät, dass Judit nicht nur schön ist. Der Diener des Holofernes, der immer noch meint, dass sein Herr mit Judit schläft, findet den Leichnam ohne Kopf. Eine Nachforschung ergibt, dass Judit entkommen war. Erst da erkennt er die Wahrheit über Judits Kraft: „Eine einzige Hebräerin hat Unglück über das Haus von König Nebukadnezzar gebracht." Seine Worte besiegeln die endgültige Niederlage für das assyrische Heer, und es flieht überstürzt. Eine einzige hebräische Frau hat für Gott den Sieg errungen.

Judit 15,4–13
Usija sandte Boten nach Betomestajim, Bebai, Choba und Kola sowie in das ganze übrige Land Israel. Sie berichteten, was geschehen war, und forderten die Bevölkerung auf, sich ebenfalls auf die Feinde zu stürzen und sie zu vernichten. Sobald die Israeliten das hörten, fielen sie einmütig über die Feinde her, verfolgten sie bis nach Choba und streckten sie nieder. Auch die Bewohner Jerusalems und des ganzen Berglandes fanden sich ein; denn man hatte ihnen gemeldet, was mit dem Heer ihrer Feinde geschehen war. Die Bewohner von Gilead und Galiläa fielen den Assyrern in die Flanke. Sie fügten ihnen schwere Verluste zu, bis sie über das Gebiet von Damaskus hinaus waren. Die zurückgebliebenen Einwohner von Betulia machten sich über das Lager der Assyrer her, plünderten es und verschafften sich großen Reichtum. Was übrig blieb, nahmen die Israeliten an sich, als sie von der Verfolgung zurückkehrten. Auch die Dörfer und Gehöfte im Bergland und in der Ebene machten große Beute; denn es gab davon eine unvorstellbare Menge.
Der Hohepriester Jojakim und der Ältestenrat von Israel, die in Jerusalem

wohnten, kamen herbei, um die rettende Tat zu sehen, die der Herr für Israel getan hatte, aber auch um Judit aufzusuchen und sie zu beglückwünschen. Sie traten bei ihr ein, lobten sie wie aus einem Munde und sagten zu ihr: Du bist der
Ruhm Israels, du bist die große Freude Israels und der Stolz unseres Volkes. Mit
deiner Hand hast du das alles getan, du hast segensreiche Taten für Israel vollbracht, und Gott hat daran Gefallen gehabt. Sei gesegnet vom Herrn, dem Allmächtigen, für ewige Zeiten. Und alles Volk rief: Amen.
Dreißig Tage lang plünderte die Menge das feindliche Lager. Man schenkte Judit das Zelt des Holofernes, alle seine silbernen Geräte, die Ruhebetten, die Ge-
fäße und alle übrigen Einrichtungsgegenstände. Sie nahm ihren Anteil an der
Beute und packte ihn auf ihr Maultier; auch ihre Wagen ließ sie anspannen und
verstaute die Beute darauf.
Alle Frauen in Israel eilten herbei, um Judit zu sehen, und sangen ihr Lob. Als
sie sich ihr zu Ehren zu einem Festreigen aufstellten, nahm Judit belaubte Zweige in die Hand und gab auch den umstehenden Frauen davon. Sie und ihre Be-
gleiterinnen setzten sich Kränze von Ölzweigen auf, und so ging sie vor dem
ganzen Volk her und führte den Festreigen der Frauen an. Ihr folgten alle Männer von Israel in Waffen und mit Kränzen geschmückt. Von allen Lippen ertön-
ten Loblieder.

Das israelitische Heer vollendet den Sieg über die Assyrer und
kommt beutebeladen nach Betulia zurück. Einen Monat lang feiert
das ganze Volk den Sieg (15,4–6). Sie plündern das Lager und geben
Judit das, was dem Holofernes gehört hat. Die Frauen segnen Judit
und tanzen ihr zu Ehren. Die Männer singen in ihrer Kampfesrüstung
Hymnen. Die Priester und Ältesten aus Jerusalem segnen Judit ebenfalls.

Der priesterliche Segen für Judit wird oft für Marienfeste benutzt.
Auch Maria ist die Ehre Jerusalems und die Freude Israels. Auch sie
ist ein Werkzeug für Gottes Sieg. Sie hat dem Erlöser das Leben geschenkt, der das Volk von seinem Todfeind befreit. Auch Maria ist gesegnet unter den Frauen, wie es Usija von Judit bekennt: „Gesegnet
bist du, Tochter, vom höchsten Gott, unter allen Frauen der Erde. Und
gepriesen sei Gott der Herr, der Schöpfer des Himmels und der Erde,
der deinen Schlag gegen das Haupt des Führers unserer Feinde führte" (13,18). Auch Maria ist vom allmächtigen Herrn für immer gesegnet.

Der Siegesgesang

Judit 15,14–16,17
Judit aber stimmte im Beisein von ganz Israel das folgende Danklied an, und al-
les Volk sang den Lobpreis mit, im Wechsel mit ihr.
Judit sang:
    Stimmt ein Lied an
    für meinen Gott unter Paukenschall,

singt für den Herrn unter Zimbelklang!
Preist ihn, und singt sein Lob,
rühmt seinen Namen, und ruft ihn an!
Denn der Herr ist ein Gott, der den Kriegen ein Ende setzt;
er führte mich heim in sein Lager inmitten des Volkes
und rettete mich aus der Gewalt der Feinde.
Assur kam von den Bergen des Nordens
mit seiner unzählbaren Streitmacht;
die Masse der Truppen verstopfte die Täler,
sein Reiterheer bedeckte die Hügel.
Brandschatzen wollten sie mein Gebiet,
die Jugend morden mit scharfem Schwert,
den zarten Säugling am Boden zerschmettern,
die Kinder als Beute verschleppen,
als billigen Raub die Mädchen entführen.
Doch der Herr, der Allmächtige lieferte sie aus,
er gab sie der Vernichtung preis durch die Hand einer Frau.
Ihr Held fiel nicht durch die Kraft junger Männer,
nicht Söhne von Riesen erschlugen ihn,
noch traten ihm hochgewachsene Kämpfer entgegen.
Nein, Judit, Meraris Tochter,
bannte seine Macht mit dem Reiz ihrer Schönheit.
Sie legte ihr Witwengewand ab,
um den Bedrängten in Israel zu helfen.
Sie salbte ihr Gesicht mit wohlriechendem Öl,
sie schmückte ihre Haare mit einem Diadem
und zog ein Leinenkleid an, um ihn zu verführen.
Ihre Sandalen betörten sein Auge.
So schlug ihre Schönheit sein Herz in Bann.
Das Schwert traf seinen Nacken mit Wucht.
Die Perser erschraken vor ihrer Tapferkeit,
die Meder erstarrten vor ihrem Mut.
Jubel erfüllte mein armes Volk – sie aber gerieten in Schrecken.
Die Meinen waren schwach – sie aber packte Entsetzen.
Die einen stimmten den Schlachtruf an – die anderen ergriffen die Flucht.
Erbärmliches Volk! Man stieß sie nieder
und schlug sie nieder wie Kinder von Ehebrecherinnen;
sie kamen um durch das Heer meines Herrn.
Ich singe meinem Herrn ein neues Lied;
Herr du bist groß und voll Herrlichkeit.
Wunderbar bist du in deiner Stärke, keiner kann dich übertreffen.
Dienen muss dir deine ganze Schöpfung.
Denn du hast gesprochen, und alles entstand.
Du sandtest deinen Geist, um den Bau zu vollenden.
Kein Mensch kann deinem Wort widerstehen.
Meere und Berge erbeben in ihrem Grund,
vor dir zerschmelzen die Felsen wie Wachs.

Doch wer dich fürchtet,
der erfährt deine Gnade.
Zu gering ist jedes Opfer, um dich zu erfreuen,
alle Fettstücke sind nichts beim Opfer für dich.
Wer den Herrn fürchtet, der ist groß für immer.
Doch weh den Völkern, die mein Volk bekämpfen.
Am Tag des Gerichts straft sie der allmächtige Herr,
er schickt Feuer und Würmer in ihr Gebein;
in Ewigkeit sollen sie heulen vor Schmerz.

Die Geschichte von Judit ist durch Gebete gerahmt (vgl. Kapitel 9). Während des gesamten mutigen Unternehmens und während der darauffolgenden Glückwünsche erklärt sie immer wieder, dass sie nicht aus eigener Kraft gehandelt hätte, sondern durch die Kraft Gottes. Sie verwandelt den Lobpreis des Volkes für sie konsequent in ihren Lobpreis Gottes.

Nachdem der Sieg errungen ist, nimmt Judit die Rolle der Frauen in der Tradition des heiligen Krieges ein. Mirjam führte Gesang und Tanz des Volkes nach der Flucht aus Ägypten an (Exodus 15,20–21). Debora stimmte den Lobgesang nach der Niederlage des Sisera an (Richter 5,1). Jiftachs Tochter, deren Geschichte ein tragisches Ende nahm, kommt heraus, um den Sieg ihres Vaters über die Ammoniter zu feiern. Judit führt das Dankeslied zu Ehren Gottes an, der sein Volk von den Assyrern befreit hat.

Judits Lied beginnt als Hymne. Da ist zunächst die Aufforderung, Gott zu loben (16,1–2), dann wird der Grund des Lobs genannt (16,2). Die Geschichte des Siegs wird als eine ausführliche Begründung für das Lob erzählt (16,3–12). Der Schlussteil sprengt die ansonsten übliche Form des Hymnus, indem er sich direkt an Gott richtet (16,13–15). Das Lied endet mit dem Lob der Gottesfürchtigen und einem Weheruf über ihre Feinde (16,16–17). Die Beschreibung des Sieges (16,3–12) enthält originäres Material, die übrigen Verse erinnern an Textpassagen aus den Büchern Richter, Psalmen und Jesaja. In den Versen 3–12 wird Judits Schönheit gepriesen als eine Waffe, die den Feind bezwingt. Der erste und der letzte Abschnitt (16,1–2.13–17) fügen das Handeln Judits in den Kontext von Gottes dauerhaftem Schutz für sein Volk ein.

Respektierte Witwe

Judit 16,18–25

Als sie nach Jerusalem gekommen waren, warfen sie sich vor Gott zum Gebet nieder. Die Leute reinigten sich und brachten ihre Brandopfer, ihre freiwilligen Opfer und ihre sonstigen Gaben dar. Judit stiftete dem Heiligtum alles, was ihr das Volk aus der Beute des Holofernes überlassen hatte, Auch das Mückennetz, das sie aus seinem Schlafgemach mitgenommen hatte, schenkte sie Gott als Weihegabe. Drei Monate lang feierte das Volk vor dem Heiligtum in Jerusalem ein Freudenfest, und Judit blieb bei ihnen.

Nach dieser Zeit kehrte jeder zu seinem Erbbesitz zurück. Judit ging nach Betulia und blieb auf ihrem Anwesen. Solange sie lebte, war sie im ganzen Land hochgerühmt. Viele hätten sie gern zur Frau gehabt; aber seit ihr Gatte Manasse gestorben und zu seinen Vätern gerufen worden war, durfte kein Mann sie mehr berühren, ihr Leben lang. Sie erreichte ein sehr hohes Alter und wurde im Haus ihres Mannes hundertfünf Jahre alt. Ihrer Dienerin schenkte sie die Freiheit. Sie starb in Betulia, und man bestattete sie in der Grabhöhle ihres Gatten Manasse. Das Haus Israel betrauerte sie sieben Tage lang. Vor ihrem Tod hatte sie noch ihren Besitz an alle Verwandten ihres Gatten Manasse und an die Angehörigen ihrer eigenen Familie verteilt. Niemand aber wagte mehr, die Israeliten zu belästigen, solange Judit lebte, und auch noch lange Zeit nach ihrem Tod.

Am Ende der Geschichte ist Judit wieder zu Hause, als eine ehrbare und geachtete Witwe. Alle ihre Angelegenheiten regelt sie in Weisheit. Die Beute aus der Habe des Holofernes stiftet sie dem Heiligtum. Ihr Vermögen teilt sie an ihre und ihres Mannes Verwandte aus. Ihrer treuen Magd gibt sie die Freiheit. Der Schlusssatz stellt sie in eine Reihe mit den Richtern, die Israel während der Pionierzeit von seinen Feinden retteten (vgl. Richter 3,11. 30; 5,31; 8,28). Ihr langes Leben ist ein Zeichen von Gottes Segen für sie und ihr Vok. Solange sie lebt, und selbst noch nach ihrem Tod, hat das Volk Frieden. Sie ist die Ehre Jerusalems, die Freude Israels, der Glanz ihres Volkes.

Susanna

Als Anhang des Buches Daniel finden sich zwei Geschichten in griechischer Sprache: die Geschichte von Susanna (Daniel 13) und die Geschichte von Bel und von dem Drachen (Daniel 14). Diese Geschichten haben die Absicht, zu unterhalten und ihre Leser aufzubauen und zu zeigen, wie es auch die Absicht des übrigen Buches Daniel ist, dass, welche Not auch immer das Volk Israel bedrücken mag, Gott am Ende siegen wird.

Eine Ehefrau voller Glauben

Daniel 13,1–4
In Babylon wohnte ein Mann mit Namen Jojakim. Er hatte Susanne, die Tochter Hilkijas, zur Frau; sie war sehr schön und gottesfürchtig. Auch ihre Eltern waren gerecht und hatten ihre Tochter nach dem Gesetz des Mose erzogen. Jojakim war sehr reich; er besaß einen Garten nahe bei seinem Haus. Die Juden pflegten bei ihm zusammenzukommen, weil er der Angesehenste von allen war.

Die Geschichte beginnt mit der Einführung der zentralen Persönlichkeit, Susanna, und ihres Ehemanns Jojakim. Susanna ist schön, gottesfürchtig und nach dem Gesetz des Mose erzogen. Sie ist eine beispielhafte jüdische Frau. Ihre Ehemann Jojakim ist reich und angesehen. Das Ehepaar lebt im Exil und wird so zu einem Beispiel für Juden, die außerhalb Israels leben, um zu zeigen, wie gottesfürchtig man sein Leben an jedem Ort der Welt leben kann.

Daniel 13,5–14
Als Richter amtierten in jenem Jahr zwei Älteste aus dem Volk, auf die zutraf, was der Herr gesagt hat: Ungerechtigkeit ging von Babylon aus, von den Ältesten, von den Richtern, die als Führer des Volkes galten. Sie hielten sich regelmäßig im Haus Jojakims auf, und alle, die eine Rechtsangelegenheit hatten, kamen zu ihnen. Hatten sich nun die Leute um die Mittagszeit wieder entfernt, dann kam Susanna und ging im Garten ihres Mannes spazieren. Die beiden Ältesten sahen sie täglich kommen und umhergehen; da erwachte in ihnen die Begierde nach ihr. Ihre Gedanken gerieten auf Abwege, und ihre Augen gingen in die Irre; sie sahen weder zum Himmel auf, noch dachten sie an die gerechten Strafen Gottes. Beide hatten wegen Susanna Liebeskummer; doch keiner sagte dem anderen etwas von seinem Schmerz. Denn sie schämten sich darüber, dass sie so begierig waren, mit ihr zusammenzusein. Ungeduldig warteten sie jeden Tag darauf, sie zu sehen. Eines Tages sagte der eine zum andern: Gehen wir nach Hause, es ist Zeit zum Essen. Sie trennten sich also und gingen weg, dann kehrte jeder um, und sie trafen wieder zusammen. Sie fragten einander nach der Ursache und gestanden sich ihre Leidenschaft. Daraufhin verabredeten sie eine Zeit, zu der es ihnen möglich sein sollte, Susanne allein anzutreffen.

Die friedvolle Situation dauert nicht lange an. Zwei offizielle Vertreter der religiösen Tradition, von denen man daher erwarten konnte, sowohl weise als auch heilig zu sein, sind weder das eine noch das andere. Diese beiden Richter begehren Susanna. Nicht nur das, nein, sie nähren ihre Begierde und vermeiden Gebete, wodurch die Begierde vermindert werden könnte. Jedoch kann die Stimme ihres Gewissens nicht ganz unterdrückt werden, und so schämt sich jeder vor dem anderen, dem jeweils anderen seine Begierde zu gestehen. Doch eines Tages treffen sie sich, als sie Susanna nachstellen, und sie gestehen einander ihre bösen Absichten. Nun planen sie gemeinsam eine Möglichkeit, wie sie Susanna allein auflauern können. Durch all ihr Intrigieren gibt es keinerlei Hinweis darauf, dass Susanna sie in ihrer Begierde ermutigt hätte, noch dass sie irgendeinen Verdacht schöpft.

Eine mutige Ehefrau

Daniel 13,15–27

Während sie auf einen günstigen Tag warteten, kam Susanna eines Tages wie gewöhnlich in den Garten, nur in Begleitung zweier Mädchen, und wollte baden; denn es war heiß. Niemand war dort außer den beiden Ältesten, die sich versteckt hatten und ihr auflauerten. Sie sagte zu den Mädchen: Bringt mir Öl und Salben und verriegelt das Tor, damit ich baden kann. Die Mädchen taten, wie ihnen befohlen war. Sie verriegelten das Tor und verließen den Garten durch die Seitenpforte, um zu holen, was ihnen aufgetragen war. Von den Ältesten bemerkten sie nichts, denn diese hatten sich versteckt. Als die Mädchen weg waren, standen die beiden Ältesten auf, liefen zu Susanna hin und sagten: Das Gartentor ist verschlossen, und niemand sieht uns; wir brennen vor Verlangen nach dir: Sei uns zu Willen, und gib dich uns hin! Weigerst du dich, dann bezeugen wir gegen dich, dass ein junger Mann bei dir war und dass du deshalb die Mädchen weggeschickt hast.

Da seufzte Susanna und sagte: Ich bin bedrängt von allen Seiten: Wenn ich es tue, so droht mir der Tod; tue ich es aber nicht, so werde ich euch nicht entkommen. Es ist besser für mich, es nicht zu tun und euch in die Hände zu fallen, als gegen den Herrn zu sündigen. Dann schrie Susanna, so laut sie konnte. Aber zugleich mit ihr schrieen auch die beiden Ältesten, und einer von ihnen lief zum Gartentor und öffnete es. Als die Leute im Haus das Geschrei im Garten hörten, liefen sie durch die Seitentür herbei, um zu sehen, was ihr zugestoßen sei. Als die Ältesten ihre Erklärung gaben, schämten sich die Diener sehr; denn noch nie war so etwas von Susanna behauptet worden.

Die beiden alten Männer finden eine Gelegenheit. Susanna ist allein im Garten beim Baden. Sie nähern sich ihr und erwarten eine sichere Eroberung. Wenn sich Susanna ihrer Begierde nicht fügt, werden sie gegen sie bezeugen, dass sie Ehebruch mit einem anderen Mann begangen hat. Im israelitischen Gesetz war die Aussage zweier Zeugen ausreichend für einen Schuldspruch. Sollte Susanna also widerstehen, würde sie mit Sicherheit des Ehebruchs für schuldig befunden werden und durch Steinigung hingerichtet werden (Levitikus 20,10; Deuteronomium 22,22–24). Fügt sie sich jedoch dem Ansinnen, ist sie eines Verbrechens schuldig, auf das der Tod steht. Es scheint, als sei ihre Situation aussichtslos.

Die beiden Ältesten haben jedoch Susannas Stärke, ihre Tugend, unterschätzt. Sie vertraut ihre Situation Gott an und ruft um Hilfe. Die alten Männer tun, was sie angekündigt haben, und beschuldigen sie des Ehebruchs. Ihrer Anschuldigung wird offenbar Vertrauen geschenkt, obwohl die Dienstboten wissen, dass niemals zuvor so etwas von Susanna behauptet worden war. Es scheint, dass Susanna ihrer sicheren Hinrichtung entgegensieht.

Eine beschuldigte Ehefrau

Daniel 13,28–43

Als am nächsten Morgen das Volk bei Jojakim, ihrem Mann, zusammenkam, erschienen auch die beiden Ältesten. Sie kamen mit der verbrecherischen Absicht, gegen Susanna die Todesstrafe zu erwirken. Sie sagten vor dem Volk: Schickt nach Susanna, der Tochter Hilkijas, der Frau Jojakims! Man schickte nach ihr. Sie kam in Begleitung ihrer Eltern, ihrer Kinder und aller Verwandten. Susanna war anmutig und sehr schön. Sie war aber verschleiert. Um sich an ihrer Schönheit zu weiden, befahlen die Gewissenlosen, sie zu entschleiern. Da weinten ihre Angehörigen, und alle, die sie sahen, begannen ebenfalls zu weinen. Vor dem ganzen Volk standen nun die beiden Ältesten auf und legten die Hände auf den Kopf Susannas. Sie aber blickte weinend zum Himmel auf; denn ihr Herz vertraute dem Herrn. Die Ältesten sagten: Während wir allein im Garten spazieren gingen, kam diese Frau mit zwei Mägden herein. Sie ließ das Gartentor verriegeln und schickte die Mägde fort. Dann kam ein junger Mann zu ihr, der sich versteckt hatte, und legte sich zu ihr. Wir waren gerade in einer abgelegenen Ecke des Gartens; als wir aber die Sünde sahen, liefen wir zu ihnen hin und sahen, wie sie zusammen waren. Den Mann konnten wir nicht festhalten; denn er war stärker als wir; er öffnete das Tor und entkam. Aber diese da hielten wir fest und fragten sie, wer der junge Mann war. Sie wollte es uns aber nicht verraten. Das alles können wir bezeugen. Die versammelte Gemeinde glaubte ihnen, weil sie Älteste des Volkes und Richter waren, und verurteilte Susanna zum Tod. Da rief sie laut: Ewiger Gott, du kennst auch das Verborgene; du weißt alles, noch bevor es geschieht. Du weißt auch, dass sie eine falsche Aussage gegen mich gemacht haben. Darum muss ich jetzt sterben, obwohl ich nichts von dem gemacht habe, was diese Menschen mir vorwerfen.

Das Gericht tritt zusammen. Die Beschuldigte erscheint mit all ihren Verwandten, die sie unterstützen. Die Ankläger verlangen, dass sie den Schleier abnimmt, so dass sie ihrer Begierde weiter Nahrung geben können, während sie sie zum Tod verurteilen. Ihr entscheidendes Zeugnis wird abgelegt. Sowohl die Männer als auch Susanna werden in der Gemeinschaft hoch geschätzt. Als das Volk sich entscheiden muss, wem es Glauben schenken soll, wiegt der Status der Männer mehr als Susannas Tugendhaftigkeit. Sie verurteilen Susanna zum Tode. Susanna wendet sich nicht an einen menschlichen Verteidiger, sie wendet sich zu Gott. Gott weiß, dass die Anschuldigungen falsch sind. Gott ist der einzige, der sie erretten kann.

Ihr Erlöser

Daniel 13,44–59

Der Herr erhörte ihr Rufen. Als man sie zur Hinrichtung führte, erweckte Gott den Heiligen Geist in einem jungen Mann namens Daniel. Dieser rief laut: Ich bin unschuldig am Tod dieser Frau. Da wandten sich alle Leute nach ihm um und fragten ihn: Was soll das heißen, was du da gesagt hast? Er trat mitten unter sie und sagte: Seid ihr so töricht, ihr Söhne Israels? Ohne Verhör und ohne Prüfung der Beweise habt ihr eine Tochter Israels verurteilt. Geht zurück zum Ort des Gerichts! Denn diese Ältesten haben eine falsche Aussage gegen Susanna gemacht. Eilig kehrten alle Leute wieder um, und die Ältesten sagten zu Daniel: Setz dich hier mitten unter uns, und sag uns, was du zu sagen hast. Denn dir hat Gott den Vorsitz verliehen. Daniel sagte zu ihnen: Trennt diese beiden Männer, bringt sie weit auseinander! Ich will sie verhören. Als man sie voneinander getrennt hatte, rief er den einen von ihnen her und sagte zu ihm: In Bosheit bist du alt geworden; doch jetzt kommt die Strafe für die Sünden, die du bisher begangen hast. Ungerechte Urteile hast du gefällt, Schuldlose verurteilt, aber Schuldige freigesprochen; und doch hat der Herr gesagt: Einen Schuldlosen und Gerechten sollst du nicht töten. Wenn du also diese Frau wirklich gesehen hast, dann sag uns: Was für ein Baum war das, unter dem du die beiden zusammen gesehen hast? Er antwortete: Unter einer Zeder. Da sagte Daniel: Mit deiner Lüge hast du dein eigenes Haupt getroffen. Der Engel Gottes wird dich zerspalten, schon hat er von Gott den Befehl dazu erhalten. Dann ließ er ihn wegbringen und befahl, den andern vorzuführen. Zu ihm sagte er: Du Sohn Kanaans, nicht Judas, dich hat die Schönheit verführt, die Leidenschaft hat dein Herz verdorben. So konntet ihr an den Töchtern Israels handeln, sie fürchteten sich und waren euch zu Willen. Aber die Tochter Judas hat eure Bosheit nicht geduldet. Nun sag mir: Was für ein Baum war das, unter dem du die beiden ertappt hast? Er antwortete: Unter einer Eiche. Da sagte Daniel zu ihm: Mit deiner Lüge hast auch du dein eigenes Haupt getroffen. Der Engel Gottes wartet schon mit dem Schwert in der Hand, um dich mitten entzwei zu hauen. So wird er euch beide vernichten.

Gott lässt Susanna nicht im Stich. Doch wie gewöhnlich arbeitet Gott durch ein unscheinbares menschliches Wesen, um der Gerechtigkeit zum Durchbruch zu verhelfen. Gott sendet einen jungen Mann, um göttliche Weisheit in die Situation zu bringen. Daniel fordert, dass der Fall neu eröffnet wird. Er nimmt die beiden Ältesten getrennt voneinander ins Kreuzverhör und überführt sie des falschen Zeugnisses. Susanna wird Recht gegeben und sie wird vor dem Tode bewahrt.

Daniel 13,60–64

Da schrie die ganze Gemeinde laut auf und pries Gott, der alle rettet, die auf ihn hoffen. Dann standen sie gegen die beiden Ältesten auf, die Daniel durch ihre eigenen Worte als falsche Zeugen entlarvt hatte. Das Böse, das sie ihrem Nächsten hatten antun wollen, fügte man nach dem Gesetz des Mose ihnen zu: Man tötete sie. So wurde an jenem Tag unschuldiges Blut gerettet.

Hilkija und seine Frau priesen Gott wegen ihrer Tochter Susanna, ebenso ihr Mann Jojakim und alle Verwandten, weil sich zeigte, dass sie nichts Schändliches getan hatte. Daniel aber erwarb seit jenem Tag und auch weiterhin beim Volk großes Ansehen.

Der Schluss der Geschichte stellt die Ruhe der Situation wieder her. Die Ältesten werden zum Tode verurteilt, zu dem gleichen Tod, den sie für Susanna vorgesehen hatten. Susannas guter Ruf ist wiederhergestellt. Der junge Daniel erringt große Achtung. Jedermann lebt nachher glücklich und zufrieden!

Susanna ist ein Beispiel für eine tugendhafte Frau, die ihr Leben in Gottes Hand legt. Sie redet während der gesamten Geschichte nur zweimal. Beim ersten Mal bezeugt sie ihre Festlegung, Gott und ihrem Ehemann treu zu sein (13,22–23); das zweite Mal ist ihr Hilfeschrei zu Gott (13,42–43). Sie führt das normale Leben einer reichen, angesehenen Frau, bis hin zu dem entscheidenden Augenblick im Garten. Die kritische Situation stellt das Ausmaß ihrer Schönheit wie die Tiefe ihrer Treue klar heraus. Sie steht in einer Reihe mit Judit als eine Frau, die durch ihren Glauben die Feinde ihres Volkes besiegt. Diese beiden Frauen werden von Gott benutzt, um das Volk vor Feinden aus den eigenen Reihen (gleichfalls Juden) wie auch von außen, vor Fremden, zu retten. Von beiden Frauen kann gesagt werden: „Du bist der Ruhm Jerusalems, du bist die große Freude Israels und der Stolz unseres Volkes" (Judit 15,9).

9. Königin Ester

Vorschlag zur Lektüre: Das Buch Ester

Das Buch Ester hat eine einzigartige biblische Geschichte. Die hebräische Version erwähnt an keiner Stelle den Namen Gottes. Vielleicht ist das der Grund, warum das Buch bis zum 3. Jahrhundert nach Christi Geburt nicht im Kanon der hebräischen Bibel akzeptiert wurde. Es ist das einzige Buch der hebräischen Bibel, das nicht unter den Schriftrollen von Qumran gefunden wurde. Die Septuaginta, die griechische Fassung des Alten Testaments, enthält mehrere Zusätze zu der ursprünglichen Geschichte, wo der Name Gottes explizit erwähnt wird.[42] Diese Zusätze sind sowohl im römisch-katholischen wie auch im orthodoxen Kanon zu finden. Andere christliche Bibelübersetzungen enthalten die hebräische Fassung.

Das Buch Ester ist eine Erzählung, die dazu dient, den Hörern Zuspruch zu geben. Es ist ein Melodrama, in dem der Held wie auch der Bösewicht in plastischen Farben gezeichnet werden. Die Geschichte spielt im Persien des fünften Jahrhunderts, und die erste Erwähnung dieser Geschichte mag in das gleiche Jahrhundert zurückreichen. In der hebräischen Fassung der Geschichte tragen die gläubigen Juden der Diaspora, die außerhalb Israels leben, die versteckte Gegenwart Gottes und sind die Diener der Vorsehung Gottes. Die griechischen Zusätze enthalten Gebete, die an Gott adressiert sind, wie eine apokalyptische Traumsequenz, die die Rache der Juden an ihren Feinden erklärt. Was in der hebräischen Fassung in subtiler Weise angedeutet wurde, ist in den griechischen Zusätzen klar herausgestellt.

Eine entthronte Königin

Ester 1,9–22
Auch Königin Waschti gab ein Festmahl für die Frauen, die im Palast des Königs Artaxerxes lebten. Als König Artaxerxes am siebten Tag vom Wein ange-

---

[42] Die griechischen Ergänzungen sind entweder als Kapitel A–F bezeichnet oder als 10,4–16,24 nummeriert. Dieser Kommentar folgt der Nummerierung der New American Bible (Kapitel A–F).

heitert war, befahl er Mehumam, Biseta, Harbona, Bigta, Abagta, Setar und Karkas, den sieben Hofbeamten, die ihn persönlich bedienten, die Königin Waschti im königlichen Diadem vor ihn zu bringen, damit das Volk und die Fürsten ihre Schönheit bewunderten; denn sie war sehr schön. Aber die Königin Waschti weigerte sich, dem Befehl des Königs, den die Hofbeamten überbracht hatten, zu folgen und zu kommen. Da wurde der König böse, und es packte ihn großer Zorn. Er beriet sich mit den Weisen, die sich in der Geschichte auskennen; denn er pflegte seine Angelegenheiten vor den Kreis der Gesetzes- und Rechtskundigen zu bringen, die zu ihm Zutritt hatten, nämlich Karschema, Schetar, Admata, Tarschisch, Meres, Marsena, Memuchan, die sieben Fürsten Persiens und Mediens. Sie hatten freien Zugang zum König und nahmen den ersten Rang im Königreich ein. Er fragte: Was soll man nach dem Gesetz mit der Königin Waschti tun, nachdem sie dem Befehl des Königs Artaxerxes, den ihr die Hofbeamten überbracht haben, nicht gefolgt ist? Da sagte Memuchan zum König und zu den Fürsten: Nicht nur gegen den König, sondern auch gegen alle Fürsten und alle Völker, die in all den Provinzen des Königs Artaxerxes leben, hat sich Königin Waschti verfehlt. Denn das Verhalten der Königin wird allen Frauen bekannt werden, und sie werden die Achtung vor ihren Ehemännern verlieren und sagen: König Artaxerxes befahl der Königin Waschti, vor ihm zu erscheinen; aber sie kam nicht. Von heute an werden alle Fürstinnen Persiens und Mediens, die vom Verhalten der Königin hören, dies allen Fürsten des Königs vorhalten, und es gibt viel Ärger und Verdruss. Wenn es dem König recht ist, möge ein unwiderruflicher königlicher Erlass ergehen, der in den Gesetzen der Perser und Meder aufgezeichnet wird: Waschti darf dem König Artaxerxes nicht mehr unter die Augen treten. Der König aber verleihe den Rang der Königin einer anderen, die würdiger ist als sie. Wenn die Anordnung, die der König erlässt, in seinem ganzen großen Reich bekannt wird, dann werden alle Frauen ihren Ehemännern, den vornehmsten wie den geringsten, die gebührende Achtung erweisen. Der Vorschlag gefiel dem König und den Fürsten, und der König tat nach Memuchans Worten. Er schickte Schreiben an alle königlichen Provinzen, an jede Provinz in ihrer eigenen Schrift und an jedes Volk in seiner Sprache, damit alle Männer Herr in ihrem Haus blieben.

Der persische Hof unter Artaxerxes (Xerxes I., 485–464 v.Chr.)[43] ist der Schauplatz großen Reichtums and erstklassiger Bankette. Der König veranstaltet ein sieben Tage andauerndes Fest, und zur gleichen Zeit veranstaltet Königin Waschti ein Fest für die Frauen. Am siebten und letzten Tag des Banketts befiehlt der König Waschti, bei dem Fest der Männer zu erscheinen. Er hat seinen übrigen Reichtum dargestellt; jetzt wünscht er, die Schönheit seiner Königin kundzutun.

Waschti soll „mit dem königlichen Diadem" vor ihn treten. Es gibt eine rabbinische Tradition, die sie verpflichtet, mit nichts als mit der

---

[43] Die Geschichte, von der in diesem Buch berichtet wird, erscheint nirgendwo in der Überlieferung bezüglich der Königsherrschaft des Artaxerxes.

Königskrone bekleidet zu kommen. Jedenfalls ist es ihre einzige Funktion, den Ruhm des Königs zu vergrößern, dessen Besitz sie ist. Waschti weigert sich zu kommen. Ihre Weigerung löst bei den Beratern des Königs einen Sturm der Entrüstung aus, weit mehr, als der Bedeutung dieser Sache angemessen ist. Ihre große Angst ist, dass ihre Geltendmachung der Unabhängigkeit auch andere Ehefrauen dazu bringen wird, ebenfalls Unabhängigkeit geltend zu machen. Die absolute Macht der Ehemänner über ihre Frauen gerät damit in Gefahr.

Diese Szene ist eine Satire. Jedes Detail ist übertrieben. Der Reichtum ist überwältigend. Die Festmähler sind das Zelebrieren von Völlerei. Die Aufforderung des Königs ist willkürlich. Die Antwort der Höflinge ist überzogen. Die einzige vernünftige Person dieses Auftritts scheint Waschti zu sein. Dennoch wird Waschti entthront, und alles wird für die Suche nach einer neuen Königin vorbereitet.

Eine wunderschöne Jungfrau

Ester 2,1–7
Als sich nach einiger Zeit der Zorn des Königs gelegt hatte, erinnerte er sich wieder an Waschti und an das, was sie getan und was man über sie beschlossen hatte. Da sagten die Pagen des Königs: Man sollte für den König schöne junge Mädchen suchen. Der König soll in jeder Provinz seines Reiches Männer beauftragen, alle schönen jungen Mädchen in den Frauenpalast auf der Burg Susa zu bringen und dem königlichen Kämmerer Hegai, dem Aufseher der Frauen, zu übergeben. Dort sollen sie der nötigen Schönheitspflege unterzogen werden. Und das Mädchen, das dem König gefällt, soll anstelle Waschtis Königin werden. Der König fand den Vorschlag gut und handelte danach.
In der Burg Susa lebte ein Jude namens Mordechai. Er war der Sohn Jaïrs, des Sohnes Schimis, des Sohnes des Kisch, aus dem Stamm Benjamin. Er war mit den Verschleppten aus Jerusalem gekommen, die der babylonische König Nebukadnezzar zusammen mit König Jojachin deportiert hatte. Er war der Vormund von Hadassa, der Tochter seines Onkels, die auch Ester hieß. Sie hatte keinen Vater und keine Mutter mehr. Das Mädchen war von schöner Gestalt und von großer Anmut. Nach dem Tod ihres Vaters und ihrer Mutter hatte Mordechai sie als seine erste Tochter angenommen.

Ester wird im Zusammenhang mit der Suche nach einer Königin eingeführt. Sie ist Jüdin, ein Waisenkind und sehr hübsch. Ihr hebräischer Name ist Hadassa, was Myrte bedeutet, das Symbol für Erntedank und Friede. Ihr persischer Name, Ester, ist eine Variante von Ischtar, der babylonischen Gottheit der Fruchtbarkeit. Sie war von ihrem Cousin Mordechai adoptiert worden, der ihr Beschützer geworden war.

Ester 2,8–11
Als der Befehl des Königs bekannt wurde, brachte man viele Mädchen zur Burg
Susa und gab sie in die Obhut Hegais. Auch Ester wurde in den Königspalast
geholt und Hegai, dem Aufseher der Frauen, übergeben. Das Mädchen fand sein
Gefallen und seine Gunst. Er war sehr darauf bedacht, dass sie die nötige Pfle-
ge und die richtige Kost erhielt; außerdem gab er ihr sieben auserlesene Diene-
rinnen aus dem Königshaus. Später ließ er sie mit ihren Dienerinnen in die
schönsten Räume des Frauenpalastes umziehen. Ester hatte nichts von ihrem
Volk und ihrer Abstammung erzählt; denn Mordechai hatte sie angewiesen,
nichts davon zu sagen.
Jeden Tag ging Mordechai zum Hof des Frauenpalastes, um zu erfahren, wie es
Ester ging und was mit ihr geschah.

Ester ist schön; sie hat auch eine angenehme Persönlichkeit. Sie gewinnt augenblicklich die Gunst des Aufsehers, der mit der Obhut der
Mädchen beauftragt ist. Seine Unterstützung soll sich für sie als von
unschätzbarem Wert erweisen. Sie ist lehrbar, wie sie an den Schön-
heitsbehandlungen teilnimmt, die sie auf ihren Besuch beim König
vorbereiten. Bei weiterem Fortschreiten der Geschichte wird sie her-
ausgefordert, selbstbewusst zu handeln. Sie verheimlicht ihre jüdische Identität, was zu dem Konflikt in der Geschichte führt. Ihre Enthüllung gegenüber dem König, dass sie eine Jüdin ist, wird der Wen-
depunkt der Handlung sein.

Der Schönheitswettbewerb

Ester 2,12–18
Der Reihe nach wurden alle Mädchen zu König Artaxerxes gebracht. Zuvor waren sie, wie es für die Frauen Vorschrift war, zwölf Monate lang gepflegt worden; denn so lange dauerte ihre Schönheitspflege: sechs Monate Myrrhenöl und
sechs Monate Balsam und andere Schönheitsmittel der Frauen. Dann gingen die
Mädchen zum König, und alles, was sie sich aus dem Haus der Frauen wünsch-
ten, gab man ihnen in den Königspalast mit. Am Abend gingen sie hinein, und
am Morgen kamen sie zurück und wurden in den zweiten Frauenpalast gebracht
und dem königlichen Kämmerer Schaaschgas anvertraut, dem Aufseher der
Nebenfrauen. Sie durften nicht mehr zum König gehen, außer wenn der König
Gefallen an ihnen gefunden hatte und sie ausdrücklich rufen ließ.
Eines Tages war Ester, die Tochter Abihajils, des Onkels Mordechais, der sie als
seine Tochter angenommen hatte, an der Reihe, zum König zu gehen. Sie wollte nichts mitnehmen, außer was der königliche Kämmerer Hegai, der Aufseher
der Frauen, ihr empfahl. Ester aber gefiel allen, die sie sahen. Es war im zehnten Monat, dem Monat Tebet, im siebten Jahr der Regierung des Königs, als
Ester zu Artaxerxes in den königlichen Palast geholt wurde. Und der König liebte Ester mehr als alle Frauen zuvor, und sie gewann seine Gunst und Zuneigung
mehr als alle anderen Mädchen. Er setzte ihr das königliche Diadem auf und

machte sie anstelle Waschtis zur Königin. Der König veranstaltete zu Ehren
Esters ein großes Festmahl für alle seine Fürsten und Diener. Den Provinzen gewährte er einen Steuererlass, und mit königlicher Großzügigkeit teilte er Geschenke aus.

Die Vorbereitung für diesen königlichen Schönheitswettbewerb
dauert ein ganzes Jahr. Ester nimmt mit den anderen jungen Frauen
an den Salbungen und den Anleitungen zum Gebrauch von Parfümen
und Kosmetika teil. Es scheint, dass nur der äußerlichen Schönheit
Bedeutung zugemessen wird.

Als Ester an der Reihe ist, um zum König eingelassen zu werden
und mit ihm zu schlafen, verlässt sie sich vollständig auf den Rat des
Kämmerers Hegai. Sie vertraut darauf, dass er weiß, was dem König
gefallen wird. Ihre Schönheit wird von allen, die sie sehen, bewundert.
Des Königs Entscheidung bestätigt deren Meinung. Der König ist von
Ester eingenommen und macht sie anstelle Waschtis zur Königin.

Ester hat die Gunst *(hesed)* des Eunuchen Hegai (2,9) und die Bewunderung *(hen)* des Volkes gewonnen. Sie hat die Gunst und die Zuneigung *(hen und hesed)* des Königs gewonnen (2,17). Der Satz ist
ein Hinweis auf das, was später in der Geschichte geschehen wird.
Sie ist wie Josef, der Gunst *(hen)* in den Augen Potiphars erlangte
und Segen über dessen Haus brachte (Genesis 39,4). Gott erwies auch
Güte *(hesed)* gegenüber Josef, indem er ihm Gunst *(hen)* in den Augen des obersten Gefängnisaufsehers erwies, und er brachte Erfolg
für alles, was er tat (Genesis 39,21). Sie ist wie Rut, eine Frau voll
gläubiger Liebe *(hesed,* Rut 3,10), die Gunst *(hen)* in den Augen Boas' findet (Rut 2,2. 10. 13) und über sein Haus Segen bringt. Ester
wird wiederum die Gunst *(hen)* des Königs finden und somit in der
Lage sein, ihr Volk zu retten (5,2. 8; 7,3; 8,5).

An dieser Stelle der Geschichte ist Esters Charakter noch nicht offenbart worden. Hat der König lediglich eine schöne, aber unabhängige Königin durch eine schöne und unterwürfige Königin ersetzt?
Wird Ester irgendeinen Unterschied im Leben Persiens oder im Leben ihrer jüdischen Mitbürger bewirken? Ist ihre Schönheit nur von
oberflächlicher Natur, oder ist sie auch tiefer gehend?

Drohende Gefahr

Ester 2,19–23
Damals, als man die Mädchen [zum zweiten Mal] zusammenholte, hatte Mordechai einen Posten am Tor des königlichen Palastes. Ester aber erzählte nichts
von ihrer Abstammung und ihrem Volk, wie Mordechai ihr aufgetragen hatte.

Ester befolgte die Worte Mordechais, wie früher, als sie noch seine Pflegetochter war.

In jenen Tagen, als Mordechai einen Posten am Tor des königlichen Palastes hatte, planten Bigtan und Teresch, zwei unzufriedene königliche Kämmerer, die zu den Torhütern gehörten, einen Anschlag auf König Artaxerxes. Mordechai erfuhr davon und berichtete es der Königin Ester. Ester sagte es im Auftrag Mordechais dem König weiter. Die Sache wurde untersucht und aufgedeckt. Man hängte die beiden auf und hielt das Ereignis in der Chronik fest, die für den König geführt wurde.

Der erste Fingerzeig auf den Unterschied hin, den Ester ausmachen wird, kommt in einer Bemerkung zum Ausdruck, die die Aufdeckung eines Mordkomplotts am König durch Mordechai betrifft. Mordechai informiert Ester über den Plan, die wiederum den König in Kenntnis setzt. Die Verräter werden hingerichtet, und die Geschichte wird in den königlichen Annalen dokumentiert. Die Wiederaufnahme der Tat Mordechais durch den König wird den Konflikt zwischen dem Juden Mordechai und seinem Widersacher Haman zum Höhepunkt bringen (Ester 6,1–11). Esters Handeln ist das eines Vermittlers. Sie ist immer noch keine eigenständige Persönlichkeit geworden.

Der Konflikt zwischen Mordechai und Haman wird in Kapitel drei beschrieben. Haman, der vom König zu hohen Ehren erhoben worden ist, verlangt, dass alle Untergebenen des Königs am königlichen Tor niederknien und sich vor ihm verbeugen. Mordechai weigert sich, das zu tun. Der Grund, den er dafür anführt, ist, dass er ein Jude sei. Wahrscheinlich will er damit zum Ausdruck bringen, dass er sich nur vor Gott verneigt. Haman, der wütend über Mordechais Weigerung ist, sich vor ihm zu verneigen, sucht nach einer Gelegenheit, alle Juden im Reich des Artaxerxes zu vernichten. Er überredet den König dazu, einen Erlass zu unterzeichnen, dass an einem einzigen Tag alle Juden des gesamten Reiches getötet werden sollen. Der Tag, durch Los ermittelt (s. Ester 9,24–26), ist der dreizehnte Tag des zwölften Monats, des Monats Adar.

Ester 4,1–9
Als Mordechai von allem, was geschehen war, erfuhr, zerriss er seine Kleider, hüllte sich in Sack und Asche, ging in die Stadt und erhob ein lautes Kriegsgeschrei. So kam er bis vor das Tor des Königspalastes; aber es war nicht erlaubt, im Trauergewand durch das Tor des Palastes zu gehen. Auch in allen Provinzen herrschte bei den Juden überall große Trauer, sobald der Erlass und das Gesetz des Königs bekannt wurden. Man fastete, weinte und klagte. Viele schliefen in Sack und Asche. Als die Dienerinnen und Kämmerer zu Ester kamen und ihr Bericht erstatteten, erschrak die Königin sehr. Sie schickte Mordechai Gewänder, damit er sich bekleiden und das Trauergewand ablegen könne. Doch er

nahm sie nicht an. Da rief Ester den königlichen Kämmerer Hatach, den der König zu ihrem Diener bestimmt hatte, und schickte ihn zu Mordechai, um zu erfahren, was vorgefallen sei und warum er sich so seltsam verhalte. Hatach ging zu Mordechai auf den Marktplatz vor das Tor des Palastes hinaus. Und Mordechai erzählte ihm alles, was geschehen war, und sagte ihm sogar, wie viel Silber Haman in die königlichen Schatzkammern geben wollte, sobald er die Juden ausgerottet hätte. Er gab ihm auch eine Abschrift des Erlasses über die Ausrottung der Juden, der in Susa veröffentlicht worden war; ihn sollte Hatach Ester zeigen, ihr alles erzählen und sie dringend bitten, zum König zu gehen und ihn inständig um Gnade für ihr Volk anzuflehen. Hatach kam und berichtete Ester, was Mordechai gesagt hatte.

Esters Veränderung fängt in Kapitel vier an. Zunächst scheint sie durch Mordechais Auftreten in Sack und Asche überrascht zu sein. Ohne nach den Gründen für seine Buße zu fragen, versucht sie, sein öffentliches Zur-Schau-Stellen zu beenden. Es ist ebenso klar, dass die Nachrichten bezüglich des königlichen Erlasses die Tötung der Juden betreffend die Provinzen des Reiches schon erreicht hat, nicht jedoch die Königin. Sie ist weder in die Entscheidung des Königs eingeweiht, noch hat sie die gewöhnlichen Nachrichten aus dem Königreich erhalten.

Mordechai muss Ester durch ihren Eunuchen von der drohenden Gefahr informieren. Er lässt anklingen, dass auch sie in Gefahr ist; er bezieht sich auf „ihr Volk" und „unseren Tod". Er erteilt ihr ebenfalls Anweisungen. Sie soll sowohl den König als auch Gott anflehen. Ester ist immer noch von Mordechai abhängig, sowohl was die Information angeht als auch was die Führung angeht.

Für eine Zeit wie diese

Ester 4,10–17
Ester sandte Hatach wieder zu Mordechai und ließ ihm sagen: Alle Diener des Königs und alle Einwohner der königlichen Provinzen wissen, dass für jeden, Mann oder Frau, der zum König in den inneren Hof geht, ohne gerufen worden zu sein, das gleiche Gesetz gilt. Man tötet ihn. Nur wenn der König ihm das goldene Zepter entgegenstreckt, bleibt er am Leben. Ich bin schon dreißig Tage nicht mehr zum König gerufen worden. Hatach teilte Mordechai mit, was Ester gesagt hatte. Mordechai ließ Ester erwidern: Glaub ja nicht, weil du im Königspalast lebst, könntest du dich als einzige von allen Juden retten. Wenn du in diesen Tagen schweigst, dann wird den Juden von anderswoher Hilfe und Rettung kommen. Du aber und das Haus deines Vaters werden untergehen. Wer weiß, ob du nicht gerade dafür in dieser Zeit Königin geworden bist? Ester ließ Mordechai antworten: Geh und ruf alle Juden zusammen, die in Susa leben. Fastet für mich! Esst und trinkt drei Tage und Nächte lang nichts! Auch ich und

meine Dienerinnen wollen ebenso fasten. Dann will ich zum König gehen, obwohl es gegen das Gesetz verstößt. Wenn ich umkomme, komme ich eben um. Mordechai ging weg und tat alles genau so, wie es Ester ihm befohlen hatte.

Durch ihren vertrauten Boten beginnt Ester einen Dialog mit Mordechai. Sie zögert, zum König zu gehen, da sie den Tod erwarten muss, wenn sie ohne Aufforderung vor dem König erscheint. Sie mag sich auch an die Folgen des Ungehorsams Waschtis erinnern. Ihre eigene Beziehung zum König mag sich abkühlen. Er hat während eines ganzen Monats nicht nach ihr senden lassen. Es scheint ebenso, dass sie sich der Gefahr, die ihr selber droht, nicht vollständig bewusst ist. Das Bewusstsein ihrer jüdischen Herkunft scheint in Vergessenheit geraten zu sein; ihre Welt ist die Welt des Palastes.

Mordechai schreckt vor Esters Angst nicht zurück, und er erlaubt ihr auch nicht, ihre eigenen jüdischen Wurzeln zu ignorieren. Mit harten Worten ermahnt er sie, zu handeln. Er erinnert sie daran, dass sie in jedem Fall dem Tod ins Auge sehen muss: Dem Tod, weil sie sich dem König nähert, oder dem Tod als Jüdin, wenn sie ihn nicht aufsucht. Sein abschließendes Wort ist ein Zeugnis göttlicher Vorhersehung: „Wer weiß, ob du nicht gerade dafür in dieser Zeit Königin geworden bist?" Ester ist nicht für sich alleine Königin; Gott hat sie zu dieser Stellung erhoben, um sie als Retterin ihres Volkes zu gebrauchen. Darin erinnert sie sich an Josef, der, wie er sagt, in die Sklaverei verkauft und hoch erhoben wurde, um der Retter für viele Völker zu sein (Genesis 50,20). Wenn sie versagt, wird Gott nicht abgehalten werden. Gott wird sein Volk retten; es wird Ester sein, die umkommt.

Mordechais Worte überzeugen Ester. In diesem Augenblick nimmt sie ihr eigenes Schicksal in die Hand. Sie wird die Aufgabe annehmen, die vorher für sie bestimmt wurde. Sie beginnt mit ihrer Vorbereitung, indem sie ihre Bereitschaft erklärt, zu fasten, und um das unterstützende Fasten ihres ganzen Volkes bittet. Sie sieht der Möglichkeit des Todes mit Zuversicht ins Auge. Zu diesem Zeitpunkt wird sie wahrhaftig eine Königin.

Esters Gebet

Ester 4,17 k–z G
Auch die Königin Ester wurde von Todesangst befallen und suchte Zuflucht beim Herrn. Sie legte ihre prächtigen Gewänder ab und zog die Kleider der Notzeit und Trauer an. Statt der kostbaren Salben tat sie Asche und Staub auf ihr Haupt, vernachlässigte ihren Körper, und wo sie sonst ihren prunkvollen Schmuck trug, hingen jetzt ihre Haare in Strähnen herab. Und sie betete zum

Herrn, dem Gott Israels: Herr, unser König, du bist der einzige. Hilf mir! Denn ich bin allein und habe keinen Helfer außer dir; die Gefahr steht greifbar vor meinen Augen. Von Kindheit an habe ich in meiner Familie und meinem Stamm gehört, dass du, Herr, Israel aus allen Völkern erwählt hast; du hast dir unsere Väter aus allen ihren Vorfahren als deinen ewigen Erbbesitz auserwählt und hast an ihnen gehandelt, wie du es versprochen hattest. Wir aber haben gegen dich verfehlt, und du hast uns unseren Feinden ausgeliefert, weil wir ihre Götter verehrt haben. Du bist gerecht, Herr. Jetzt aber ist es unseren Feinden nicht mehr genug, uns grausam zu unterdrücken, sondern sie haben ihren Götzen geschworen, dein Versprechen zu vereiteln, deinen Erbbesitz zu vernichten, den Mund derer, die dich loben, verstummen zu lassen und das Licht deines Tempels und das Feuer auf deinem Altar auszulöschen. Statt dessen wollen sie den Heiden den Mund öffnen, damit sie ihre nichtigen Götzen preisen und auf ewige Zeiten einen sterblichen König verherrlichen. Überlass dein Zepter, Herr, nicht den nichtigen Götzen! Man soll nicht höhnisch über unseren Sturz lachen. Lass ihre Pläne sich gegen sie selbst kehren; den aber, der all das gegen uns veranlasst hat, mach zum warnenden Beispiel! Denk an uns, Herr! Offenbare dich in der Zeit unserer Not, und gib mir Mut, König der Götter und Herrscher über alle Mächte! Leg mir in Gegenwart des Löwen die passenden Worte in den Mund, und stimm sein Herz um, damit er unseren Feind hasst und ihn und seine Gesinnungsgenossen vernichtet. Uns aber rette mit deiner Hand! Hilf mir, denn ich bin allein und habe niemanden außer dir, o Herr! Du kennst alles. Du weißt auch, dass ich den Prunk der Heiden hasse und das Bett eines Unbeschnittenen und Fremden verabscheue. Du weißt, dass ich das Zeichen meiner Würde verabscheue und es an den Tagen meines öffentlichen Auftretens nur unter Zwang auf dem Kopf trage. Ich verabscheue es wie die blutigen Stofffetzen zur Zeit meiner Unreinheit und trage es nicht an den Tagen, an denen ich meine Ruhe habe. Deine Magd hat nicht am Tisch Hamans gegessen, ich habe keinem königlichen Gelage durch meine Anwesenheit Glanz verliehen und habe keinen Opferwein getrunken. Seit deine Magd hierher kam, bist du für sie der einzige Grund, sich zu freuen, Herr, du Gott Abrahams. Gott, du hast Macht über alle: Erhöre das Flehen der Verzweifelten, und befreie uns aus der Hand der Bösen! Befreie mich von meinen Ängsten!

Der Inhalt von Esters Gebet findet sich nur in den griechischen Ergänzungen, die die hebräische Geschichte erweitern und die verschleierten Bezüge auf Gott erklären.

Die Königin, die versucht hatte, Mordechai von seinem Auftreten als Büßer abzubringen, geht selbst nun in Sack und Asche und fängt zu beten an. Sie verflicht die traditionellen Elemente der Klage miteinander. Sie richtet ihren Ruf direkt an Gott, der allein ihr helfen kann. Sie beschreibt ihre Not: „Ich nehme mein Leben in meine Hand." Sie lobt Gott: „Du bist gerecht, o Gott." Sie versucht, Gott dazu zu bringen, zu handeln: „Du, o Herr, hast Israel aus allen Völkern auserwählt." Sie fleht Gott an, ihr zu helfen: „Rette uns aus der Macht der Sündigen, und befreie mich von meiner Furcht." Das gesamte Gebet ist ein Zeugnis ihres Glaubens und des Eingeständnisses, dass alle Macht Gott gehört.

Sie überzeugt Gott damit, dass sie ihn an seine Treue gegenüber seinem Volk in vergangenen Zeiten erinnert, und erkennt an, dass Gott gerecht gehandelt hat, indem er sein Volk in die Verbannung geschickt hat. Jedoch ist sie sich sicher, dass es nicht Gottes Wille ist, sein Volk des Bundes vollständig auszulöschen. Daher setzt sie ihre Überzeugungsarbeit fort. Wenn Gott die Zerstörung der Juden zulässt, wird er die Macht einem irdischen Potentaten aushändigen. Sie unterstreicht ihren Standpunkt mit den Überschriften „König der Götter und Herrscher ewiger Macht". Dann kehrt sie zu ihrem Ersuchen zurück, dass Gott, der allein ihr helfen kann, ihr die Waffe überzeugender Worte geben möge.

Am Schluss konzentriert sie sich auf ihre eigene Person. Sie bekennt ihren Wert in dem Handeln als Dienerin Gottes in dieser Rettungstat. Sie ist ihrer jüdischen Tradition gegenüber treu geblieben; sie verherrlicht den Glanz des Hofes nicht. Ihre einzige Freude liegt in Gott. Ihr Gebet endet mit einer dritten Bitte: „höre ... errette ... befreie mich von meiner Angst."

Unter Einsatz ihres Lebens

Ester 15,4–19 G
Am dritten Tag legte Ester, als sie ihr Gebet beendet hatte, ihr Bußgewand ab und zog ihre Prunkgewänder an. Nachdem sie ihre strahlende Schönheit wiedergewonnen hatte, betete sie zu dem allsehenden Gott und Retter. Dann nahm sie zwei Dienerinnen mit; auf die eine stützte sie sich nach der Art der vornehmen Frauen, die andere ging hinter ihr und trug ihr die Schleppe. Sie selbst strahlte in blühender Schönheit, ihr Gesicht war bezaubernd und heiter, ihr Herz aber war beklommen vor Furcht. Sie durchschritt alle Türen und blieb vor dem König stehen. Er saß auf seinem königlichen Thron, angetan mit seinen Prunkgewändern voll Gold und Edelsteinen. Der Anblick war furchterregend. Als er aufblickte und die Königin in wildem Zorn mit feuerrotem Gesicht ansah, wurde sie bleich, fiel in Ohnmacht und sank auf die Schulter der Dienerin, die vorausging. Da erweichte Gott das Herz des Königs. Besorgt sprang er vom Thron auf und nahm sie in seine Arme, bis sie wieder zu sich kam. Dann redete er ihr mit freundlichen Worten zu und sagte: Was hast du, Ester? Ich bin dein Bruder, sei unbesorgt! Du sollst nicht sterben; denn unser Befehl gilt nur für die anderen. Komm her! Dann nahm er das goldene Zepter, legte es ihr auf den Nacken, küsste sie und sagte: Nun rede mit mir!
Das sagte sie zu ihm: Ich sah dich, Herr, wie einen Engel Gottes, und mein Herz erschrak aus Furcht vor deinem majestätischen Anblick; denn du bist herrlich,

Herr, und dein Gesicht ist voll Wohlwollen. Während sie mit ihm redete, fiel sie wieder in Ohnmacht. Der König war sehr bestürzt, und sein ganzes Gefolge suchte ihr Mut zu machen.

Ester 5
Am dritten Tag legte Ester ihre königlichen Gewänder an und ging in den inneren Palasthof, der vor dem Haus des Königs lag. Der König saß im Königshaus auf seinem Königsthron, dem Eingang gegenüber. Als der König die Königin Ester im Hof stehen sah, fand sie Gnade vor seinen Augen. Der König streckte ihr das goldene Zepter entgegen, das er in der Hand hielt. Ester trat näher und berührte die Spitze des Zepters. Der König sagte zu ihr: Was willst du, Königin Ester? Was hast du für einen Wunsch? Auch wenn es die Hälfte meines Reiches wäre, du sollst es bekommen. Ester antwortete: Wenn es dem König gefällt, möge er heute mit Haman zu dem Festmahl kommen, das ich für ihn vorbereitet habe. Der König sagte: Holt in aller Eile Haman her, damit wir Esters Wunsch erfüllen können. Und der König kam mit Haman zu dem Festmahl, das Ester vorbereitet hatte. Als sie beim Wein saßen, sagte der König zu Ester: Was hast du für eine Bitte? Sie wird dir erfüllt. Was hast du für einen Wunsch? Selbst wenn es die Hälfte des Reiches wäre, man wird es dir geben. Ester antwortete: Das ist meine Bitte und mein Wunsch: Wenn ich beim König Gnade gefunden habe und es ihm gefällt, mir zu geben, worum ich ihn bitte, und meinen Wunsch zu erfüllen, dann möge der König auch morgen mit Haman zu dem Festmahl kommen, das ich für sie veranstalte. Morgen will ich dann die Frage des Königs beantworten.

Die Verstärkung des Buches, die es durch die griechischen Ergänzungen erfahren hat, können klar erkannt werden, wenn man den ersten Teil mit Kapitel 5,1–5 vergleicht, mit der Geschichte von Esters Annäherung an den König. In der hebräischen Fassung (5,1–5) wird Ester, gekleidet in ihre königlichen Gewänder, vom König einfach begrüßt, als er sie näher kommen sieht. In der griechischen Fassung ist das Zusammentreffen weit dramatischer gefasst worden, und zwar durch eine Reihe von Vergleichen und Gegensätzen. Esters Bußgewänder werden durch ihre königliche Garderobe ersetzt. Sie ruft Gott an, bevor sie sich anschickt, den König anzurufen. Die Schönheit des Antlitzes von Ester wird mit dem königlichen Ruhm des Erscheinens des Königs verglichen. Das Feuer der Wut des König steht im Gegensatz zu der Blässe der Königin. Gott kommt Ester zu Hilfe, indem er den Zorn des Königs in Milde verwandelt.

Die hebräische Fassung fährt mit der Unterhaltung zwischen dem König und Ester fort. Sie bittet weder um das halbe Königreich, wie der König es vermutet, noch bittet sie um Rettung für ihr Volk. Sie lädt den König einfach ein, zusammen mit Haman zu einem Festmahl zu kommen. Die Einfachheit ihrer Bitte verschleiert die Ernsthaftigkeit ihres Anliegens. Sie führt Gottes Plan, das Volk zu retten, aus, nicht mit militärischen Heldentaten oder mit prophetischen Reden, sondern mit den typisch weiblichen Mitteln einer Einladung zu einem Festmahl.

Anlässlich des ersten Festmahls, das Ester für den König und Haman veranstaltet (5,5–8), verspricht der König ein zweites Mal, Ester zu gewähren, was immer sie sich wünscht, sogar bis zur Hälfte des Königreiches. Sie bittet nur darum, dass die beiden Männer zu einem zweiten Festmahl kommen. Die Frist dient zur dramatischen Steigerung der Spannung. Wir werden in der Unsicherheit belassen, nicht zu wissen, ob Ester ihre Nerven verloren hat, ob sie die Zuneigung des Königs zu ihr testen will oder ob sie darauf wartet, dass Haman eine dumme Bewegung macht. Es gibt darauf keine Antwort; auch wir müssen auf das zweite Festmahl warten.

Zwischen den beiden Festessen intensiviert sich der Konflikt zwischen Mordechai und Haman (5,9–6,14). Hamans wechselhafte Einstellung wird durch starke Gemütsschwankungen verdeckt. Er wird von der Einladung der Königin zu dem zweiten Festessen beflügelt; er ist verwirrt von Mordechais wiederholter Weigerung, ihm die Ehre zu erweisen. Seine Frau schlägt vor, dass er einen riesigen Galgen (etwa 25 m hoch) vorbereitet und den König bittet, Mordechai zu hängen oder zu pfählen. Das stellt seine gute Laune wieder her, seine Sorgen sind jedoch noch nicht verflogen.

In der gleichen Nacht lässt der König, der nicht in der Lage ist zu schlafen, sich die königlichen Aufzeichnungen vorlesen. Er hört die Geschichte von Mordechais Bericht über die Verschwörung gegen den König (s. 2,19–23) und entdeckt, dass nichts für Mordechai getan worden ist. So fragt er am nächsten Tag Haman, wie ein treuer und loyaler Diener belohnt werden sollte. Haman, der denkt, dass der König von ihm spricht, entwirft ein Bild einer öffentlicher Ehrung. Der König beauftragt ihn daraufhin, Mordechai nach seinem Vorschlag zu ehren. Ein gedemütigter Haman berichtet seiner Frau von seinen Nöten, und diese sagt ihm vorher, dass er von Mordechai besiegt werden wird. In diesem angstvollen Gemütszustand macht er sich zum zweiten Festmahl mit dem König und der Königin auf.

Esters Bitte

Ester 7,1–8
Der König und Haman kamen zu dem Mahl, das die Königin Ester gab, und der König sagte auch am zweiten Tag zu Ester, als sie beim Wein saßen: Was hast du für eine Bitte, Königin Ester? Sie wird dir erfüllt. Was hast du für einen Wunsch? Selbst wenn es die Hälfte des Reiches wäre – man wird es dir geben. Die Königin Ester antwortete: Wenn ich beim König Wohlwollen gefunden habe und wenn es ihm gefällt, dann möge mir und meinem Volk das Leben geschenkt werden. Das ist meine Bitte und mein Wunsch. Man hat mich und mein Volk verkauft, um uns zu erschlagen, zu ermorden und auszurotten. Wenn man uns als Sklaven und Sklavinnen verkaufen würde, hätte ich nichts gesagt; denn dann gäbe es keinen Feind, der es wert wäre, dass man seinetwegen den König belästigt. Da sagte der König Artaxerxes zu Königin Ester: Wer ist der Mann? Wo ist der Mensch, der es wagt, so etwas zu tun? Ester antwortete: Dieser gefährliche Mann ist der verbrecherische Haman hier. Da erschrak Haman vor dem König und der Königin. Der König aber stand auf, verließ voll Zorn das Trinkgelage und ging in den Garten des Palastes. Haman trat zu Ester und flehte sie um sein Leben an; denn er sah, dass sein Untergang beim König besiegelt war. Als der König aus dem Garten wieder in den Raum zurückkam, in dem das Trinkgelage stattfand, hatte sich Haman über das Polster geworfen, auf dem Ester lag. Der König sagte: Tut man jetzt sogar hier in meiner Gegenwart der Königin Gewalt an? Kaum hatte der König das gesagt, da verhüllte man schon das Gesicht Hamans.

Während des zweiten Festmahls wiederholt der König sein Angebot, das er schon beim ersten unterbreitet hatte: „Was immer du erbittest, Königin Ester, wird dir gewährt werden." Dies ist nun das dritte Mal, das der König Ester ein Angebot bis zur Hälfte seines Königreichs gemacht hat. Endlich unterbreitet Ester ihre Bitte: „Ich möchte, dass mein Leben verschont werde, und ich bitte darum, dass auch das Leben meiner Volksgenossen verschont wird." Sie fügt die Bemerkung hinzu, dass die Tötung ihres Volkes dem König selbst irreparablen Schaden zufügen würde.

Der König ist überrascht und verlangt den Namen des Feindes zu wissen, der dieses schreckliche Ding plant. Ester nennt Haman, der von Angst überwältigt ist. Er hat in verhängnisvoller Weise die Stärke derer unterschätzt, die er zu zerstören plante. Diese Torheit bedeutet seine eigene Zerstörung.

Haman glaubt, dass er nur eine einzige Möglichkeit hat, dem Tod zu entfliehen. Er fleht diejenige an, die er als mächtigste Person neben dem König ausgemacht hat, Ester. Die Art und Weise seiner Bitte besiegelt jedoch sein Schicksal. Der König sieht seine ausgestreckte Haltung auf der Couch Esters nicht als eine verzweifelt unterwürfige Haltung an, sondern als eine Art Androhung einer Vergewaltigung: „Tut man jetzt sogar hier in meiner Gegenwart der Königin Gewalt an?"[44] Hamans Indiskretion lässt alle Hoffnung vergehen; sein Gesicht wird als „verhüllt" beschrieben, als wenn er bereits tot wäre.

Der Umschwung des Schicksals

Ester 7,9–8,12

Harbona, einer der Hofbeamten, sagte zum König: Vor dem Haus Hamans steht schon ein fünfzig Ellen hoher Galgen; ihn hat Haman für Mordechai aufgestellt, der dem König durch seine Anzeige einen guten Dienst erwiesen hat. Der König befahl: Hängt ihn daran auf! Da hängten sie Haman an den Galgen, den er für Mordechai errichtet hatte, und der Zorn des Königs besänftigte sich. Noch am gleichen Tag schenkte König Artaxerxes der Königin Ester das Haus des Judenfeindes Haman. Mordechai aber erhielt Zutritt zum König; denn Ester hatte dem König gesagt, wie nahe Mordechai mit ihr verwandt war. Der König zog seinen Siegelring, den er Haman hatte abnehmen lassen, vom Finger und gab ihn Mordechai. Ester machte Mordechai zum Verwalter von Hamans Haus. Ester redete noch einmal mit dem König; sie fiel ihm weinend zu Füßen und flehte ihn an, das drohende Unheil, das der Agagiter Haman gegen die Juden geplant hatte, von ihnen abzuwenden. Der König streckte Ester sein goldenes Zepter entgegen, und Ester stand auf und trat vor den König. Sie sagte: Wenn es dem König gefällt und ich sein Wohlwollen gefunden habe, wenn ihm mein Vorschlag richtig erscheint und ich seine Gunst genieße, dann soll durch einen schriftlichen Erlass die Anordnung widerrufen werden, die der Agagiter Haman, der Sohn Hammedatas, in der Absicht getroffen hat, die Juden in allen königlichen Provinzen auszurotten. Denn wie könnte ich das Unglück mit ansehen, das mein Volk trifft, wie könnte ich den Untergang meines Stammes mit ansehen? Da sagte König Artaxerxes zu Königin Ester und zu dem Juden Mordechai: Ich habe Ester das Haus Hamans übergeben, den man am Galgen aufgehängt hat, weil er seine Hand gegen die Juden erhob. Jetzt aber sollt ihr im Namen des Königs einen schriftlichen Erlass zugunsten der Juden herausgeben, wie er euch richtig erscheint. Siegelt ihn mit dem königlichen Siegelring; denn ein Schreiben, das im Namen des Königs verfasst und mit dem königlichen Siegelring gesiegelt ist, kann nicht mehr rückgängig gemacht werden. Da rief man die königlichen Schreiber; es war der dreiundzwanzigste Tag im dritten Monat, dem Monat Siwan. Und so, wie es Mordechai befahl, wurde zugunsten der Juden ein schriftlicher Erlass herausgegeben und an die Satrapen, Statthalter und Fürsten der hundertsiebenundzwanzig Provinzen von Indien bis Kusch geschickt, für jede einzelne Provinz in ihrer eigenen Schrift und für jedes einzelne Volk in sei-

---

[44] Das Verb kabash, hier mit „verletzen" übesetzt, bedeutet auch „vergewaltigen" und auszurotten und ihren Besitz zu plündern; das sollte in allen Provinzen des Königs Artaxerxes am gleichen Tag geschehen, am dreizehnten Tag im zwölften Monat, dem Monat Adar.

ner eigenen Sprache. Man verfasste die Schreiben im Namen des Königs Artaxerxes, siegelte mit dem königlichen Siegelring und verschickte sie mit Eilbo-
ten auf Postpferden, die aus den königlichen Gestüten stammten. Mit diesem Erlass gestattete der König den Juden in allen Städten, sich zusammenzutun, um
für ihr Leben einzutreten, um in jedem Volk und in jeder Provinz alle ihre Geg-
ner samt ihren Frauen und Kindern zu erschlagen, zu ermorden und auszurotten
und ihren Besitz zu plündern; das sollte in allen Provinzen des Königs Artaxerxes am gleichen Tag geschehen, am dreizehnten Tag im zwölften Monat, dem
Monat Adar.

In seinem irrationalen Zorn gegen Mordechai hat Haman, ohne es
zu wissen, seine eigene Exekution vorbereitet. Der König verfügt,
dass Haman an dem Galgen gehängt wird, den er für seinen Feind
vorbereitet hat. Sein Haus wird Ester übergeben; Mordechai ersetzt
ihn als den Verwahrer des königlichen Siegelringes. Durch Esters
Einfluss sind die Rollen von Haman und Mordechai vollständig um-
gekehrt worden.

Esters Hauptanliegen bleibt jedoch noch immer ungelöst. Gemäß
der Geschichte sind königliche Erlasse in Persien unwiderrufbar. Damit bleibt der Erlass, das jüdische Volk zu töten, immer noch in Kraft,
selbst nach dem Tod Hamans. Somit wagt Ester ein zweites Mal, sich
dem König zu nähern. Nachdem er sie begrüßt hat, enthüllt sie einen
Plan, das vorher ergangene Dekret zu widerrufen. Er ermächtigt sie,
ein zweites unwiderrufliches Dekret in seinem Namen und versehen
mit seinem Siegel zu verfassen. Mordechai diktiert den neuen Erlass,
der die Juden in die Lage versetzt, sich gegen die Tötung, die das
erste Dekret verfügt hatte, zu wehren.

Ester 9,11–15
Als man an jenem Tag dem König meldete, wie viele Menschen in der Burg Susa erschlagen worden waren, sagte er zur Königin Ester: In der Burg Susa haben
die Juden ein Blutbad angerichtet; man hat fünfhundert Männer, auch die zehn
Söhne Hamans, getötet. Was haben sie dann wohl in den übrigen königlichen
Provinzen getan? Hast du einen Wunsch? Er wird dir erfüllt werden. Hast du eine Bitte? Sie soll gewährt werden. Ester antwortete: Wenn es dem König gefällt,
soll den Juden in Susa erlaubt werden, auch morgen nach dem Gesetz von heute zu handeln. Außerdem soll man die zehn Söhne Hamans an den Galgen hängen. Der König befahl, es solle so geschehen. Man gab also in Susa noch einen
Erlass heraus und hängte die zehn Söhne Hamans auf. Auch am vierzehnten Tag
des Monats Adar taten sich die Juden in Susa zusammen und töteten dreihundert
Männer; aber an ihrem Besitz vergriffen sie sich nicht.

Doch die Geschichte ist noch nicht zu Ende. Ein weiteres Mal verspricht der König Ester was immer sie sich auch wünsche. Ein weiteres Mal wird ein Erlass gemäß der Wünsche Esters verfügt, der den

Juden das Recht zubilligt, sich gegen ihre Feinde zu verteidigen. Ein weiteres Mal ist Ester die Quelle der Kraft für ihr Volk.

Das Purimfest

Ester 9,24–32

Denn der Agagiter Haman, der Sohn Hammedatas, der Feind aller Juden, hatte den Entschluss gefasst, die Juden auszurotten, und hatte das Pur, das heißt das Los geworfen, um sie in Schrecken zu versetzen und auszurotten. Als das dem König bekannt wurde, ordnete er in einem Schreiben an: Sein böser Plan gegen die Juden solle auf ihn selbst zurückfallen; man hänge ihn und seine Söhne an den Galgen. Darum nennt man diese Tage das Purimfest, nach dem Wort Pur. Wegen all dem, was in diesem Schreiben stand und was sie selbst gesehen und erlebt hatten, machten es sich die Juden zur Pflicht und erklärten es zur unverbrüchlichen Satzung für sich, ihre Nachkommen und für alle, die sich ihnen anschließen würden, diese beiden Tage alljährlich, wie vorgeschrieben, zur festgesetzten Zeit zu begehen. Diese Tage sollten in Erinnerung bleiben und in jeder Generation, in jeder Familie, in jeder Provinz und in jeder Stadt begangen werden. Die Juden sollten nie aufhören, das Purimfest zu feiern, diese Tage sollten bei ihren Nachkommen nie vergessen werden. Um den Purim-Erlass mit allem Nachdruck zu bestätigen, verfassten die Königin Ester, die Tochter Abihajils, und der Jude Mordechai ein zweites Schreiben. Sie schickten es mit Glück- und Segenswünschen an alle Juden in den hundertsiebenundzwanzig Provinzen des Reiches des Artaxerxes, um das Datum der Purimtage festzulegen, wie es der Jude Mordechai und Königin Ester angeordnet und wie sie es selbst sich und ihren Nachkommen als Pflicht auferlegt hatten. Das Schreiben enthielt die Vorschriften für das Fasten und die Wehklage. Esters Worte bestätigten die Anordnungen für das Purimfest, und alles wurde in einer Urkunde aufgezeichnet.

In diesem Kapitel wird die Geschichte Esters dazu benutzt, um die Einsetzung des jüdischen Purimfestes zu erläutern. Wie die Frühlingsrituale der nichtisraelitischen Bauern und Hirten die Grundlage für die Paschafeiern waren, damit an die Befreiung des Volkes Israel durch Gott beim Auszug aus Ägypten gedacht wurde, so wurde die babylonische Feierlichkeit der Schicksalswende am Neujahrstag in eine jüdische Geschichte eingepasst, um sich an Gottes Rettung für den Guten (Mordechai) und an Gottes Bestrafung des Bösen (Haman) zu erinnern. Das babylonische Wort *puru-um*, das „Los" oder „Schicksal" bedeutet, wird zu dem hebräischen Wort Purim, „Lose". Der Name des Festes, Purim, wird dann mit Hamans Loswerfen in Zusammenhang gebracht, als er den Tag der Tötung der Juden bestimmte.

Das jüdische Purimfest wird vom vierzehnten bis zum fünfzehnten des Monats Adar (Februar–März) begangen, des letzten Monats im jüdischen Kalender.[45] Es ist ein Fest von weniger großer Bedeutung, das in den Kalender weit später als die Hauptfeierlichkeiten wie Pascha oder das Laubhüttenfest eingeführt wurde. Das Fest ist durch laute und manchmal rüpelhafte Feierlichkeiten gekennzeichnet. Der Talmud sagt, dass die Teilnehmer so lange trinken dürfen, bis sie nicht mehr unterscheiden können zwischen den Ausrufen „Gesegnet sei Mordechai" und „Haman sei verflucht". Im Mittelalter war die Geschichte von Ester und Mordechai oftmals Grundlage für ein Schauspiel. Heute verkleiden sich Kinder in Israel und bitten um kleine Geldbeträge, vergleichbar mit dem amerikanischen Brauch an Halloween.

Ester, Königin und leibliche Tochter Abigails und Adoptivtochter Mordechais, wird als die Autorität beschrieben, die das Purimfest bekannt macht. Sie und Mordechai legen die genauen Tage und Riten für die Feiern fest.

Retterin ihres Volkes

Ester 10,4–13 Vg
Da sagte Mordechai: Durch Gott ist das alles geschehen. Ich erinnere mich an den Traum, den ich darüber hatte. Nichts davon ist unerfüllt geblieben. Die kleine Quelle, die zum großen Strom mit viel Wasser wurde, als das Licht und die Sonne wieder schienen, dieser Strom ist Ester; der König heiratete sie und machte sie zur Königin. Die beiden Drachen sind ich und Haman. Die Völker sind die, die gemeinsam das Andenken an die Juden auslöschen wollten. Mein Volk aber, das sind die Israeliten; sie haben zu Gott geschrien und sind gerettet worden. Der Herr hat sein Volk gerettet, der Herr hat uns von allen diesen Leiden erlöst, Gott hat große Zeichen und Wunder getan, wie sie unter den Völkern noch nie geschehen sind. Deshalb machte er zwei Lose, eines für das Volk Gottes und eines für alle anderen Völker. Die beiden Lose fielen auf die Zeit und die Stunde und den Tag, an dem vor den Augen Gottes und mitten unter allen Völkern die Entscheidung fiel. Gott hat sich an sein Volk, das sein Erbbesitz ist, erinnert und ihm zu seinem Recht verholfen. Diese Tage im Monat Adar, der vierzehnte und der fünfzehnte, sollen zu allen Zeiten und in allen Generationen unter den Augen Gottes in seinem Volk Israel mit ausgelassener Freude gemeinsam gefeiert werden.
Im vierten Jahr der Regierung des Ptolemäus und der Kleopatra überbrachten

---

[45] Weil der jüdische Kalender auf Mondmonaten basiert, wird alle paar Jahre ein zusätzlicher Monat eingefügt, um die Synchronisierung mit dem Sonnenkalender zu gewährleisten. Dieser Monat ist Adar Sheni (zweiter Adar), der sich an das Ende des Jahres anschließt. In solchen Schaltjahren wird das Purimfest im Monat Adar Sheni gefeiert.

Dositheus, der, wie er sagte, Priester und Levit war, und sein Sohn Ptolemäus den vorliegenden Purimbericht. Sie sagten, er sei echt; Lysimachus, der Sohn des Ptolemäus, ein Mann aus Jerusalem, habe ihn übersetzt.

Es gibt einen letzten griechischen Zusatz zu dem Buch Ester, der, wie auch der erste, einen Traum Mordechais beschreibt. In der ersten Beschreibung des Traums sieht Mordechai zwei Drachen, die für einen tödlichen Kampf positioniert sind. Der Kampf dieser beiden Feinde bedroht das gerechte Volk der Erde mit Zerstörung. Als der Gerechte zu Gott schreit, wird eine kleine Quelle zu einem großen Fluss. Die Sonne geht auf, und die Geringen vertilgen diejenigen, die geehrt werden. Mordechais Traum wird in dem letzten griechischen Zusatz gedeutet. Der kleine Quell, der zu einem großen Fluss wird, ist Ester, die Königin. Ihr Großwerden ist der Anfang der Rettung des Volkes.

Die Geschichte Esters ist die Geschichte einer hübschen jungen Frau, die zu großer Macht aufsteigt. Am Anfang ist sie passiv, sie akzeptiert die Anweisungen und Leitung anderer, und sie unterwirft sich unter alles, was von ihr erwartet wird. Die angedrohte Zerstörung ihres Volkes ist der Auslöser, der sie zur vollen Entfaltung bringt. Sie beachtet die Worte ihres Adoptivvaters und Mentors Mordechai: „Wer weiß, ob du nicht gerade dafür in dieser Zeit Königin geworden bist?" Die volle Kraft ihres Charakters erweist sich in ihrem couragierten Eintreten vor dem König, als sie für ihr Volk einsteht. Die Tiefe ihrer Weisheit wird deutlich in ihrem geduldigen Vorbereiten aller Umstände, die ihr eine positive Antwort des Königs ermöglichen werden. Am Ende der Geschichte hat sie volle Macht erhalten als eine treue jüdische Frau und persische Königin. Sie übt sowohl politische als auch liturgische Autorität aus. Durch sie hat Gott ein weiteres Mal das Leben des Bundesvolkes hergestellt.

Weiterführende Literatur

Besonders grundlegende und für ein allgemein interessiertes Lesepublikum besonders geeignete Veröffentlichungen sind kursiv gesetzt.

A. Allgemein

Brakeman, L., Frauen in der Bibel und der Welt negativer Gefühle, Würzburg 2001

Fischer, I., Gotteskünderinnen. Zu einer geschlechterfairen Deutung des Phänomens der Prophetie und der Prophetinnen in der Hebräischen Bibel, Stuttgart 2002

Fischer, I., *Gottesstreiterinnen. Biblische Erzählungen über die Anfänge Israels, Stuttgart 1995*

Frauen lesen die Bibel: Themenheft der Zeitschrift „Bibel und Kirche" (1984)

Haag, H./Kirchberger, J./Sölle, D., Große Frauen der Bibel in Bild und Text, Freiburg 1995

Hatz, M., Frauengestalten des Alten Testaments in der bildenden Kunst von 1850 – 1918. Eva, Dalila, Judith, Salome, Heidelberg 1972 (Dissertation)

Hauss, F., Biblische Gestalten. Die Menschen der Bibel als Zeugen Gottes. Eine Konkordanz, Neuhausen/Stuttgart 1986

Janssen, C./Ochtendung, U./Wehn, B. (Hrsg.), GrenzgängerInnen. Unterwegs zu einer anderen Biblischen Theologie. Ein feministisch-theologisches Lesebuch, Mainz 1999

Kruse, I., Frauenkonkordanz zur Bibel, Stuttgart 2001

Meissner, A. (Hrsg.), *Und sie tanzten aus der Reihe. Frauen im Alten Testament, Stuttgart 1992*

Modersohn, E., Die Frauen des Alten Testaments, Neuhausen/Stuttgart 1995

Motté, M., „Esthers Tränen, Judiths Tapferkeit". Biblische Frauen in der Literatur des 20. Jahrhunderts, Darmstadt 2003

Motté, M., Dass ihre Zeichen bleiben. Frauen des Alten Testaments, in: Schmidinger, H. (Hrsg.), Die Bibel in der deutschsprachigen Literatur des 20. Jahrhunderts, 2 Bde., Mainz 1999, Bd. 2, 205 – 258

Schüngel-Straumann, H., *Denn Gott bin ich, und kein Mann. Gottesbilder im Ersten Testament – feministisch betrachtet (Bibelkompass), Mainz 1996*

Schüngel-Straumann, H., Frauen im Alten Testament, in: Der evangelische Erzieher 34 (1982), 496–506

Walter, K. (Hrsg.), Zwischen Ohnmacht und Befreiung. Biblische Frauengestalten, Freiburg 1988

B. Zu einzelnen Kapiteln

Kapitel 1
Mesters, C., Abraham und Sara, Neukirchen 1984
Langer, H./Leistner, H., Mit Mirjam durch das Schilfmeer, Stuttgart 1982

Kapitel 2
Fischer, I., Gottesstreiterinnen. *Biblische Erzählungen über die Anfänge Israels,
Stuttgart 1995*

Kapitel 4
Büttner, G./Maier, J., Maria aus Magdala, Ester, Debora, Stuttgart 1994

Kapitel 5
Fischer, I., Rut, Freiburg 2001 (wissenschaftlicher Kommentar)
Jost, R., *Freundin in der Fremde. Rut und Noomi, Stuttgart 1992*
Mesters, C., *Der Fall Rut. Brot – Familie – Land. Biblische Gespräche aus Bra-
silien, Erlangen 1988*

Kapitel 7
Gössmann, E. (Hrsg.), Eva – Gottes Meisterwerk, München 2000
Meyer-Wilmes, H., Eva – eine Collage aus Männerphantasien und Frauenträu-
men, in: Walter, K. (Hrsg.), Zwischen Ohnmacht und Befreiung. Biblische
Frauengestalten, Freiburg 1988, 12–22
Schroer, S., *Die Weisheit hat ihr Haus gebaut. Studien zur Gestalt der Sophia in
den biblischen Schriften, Mainz 1996*
Schüngel-Straumann, H., *Die Frau am Anfang. Eva und die Folgen, Münster
1998*

Kapitel 9
Büttner, G./Maier, J., Maria aus Magdala, Ester, Debora, Stuttgart 1994